Raimund Löw • Kerstin Witt-Löw
Weltmacht China

Raimund Löw • Kerstin Witt-Löw

Weltmacht China

Mit einem Vorwort von Hugo Portisch

Residenz Verlag

Der Abdruck der Übersetzung eines Auszuges aus dem Gedicht »Kunlun« von Mao Zedong auf Seite 215 erfolgt mit freundlicher Genehmigung der Übersetzerin Barbara Maag.

Bibliografische Information der Deutschen Nationalbibliothek
Die Deutsche Nationalbibliothek verzeichnet diese Publikation in der Deutschen Nationalbibliografie; detaillierte bibliografische Daten sind im Internet über http://dnb.dnb.de abrufbar.

www.residenzverlag.at

Fotostrecke: Privatarchiv Raimund Löw und Kerstin Witt-Löw
Umschlagfoto (Hintergrund): Edward Stojakovic (CC BY 2.0)
Umschlagfoto (Vordergrund: Raimund Löw, Kerstin Witt-Löw): Aleksandra Pawloff

Umschlaggestaltung: Thomas Kussin
Typografische Gestaltung, Satz: Lanz, Wien
Lektorat: Barbara Köszegi
Gesamtherstellung: CPI books GmbH, Leck

ISBN 978 3 7017 3452 8

Inhalt

Vorwort
Zum richtigen Zeitpunkt

Von Hugo Portisch

Raimund Löw und Kerstin Witt-Löw haben es geschafft: Sie haben das richtige und wichtige Buch zur richtigen Zeit geschrieben. Weltmacht China, das ist kein Titel, das ist der Beginn einer neuen Weltordnung, mit der wir es noch sehr zu tun haben werden. Als ich vor rund 50 Jahren meine erste große Reise nach China machte und danach in Europa und den USA darüber berichtete, überragte eine Frage alle anderen: Sechshundert Millionen Chinesen soll es geben? Das kann nicht wahr sein, dann müssten dreihundert Millionen von ihnen schon verhungert sein. China, ein Land der tiefen Armut und des ständigen Hungers. Das Buch der Löws über das heutige China stellt vieles in den Schatten, was wir bisher über China wussten. Heute leben 1,4 Milliarden Menschen in China, fast ein Viertel der Menschheit. Mehrere Hundert Millionen haben das arme Landleben verlassen und sind in die Städte gezogen, in gewaltige Wolkenkratzerburgen, die buchstäblich aus dem Boden gestampft wurden. In China leben heute mehr Milliardäre als in den USA, in China wurden im letzten Jahr mehr Autos erzeugt als in Europa, Japan und den USA gemeinsam. Immer mehr von ihnen sind Elektroautos, also Autos der Zukunft. Die größte Stadt der Welt heißt Chongqing. Ja, das war einmal die Hauptstadt Chinas vor der Machtergreifung der Kommunisten, ein Fluchtort für die damalige nationalchinesische Regierung, ein Städtchen am Oberlauf des Jangtsekiang. 30 Millionen Menschen leben heute in Chongqing, einer Stadt, die so groß ist wie Österreich.

Im Jahr 1964 war ich an der Grenze Hongkongs in einem Fischerdorf an der Schlangenmaulbucht, wie der Strand genannt wurde. Einige Hundert Menschen waren damals dort bemüht, mit Pickel und Schaufel tiefe Löcher in die Erde zu graben. Auf einem großen Plakat war ein Bild zu sehen von der Stadt, wie sie einmal aussehen sollte: eine Front von Wolkenkratzern. Heute heißt diese Stadt Shenzhen und hat zwölf Millionen Einwohner. Alles doppelt so groß und doppelt so viel wie im benachbarten Hongkong. Unter vielem anderen werden in Shenzhen heute Millionen iPhones für die amerikanische Firma Apple hergestellt.

Aber wie kommt das alles zustande? Wie werden alle diese Menschen regiert? Wie leben sie? Was bewegt sie? Welcher Zukunft träumen sie entgegen? Raimund Löw gibt uns in diesem Buch die Antworten. Punkt für Punkt enträtselt er das heutige China.

Revolutionär erobert von Mao Zedong (bei uns hieß er noch Mao Tse-tung), als Volksrepublik ausgerufen im Jahre 1949. Mao hatte Großes vor: In einem »großen Sprung vorwärts« wollte er aus dem Agrarland China über Nacht ein Industrieland schaffen und nutzte dazu die Millionen Menschen anstelle der fehlenden Maschinen – sie mussten Staudämme bauen, Fabriken aus dem Boden stampfen, und die Bauern wurden in geradezu militärisch organisierte Volkskommunen gepresst. Auf den Plätzen und Straßen der Städte wurden kleine Hochöfen gebaut, in denen Eisen erzeugt werden sollte. Metallene Küchenlöffel wurden eingeschmolzen, aber das Eisen war zu nichts zu gebrauchen. Am Ende dieser Riesenkampagne gab es wieder nur Hungersnot und viele Millionen Erschlagene und Verhungerte.

Als sich Mao am Ende seiner Zeit in der eigenen Partei vielen Feinden ausgesetzt sah, rief er die auf ihn eingeschworene Jugend zu einer »großen proletarischen Kulturrevolution« auf und hieß sie, die Verwaltungszentren zu stürmen, die Schulen und Hochschulen von den Professoren zu säubern, die bürgerlichen Reste des Volkes auszurotten – zwischendurch aber eben auch seine Feinde zu beseitigen.

Nach den Machtkämpfen kam Deng Xiaoping ans Ruder, einer, der begriff, dass mit Marx- und Stalinkult ein Volk unterjocht, aber die Menschen nicht bewogen werden konnten, ihre Kräfte für die Zukunft des Landes einzusetzen. Um diese Kräfte zu entfalten, musste jeder empfinden, dass er imstande war, etwas für sich zu schaffen. Und das war nur im Kapitalismus möglich. So erfand Deng Xiaoping das Wunderwort: »Reich sein ist herrlich«, und führte in China den Staatskapitalismus ein, mit chinesischen Charakteristika, und das hieß die Zulassung auch privater Kapitalisten.

Aber die neue Ordnung barg auch Gefahren. In der Sowjetunion hatten genau die von Gorbatschow eingeführte Perestroika und Glasnost, Umstrukturierung und Transparenz, zum Zusammenbruch des Sowjetregimes geführt. In Peking kam man zu dem Schluss, dass sich die Kommunistische Partei unter keinen Umständen das Heft aus der Hand nehmen lassen dürfe. Die studentische Jugend in China aber war gerade dabei, die Freiheiten für sich zu reklamieren, von denen sie glaubte, Gorbatschow hätte sie der Sowjetunion schon gewährt. Auf dem Tiananmen-Platz, dem Platz des Himmlischen Friedens im Zentrum Pekings, versammelten sich einige Tausend Studenten mit dem Ruf nach diesen Freiheiten. Die Freiheitsstatue von New York bildeten sie nach, um diesem Ruf Ausdruck zu geben. Die Spitze der Partei wusste, was zu tun war, um nicht das Schicksal der Sowjetführung zu erfahren: Sie setzte Panzer und Militär ein, um die Studenten blutig niederzukämpfen. Hunderte wurden getötet und verletzt. Darüber darf seither niemand in China offen sprechen, aber die Partei weiß, dass sie gerade wegen ihres brutalen Vorgehens an der Macht ist.

Raimund Löw und Kerstin Witt-Löw beschreiben diese Vorgänge in ihrem Buch sehr genau, und sie beschreiben damit das System. Alles, was zu persönlicher Freiheit führen könnte, darf nicht zugelassen werden. Das weltweit gespannte Internet ist in China verboten, blockiert. Stattdessen hat die chinesische Führung ein eigenes, chinesisches Internet samt Facebook und Twitter geschaffen, das unter der strengen Kontrolle der Partei funktioniert, und alles, was in irgendeiner Form der Partei gefährlich sein könnte, wird Tag für Tag aus dem Netz gelöscht.

Der Mann, der heute an der Spitze der Partei steht und unangefochten das gesamte Land regiert und führt, ist der als Staatspräsident bezeichnete Generalsekretär der Partei, Xi Jinping. Er war ein Opfer der Kulturrevolution. Sein Vater wurde als Parteifunktionär abgesetzt und der Sohn zwangsweise auf das Land geschickt, das heißt, er musste in einer Kommune hart arbeiten und lebte in einer Erdhöhle. Aber Xi Jinping übt heute keine Rache an seinen damaligen Verfolgern. Sein Blick ist vorwärtsgerichtet und er verkündet das verheißungsvollste Programm aller bisherigen Parteiführer: Xi Jinping will den »chinesischen Traum!« erfüllen, China in seiner alten Pracht und Herrlichkeit wiederauferstehen lassen: das China, das einst lange vor den Europäern den Buchdruck, das Schießpulver und die Raketen erfunden hatte, das seine Flotte weit über alle Meere segeln ließ, das Reich der Mitte, das auch wirklich der Mittelpunkt der Welt war. Und Xi Jinping legt der Verwirklichung dieses Traums auch Daten zugrunde: Bis zum Jahr 2020 hat China die letzten Reste seiner Armut zu überwinden, alle Chinesen müssen bis dahin zum Mittelstand gehören. Bis zum Jahr 2035 hat China auf allen Gebieten, aber insbesondere auf denen der modernsten Technik, die gesamte Welt zu überholen. Nicht das Silicon Valley in den USA, sondern die entsprechenden Institute in China hätten in allen Techniken und Entwicklungen an der Spitze der Welt zu stehen. Und dieses Unterfangen nimmt schon seinen Lauf. Werke mit entsprechendem Know-how werden in aller Welt von China eingekauft, oder zumindest wird China an ihnen beteiligt. Spitzenprodukte insbesondere in der Informationstechnik, Robotik und bei der Entwicklung der Künstlichen Intelligenz werden von China aufgekauft oder imitiert. Bis zum Jahr 2035 hat China laut Xi Jinping auf allen technischen, aber auch militärischen Gebieten die Spitzenposition der Welt zu erreichen – hat auch imstande zu sein, einen großen Krieg zu führen und zu gewinnen. Und bis dahin hat es auch seine territorialen Ansprüche durchzusetzen, insbesondere im Südchinesischen Meer, wo es Anspruch auf die dort befindlichen kleinen Felsinseln erhebt oder sogar welche dazubaut. Denn unter ihnen werden große Rohstofflager vermutet. Und in aller Welt ist China dabei, Infrastrukturen zu schaffen, die es ihm ermöglichen, die örtlichen Rohstoffe für sich zu reklamieren.

Um das große Ziel zu erreichen, hat sich Xi Jinping 2018 die uneingeschränkte Macht in China für lange Zeit gesichert:

Auf seinen Antrag beschloss der Volkskongress, ihm die unbeschränkte Wiederwahl seiner bisher auf zehn Jahre beschränkten Position an der Spitze der Partei zu gestatten.

Dieser neue Machtgewinn und die Zielsetzungen Xi Jinpings, die China zur Weltmacht Nummer eins machen sollen, werden Auswirkungen für die gesamte Welt haben. Umso mehr gilt es zu verstehen, was in China vor sich geht.

Raimund Löw und seine Frau Kerstin Witt-Löw haben genau deshalb dieses Buch geschrieben. Und mit ihren humorigen Tagebuchblättern macht Frau Witt-Löw das Lesen dieses Buches auch zum Vergnügen.

Einleitung

China wirkt für Europäer wie ein Stück Menschheit aus einer anderen Welt. Niemand kennt bei uns die Blockbuster und Stars aus dem Reich der Mitte. Nicht einmal bekannte Namen kann man in den Schlagzeilen der Zeitungen entziffern, weil uns die Schriftzeichen fremd sind. Schnell stößt man auf Städte, deren Namen in Europa noch kaum jemand gehört hat. Chongqing, Shenzhen, Chengdu, Tianjin. Die unbekannten Städte haben jedoch häufig mehr Einwohner als Paris, London und Wien zusammen. Chinas Politiker sind supermächtig, liest man. Aber kaum jemand kann sie auseinanderhalten. Wenigstens Mao Zedong war ein weltweit bekanntes Gesicht. Damals schrieb man den Großen Vorsitzenden aber noch Mao Tse-tung. Und wie spricht man das X bei Xi Jinping, dem Mao unserer Zeit, aus? Es ist ein »Sch«. Dem amerikanischen Präsidenten Trump haben Berater vor seinem großen Chinabesuch geraten, als Gedächtnisstütze an eine Frau zu denken, »she«, also »sie«, wenn ihm der Name des Gastgebers nicht einfalle. Schi Tschinping wäre die lautschriftliche Übersetzung ins Deutsche. Xi Jinping, wie der Präsident weltweit heißt, ist die phonetische Umschreibung des chinesischen Namens in das lateinische Alphabet auf der Grundlage der inzwischen allgemein akzeptierten, sogenannten Pinyin-Schreibweise. Xi ist der Familienname, der im Chinesischen immer vorangestellt wird.

Die Dimensionen des Landes verschrecken. In Wirklichkeit ist es ein Kontinent. Fast 1,4 Milliarden Menschen wurden 2016 in der Volksrepublik China gezählt. Das ist doppelt so viel wie die Gesamtbevölkerung der Europäischen Union inklusive Großbritannien plus die USA. Wie schwierig es ist, unsere kleine EU zu regieren, erleben wir seit Jahrzehnten. Wie es überhaupt möglich ist, ein derartiges Riesenreich in eine bestimmte Richtung zu führen, ist ein Mysterium.

Und jetzt will dieses Riesenreich, das in so gar kein Schema passt, Weltmacht sein. Die aufstrebende Supermacht China fordert die ermatteten USA auf der Weltbühne heraus. Bis nach Europa reichen plötzlich die chinesischen Interessen. Ungarn, die Tschechische Republik und Griechenland, die normalerweise gegenüber Auslandseinflüssen skeptisch sind, schielen nach Peking, wenn Brüssel ihrer Meinung nach zu viel kontrolliert. Die historisch interessierten Europäer erfahren, dass China dabei sein könnte, wieder in die Rolle der weltweit führenden Zivilisation zu schlüpfen, die das Land bis ins späte 18. Jahrhundert innehatte.

Die Herausforderung, diese Entwicklung besser zu verstehen, hat uns nach China geführt. Der Österreichische Rundfunk ermöglicht es Korrespondenten, mit Familie in ihre Einsatzgebiete zu übersiedeln. Wir waren gemeinsam mit unseren beiden Töchtern 1988–1990 im Moskau Michail Gorbatschows, 1991–1997 im Washington Bill Clintons, 2003–2007 neuerlich in Washington zur Zeit George W. Bushs und 2007–2014 in Brüssel, rund um die Eurokrise. 2014 bot uns ORF-Generaldirektor Alexander Wrabetz die Chance, nach Peking zu übersiedeln. Wir haben das Angebot mit großer Freude angenommen.

Dieses Buch ist keine wissenschaftliche Arbeit. Wir haben uns China nicht als Sinologen oder als Politikwissenschaftler angenähert, obwohl einer von uns – Raimund Löw – einst das Fach Politikwissenschaft an der Universität Wien studiert hat. Wir sind mit den offenen Augen von Korrespondenten durch China gereist. Auslandskorrespondenten sind eine eigene Spezies, selbst unter Journalisten. Wir sind eine Stimme von außen. Gleichzeitig müssen wir das Land, aus dem wir berichten, mit einem österreichischen Blick betrachten, sonst sind wir von der heimischen Öffentlichkeit, für die wir arbeiten, zu weit entfernt. An diesem Zugang versuchen wir auf den folgenden Seiten festzuhalten.

Das Buch basiert auf unseren Recherchen und Berichten. Aufmerksame Hörer und Seher werden manches in der ZiB des ORF oder im Weltjournal, im Mittagsjournal oder im Journal Panorama sowie in der Wiener Wochenzeitung »Falter« in Beiträgen von Raimund Löw schon gesehen oder gehört haben. Kerstin Witt-Löw hat jede Woche Wochenberichte an Freunde nach Wien und Verwandte nach Hamburg geschickt. Sie haben sich bei der Rekonstruktion unserer zahlreichen Reisen als unverzichtbare Stütze erwiesen. Ausschnitte aus diesen Wochenberichten finden sich unter dem Titel »Kerstins Tagebuch« auch in diesem Buch. Gleichzeitig haben wir versucht, Wissen einzubauen, das Experten und Forschungseinrichtungen in Europa, Amerika, Asien und Australien über die chinesische Entwicklung veröffentlichen.

Wenn dieses Buch hilft, Nachrichten aus dem Fernen Osten besser zu verstehen und unser eigenes europäisches Bewusstsein als Teil der neuen Welt zu schärfen, dann hat es seinen Zweck erfüllt.

Wien–Peking, Juli 2018
Raimund Löw und Kerstin Witt-Löw

1
Der große Sprung nach Peking

Die Welt erlebt den Aufstieg Chinas als ein Stakkato von Superlativen. Jedes Jahr bringt mehr Wolkenkratzer, mehr Milliardäre und neue großartige Pläne aus dem Reich der Mitte. Die Skyline der Wirtschaftsmetropole Schanghai mit dem World Financial Center, das aussieht wie ein Flaschenöffner, und dem Shanghai Tower, der einem riesigen Korkenzieher gleicht, steht für das atemberaubende Tempo, mit dem sich China vom armen Agrarland unter Mao Zedong zur zweiten Wirtschaftsmacht des Planeten gewandelt hat. In Peking leben heute mehr Milliardäre als in New York City. Das Kommando hat die KP Chinas, die größte kommunistische Partei der Welt.

Aus Peking, der alten Kaiserstadt und seit Maos Sieg 1949 das politische Machtzentrum des Riesenlandes, kennt man den bösen Smog und die endlosen Staus auf den Stadtautobahnen. Eltern und Großeltern der geduldigen Autofahrer kamen zum großen Teil vom Land. Viele von ihnen waren so arm, dass sie sich Fleisch nur an hohen Festtagen leisten konnten. Jetzt überlegen die Mittelstandsbürger, ob sie ein chinesisches, ein südkoreanisches oder gar ein deutsches Auto kaufen wollen. Die marktwirtschaftlichen Reformen der letzten 40 Jahre haben ihr Leben revolutioniert. Nie zuvor in der ganzen Menschheitsgeschichte haben sich die Lebensbedingungen für eine derart große Zahl von Menschen innerhalb so kurzer Zeit so dramatisch verbessert wie in der Volksrepublik China. Nie zuvor war es für eine Elite von 90 Millionen Menschen, die Mitglieder der Kommunistischen Partei, so schwer, die Kontrolle über 1400 Millionen Menschen zu behalten, die mit unterschiedlichen Wünschen, Träumen und Traditionen in die Zukunft stürmen.

Als westliche Reporter kommen wir in ein Land, in dem die Führung das gigantische Experiment in eine zweite Phase führen will, in der China das Erbe der Armut endgültig beseitigt. Nur das um vieles kleinere Südkorea und Taiwan haben den Anschluss an die entwickelten Industriestaaten geschafft, den die riesige Volksrepublik jetzt anstrebt. Der ökonomische Erfolg wird China zur Weltmacht machen, versprechen die offiziellen Medien. Den Bürgern wird der Staat bis zum hundertsten Jahrestag der Gründung der Kommunistischen Partei 2021 ein Leben ermöglichen, das mit den Verhältnissen in Amerika und Europa vergleichbar ist. Zweifel sind keine erwünscht, Widerspruch ist nicht erlaubt.

Die kleine Gruppe von Auslandskorrespondenten in Peking ringt jeden Tag damit, durch den dichten Nebel von Propaganda und Zensur herauszufinden, wohin die Reise geht. Wir sind in der gleichen Situation wie die Bürger des Landes, über das wir berichten. Sie wissen auch nicht, was passiert und warum. Aber die Selbstherrlichkeit der Behörden stört die meisten weniger als uns, die wir jeden Tag an unsere Redaktionen berichten sollen, wie die neue Weltmacht tickt. Die Menschen in China sind gewohnt, dass der Staat hinter dicken Mauern, fern von der Öffentlichkeit, agiert.

Die Verbotene Stadt, in der in Peking einst der kaiserliche Hof residierte, ist heute das berühmteste Museum der Stadt. 890 Tempel und Paläste sind von einer großen Mauer und einem Kanal umgeben. Ab umgerechnet zwölf Euro können Touristen ein Ticket erwerben. In der Qing-Dynastie, die bis zur demokratischen Revolution von 1911 regierte, durfte kein Normalsterblicher das kaiserliche Viertel betreten. Von der Balustrade des Tiananmen-Tors, ein paar Steinwürfe entfernt, hat Mao Zedong 1949 seinen Sieg im Bürgerkrieg mit der Proklamation der Volksrepublik China verkündet. Die Bilder kennt jedes chinesische Schulkind. Wir besteigen das weltberühmte Tor an einem der ersten Tage nach unserer Ankunft in Peking. Vor lauter Smog ist das Mao-Mausoleum in der Mitte des Platzes kaum zu erkennen. Es ist ein symbolisches Bild: Die Kommunistische Partei hat aus den Wirren des Maoismus herausgefunden und China stark gemacht. Aber der Raubbau an der Natur, der mit dem Wachstum verbunden ist, schafft Grenzen für die weitere Entwicklung.

An allen Ecken des Tiananmen-Platzes finden Sicherheitskontrollen statt. Sie sind so streng wie auf Flughäfen in Europa. Geduldig stellen sich die Bürger zur Leibesvisitation an. Die strenge Überprüfung wundert in der Hauptstadt niemanden. Sogar in jeder U-Bahn-Station werden in Peking Koffer und Taschen durchleuchtet. Die Angst vor Terrorangriffen hat einen riesigen Sicherheitsapparat entstehen lassen. Der einzige bekannt gewordene Anschlag am Platz des Himmlischen Friedens fand 2013 statt, als Selbstmordattentäter mit einem Kleinlaster in die Menschenmenge vor dem riesigen Mao-Porträt rasten. Die Regierung machte muslimische Separatisten der uigurischen Minderheit verantwortlich.

Einige Hundert Meter westlich des Tiananmen-Platzes beginnt eine neue Mauer. Viel Polizei ist zu sehen, dazu Sicherheitspersonal in Zivil. Durch das Eingangstor sieht man eine Kalligrafie mit einem berühmten Spruch Mao Zedongs: »Dem Volke dienen«. Es sind die Schriftzüge des Großen Vorsitzenden. Hinter der Mauer verbirgt sich das geheimnisvolle Regierungsviertel Zhongnanhai, das wie einst die Verbotene Stadt für Normalbürger tabu ist. Mao selbst hat in Zhongnanhai gewohnt, genauso wie Mitkämpfer und Rivalen. Die höchsten Parteifunktionäre haben auch heute Wohnhäuser und Arbeitsplätze hinter den geheimnisvollen Mauern. Nur ganz selten passieren ausländische Gäste das Tor in das Regierungsviertel.

Österreichs früherer Bundespräsident Heinz Fischer hatte 2015 dazu die Gelegenheit, als er den früheren Ministerpräsidenten Wen Jiabao besuchte. Das chinesische Protokoll will ehemalige Regierungsmitglieder für immer aus dem Verkehr ziehen. Um den Besuch Fischers bei dem alten Bekannten wurde tagelang gerungen. Wen Jiabao hatte schon begonnen, seine Grüße schriftlich zu formulieren, als im letzten Augenblick das grüne Licht von oben für den österreichischen Besuch kam, der österreichische Bundespräsident durfte das Allerheiligste der chinesischen Staatsmacht betreten. Heinz Fischer berichtet von einer »herrlichen, schönen Parkanlage mit einer wunderschönen Villa«, in der der pensionierte Ministerpräsident auf den österreichischen Bundespräsidenten wartete. Heinz Fischer hat, so sagt er, mit dem ehemaligen Regierungschef eine echte Freundschaft entwickelt. Es gibt sogar, ganz altmodisch, einen Briefwechsel zwischen dem ehemaligen österreichischen Bundespräsidenten und dem ehemaligen chinesischen Regierungschef.

Das allererste Mal aufmerksam wurde ich auf die Bedeutung des Ortes Zhongnanhai im Jahr 1999, als Hunderte Demonstranten der inzwischen verbotenen Falun-Gong-Sekte vor dem Eingang gegen die Repression protestierten. Geduldig und in langen Reihen standen, saßen und lagen die Demonstranten auf dem Gehsteig vor der Mauer von Zhongnanhai. Die meisten waren ärmlich gekleidet, sie kamen aus der Provinz. Einige Demonstranten meditierten, andere hielten Fahnen und Transparente. ORF-China-Experte Helmut Opletal, mit dem ich für eine Reportage über den zehnten Jahrestag der Demokratiebewegung für die ZiB 2 des ORF unterwegs war, zog mich weg. Ein auffälliges Interesse von uns westlichen Journalisten hätte sowohl die Demonstranten als auch uns selbst gefährdet. Auch während der Studentenproteste 1989 hatte es Kundgebungen vor dem eingemauerten Regierungsviertel gegeben.

Mehr als ein Vierteljahrhundert später sind mit Straßenprotesten verbundene politische Erschütterungen Vergangenheit. Die Bürger haben erlebt, dass sich unter der eisernen Faust der Partei ihre Lebensbedingungen dramatisch verbessert haben. Die Statistiker der Weltbank in Washington haben errechnet, dass die Wirtschaftsleistung in China pro Kopf der Bevölkerung heute nahezu zehnmal so hoch ist wie vor 25 Jahren. Das ist eine Zahl, in der auch die Hunderte Millionen Menschen enthalten sind, die es noch nicht in die Mittelschicht geschafft haben. Jene Familien, die zu der heute rund 300 Millionen Menschen umfassenden, konsumorientierten Mittelklasse gehören, haben einen noch ungleich größeren materiellen Sprung vorwärts gemacht. Wie viele der 1,4 Milliarden Bürger tatsächlich zur Mittelschicht zu zählen sind, ist umstritten. Der langjährige China-Korrespondent des »Standard«, Johnny Erling, zitiert den chinesischen Soziologen Li Pelin mit der Aussage, dass für die nächsten zehn Jahre mit »bis zu 500 Millionen Menschen mit mittlerem Einkommen« zu rechnen sei. Das wäre mehr als ein Drittel der Bevölkerung.

Wir kommen aus dem pessimistischen Europa und wundern uns, wie überzeugt unsere Gesprächspartner in China sind, dass es ihnen in fünf Jahren besser gehen wird als jetzt. Denn auch in den letzten fünf Jahren war das so, und auch in den vorletzten fünf Jahren. Dass die Kinder es noch viel besser haben werden, wenn sie nur hart arbeiten und den Eintritt in eine gute Schule schaffen, gilt als selbstverständlich.

Fast religiös zelebriert die Regierung jedes Jahr die aktuellen Zahlen zum Wirtschaftswachstum, das wie durch Zauberhand gelenkt fast punktgenau bei den Planvorgaben landet. Von 2010 bis 2020 soll das Pro-Kopf-Einkommen verdoppelt werden. Ein zweistelliges Wachstum wie früher gibt es nicht mehr. Rund 6,5 Prozent pro Jahr lautet das offizielle Wachstumsziel. 2017 waren es 6,9 Prozent, für 2018 werden 6,6 Prozent erwartet. Wie verlässlich diese Zahlen sind, ist unklar. Aber dass China als Konjunkturlokomotive der Weltwirtschaft fungiert, bleibt unbestritten.

Das ORF-Büro in Peking

Das Korrespondentenbüro des Österreichischen Rundfunks in Peking liegt in einer Wohnanlage in Chaoyang, die vor Jahrzehnten für Ausländer errichtet wurde. Chaoyang gilt als Diplomatengegend, weil hier die meisten Botschaften liegen. Mit der U-Bahn erreichen wir vom Arbeitsplatz mit einmaligem Umsteigen in etwa 40 Minuten den Platz des Himmlischen Friedens. Das gilt als kurze Fahrzeit. Chaoyang liegt in Zentrumsnähe und ist einer von 16 Bezirken der chinesischen Hauptstadt. In Europa wäre Chaoyang alleine schon eine Großstadt: Unser neuer Heimatbezirk hat vier Millionen Einwohner, mehr als sieben der (noch) 28 EU-Staaten und halb so viel wie ganz Österreich.

Glücklicherweise haben wir auf Rat unserer Vorgänger eine Wohnung gemietet, die nur wenige Hundert Meter von der Korrespondenten-Arbeitsstätte entfernt ist – ein einfacher Fußweg mitten durch das belebte Sanlitun-Viertel. Die kurze Distanz ist ein Luxus in Peking, wo Anfahrtswege von weit über einer Stunde in übervollen U-Bahnen und auf verstopften Straßen normal sind. Auch dem Arbeitsrhythmus des Auslandskorrespondenten kommt die Nähe von Büro und Wohnung entgegen, er richtet sich nach den Zeitzonen der Heimatredaktion: In Washington muss man als europäischer Korrespondent daher sehr früh aufstehen, in Asien muss man lange aufbleiben. Der reguläre Zeitunterschied nach Mitteleuropa beträgt sechs Stunden. Wenn die Radio- oder Fernsehkollegen in Wien ihre Arbeit aufnehmen, ist in China Nachmittag. Die intensivsten Arbeitszeiten in Peking sind der Nachmittag und der Abend. Live-Auftritte für die ZiB-Sendungen des ORF finden tief in der Nacht statt.

Auf dem Weg von unserer Wohnung zum Büro des ORF passieren wir Transparente und Plakate, die von der Propagandaabteilung der Kommunistischen Partei aufgehängt und regelmäßig gewechselt werden. Im Patio unserer Wohnanlage hängt ein riesiger Videoscreen, auf dem in rascher Abfolge Werbespots für Luxusautos, exotische Touristendestinationen und die Chinesische Volksbefreiungsarmee laufen. »Das Volk hat Vertrauen. Die Nation Hoffnung. Der Staat hat Macht«, flimmert die aktuelle Losung über den Bildschirm. Es folgt die Liste der Sozialistischen Kernwerte. Sie ist lang, aber jedes Kind lernt sie auswendig: »Wohlstand – Demokratie – kulturelle Entwicklung – Harmonie«, »Freiheit – Gleichheit – Gerechtigkeit – Rechtsstaatlichkeit«, »Patriotismus – Hingabe – Aufrichtigkeit – Freundlichkeit.« Präsident Xi Jinping beschwört das Vertrauen des Volkes in den Traum vom erstarkten China. Der Korrespondent der »New York Times«, Javier Hernandez, zählte auf seinem täglichen, 30-minütigen Weg zur Arbeit in unserer Gegend über 70 politische Plakate und Transparente. Die Partei ermahnt die Bürger, die Straßen sauber zu halten und respektvoll miteinander umzugehen. Immer wieder gibt es auch Plakate, die junge Frauen vor ausländischen Bekanntschaften warnen, weil fremde Männer Spione sein könnten. Auf einer Plakatwand sieht man herzige Comics von dicken Kindern, die alte konfuzianische, chinesische Tugenden beschwören: etwa sich um die eigenen Eltern zu kümmern und zu Vorgesetzten loyal zu sein. Der Ton ist paternalistisch und patriotisch. Und überall weht die rote Fahne mit den gelben Sternen. Unsere Chinesisch-Lehrerin, eine junge Studentin, wundert sich, dass wir uns für die Losungen auf den Transparenten interessieren. Wir kämpfen uns durch die Slogans: »Bekämpft Korruption! Sauberkeit und Ehrlichkeit«. Die Einheimischen sind politische Straßenpropaganda gewöhnt, sie gehen achtlos daran vorbei.

Um das Ausländer-Areal zu betreten, in dem das ORF-Büro liegt, muss man den Kontrollpunkt des Wachpostens passieren. Es ist nicht allzu lange her, da hatten Soldaten der Chinesischen Volksbefreiungsarmee diesen Job inne, jetzt hat ein Securitydienst übernommen. Chinesische Staatsbürger brauchen einen Passierschein. Die deutsche ARD, der amerikanische Radiosender National Public Radio und der italienische Botschaftskindergarten befinden sich in der ausgedehnten Anlage. Die ORF-Korrespondenten sind in Büroräumen der chinesisch-deutschen Videofirma China Television Services (CTVS) untergebracht, die Kameraleute, Videocutter und die für die Fernsehproduktion erforderliche Technik beisteuert.

Die besondere Aufmerksamkeit, die dem Gelände von den chinesischen Sicherheitsbehörden zuteilwird, erleben wir jede Woche, wenn die Printausgabe der britischen Wochenzeitschrift »Economist« zugestellt wird: Seiten mit kritischen Artikeln über Staatspräsident Xi Jinping fehlen, sie sind vor der Zustellung feinsäuberlich mit einer Rasierklinge herausgeschnitten worden.

Wir Auslandskorrespondenten sind für die chinesischen Behörden eine ganz eigene Spezies. Wir reisen mit einem sogenannten J1-Visum. Dieses Visum ist heiß begehrt. Es ermöglicht es einem ausländischen Reporter, ein Jahr lang in China zu arbeiten. Jedes Jahr im Dezember muss es erneuert werden. Zu diesem Zweck ziehen die Behörden die Pässe aller Korrespondenten für mehrere Wochen ein, in denen wir mangels gültigen Ausweispapiere China nicht verlassen können. Die internationalen Journalisten, die von Peking aus oft über halb Asien berichten, sitzen dann in der chinesischen Hauptstadt fest. Das Prozedere schafft manch böses Blut. Zuletzt ist der französischen Korrespondentin des linksliberalen Magazins »L'Observateur« die Visaverlängerung verweigert worden, weil sie einen unfreundlichen Artikel über die Politik Pekings gegenüber der islamischen Minderheit der Uiguren in Westchina geschrieben hat. Die Kollegin musste das Land vor Jahresende in Richtung Paris verlassen. Unser Verhältnis zur Ausländerpolizei ist freundlich-professionell, überlange Wartezeiten blieben uns erspart.

Sanlitun – unser Grätzl in Peking

Unser Zuhause in Peking liegt im 23. Stock von Turm 16 einer supermodernen Wohnanlage mit integrierter Shoppingmall namens Sanlitun Soho. Sanlitun ist eine begehrte Ausgehgegend im Pekinger Bezirk Chaoyang. Wie viele andere Hochhäuser ist auch unser Wohnkomplex erst zehn Jahre alt. Sanlitun Soho war Teil der umfangreichen Bautätigkeiten vor den Olympischen Spielen 2008 in Peking, die das Stadtbild komplett verändert haben. In den Untergeschoßen befinden sich auf mehreren Etagen Restaurants und Geschäfte, auf den Glasfassaden zeigen große Videoscreens Werbung. Geschäfte und Restaurants wechseln ständig die Betreiber. Kaum sperrt ein Friseursalon zu, nimmt schon 48 Stunden später an der gleichen Stelle eine Arztpraxis ihre Tätigkeit auf. Die Mittagssuppe um die Ecke kostet umgerechnet drei Euro. Die meisten Kunden greifen für das Kleingeld nicht in die Tasche, sondern halten der Verkäuferin nur schnell ihr Smartphone hin. Ein Barcode wird gescannt und die Transaktion ist erledigt.

In den teuren Wohnungen wohnen Ausländer und wohlhabende Chinesen. Immobilien sind für die Mittelschicht die wichtigste Geldanlage, für einige auch Spekulationsobjekte. Unsere Wohnung gehört einer Geschäftsfrau, die gleich zwei Wohnungen in unserem Wohnturm erworben hat. Die Objekte sind inzwischen, nach zehn Jahren, fast das Zehnfache wert. Auch die Mieten klettern Jahr für Jahr und müssen immer wieder neu verhandelt werden. Die Wohnungsmiete in Sanlitun ist um einiges höher als in Brüssel, unserem letzten Korrespondentenposten.

Wenn wir vom 23. Stock aus den bis zum Boden reichenden Fenstern blicken, sehen wir an schlechten Smog-Tagen höchstens zwei, drei Häuserreihen. Öfter, als wir erwartet haben, gibt es aber auch klare Tage. Dann reicht die imposante Skyline aus Wolkenkratzern bis zu den Westbergen am Stadtrand. Dass wir in China sind, zeigen die riesigen, beleuchteten chinesischen Zeichen auf dem Dach des Nachbargebäudes: Mei Lin–Da Sha, Schöner Wald–Großes Gebäude, heißen sie übersetzt. Gleich dahinter sehen wir das Arbeiterstadion, wo mehrmals in der Woche lautstarke Fußballspiele stattfinden. Während der Kulturrevolution gab es in dem Stadion öffentliche Demütigungsspektakel. Rotgardisten zwangen den Bürgermeister und andere hohe Funktionäre zu einem erniedrigenden Spießrutenlauf, die Gefangenen wurden beschimpft und bespuckt. An diese Vergangenheit erinnert allerdings niemand. Und ganz unten, direkt unter unserem Fenster, befinden sich zweistöckige Container mit blauen Dächern. Hier wohnen die Wanderarbeiter aus der Provinz, die das neue Luxushotel Intercontinental gleich nebenan bauen. Jeden Morgen marschieren sie mit den gelben Arbeitshelmen los und wir sehen, wie Stockwerk um Stockwerk das neue Gebäude wächst. Am Ende unseres Peking-Aufenthalts überragt das Intercontinental Beijing Sanlitun mit seiner in allen Farben blinkenden Fassade die Türme unseres Grätzls und das Container-Dorf wird leer.

Kerstins Tagebuch

Die Einrichtung unserer Wohnung ist so weit abgeschlossen. Die Übersiedlungskartons sind letzte Woche angekommen, wir haben die Bilder aufgehängt und es ist erstaunlich, wie schnell damit eine Wohnung wieder zum vertrauten Zuhause wird.

In meinem Arbeitszimmer hängt eine halbe Weltkarte, die ich mir täglich anschaue: In der Mitte liegt China und nicht, wie wir es gewöhnt sind, unser Europa, und es ist beeindruckend, wie sich damit auch die Perspektive verändert. Europa erscheint ziemlich weit weg, auch wenn wir jeden Tag BBC hören, ich den »Spiegel« lese und Raimund mir die Neuigkeiten aus »FAZ« und »New York Times« erzählt.

Für die vielen fehlenden Kleinigkeiten wie Untersetzer oder rutschfeste Badematten hat mich die Assistentin des ORF-Büros Yoyo Weiran zu Ikea begleitet. Ikea ist beliebt bei den chinesischen KundInnen: Von September 2016 bis August 2017 hat Ikea einen Jahresumsatz von 13,2 Milliarden

Yuan gemacht, umgerechnet sind das 1,7 Milliarden Euro. Ikea heißt auf Chinesisch yijia, was so viel wie »gemütliches Zuhause« heißt, und so verhalten sich die Chinesen dort auch. Sie bewohnen nämlich die Ausstellungszimmer, schlafen in den Betten unter den Decken, füttern ihre Kinder oder liegen auf den Couchen, um Videos auf den Smartphones anzuschauen. Ikea-Richtlinien sollen verhindern, dass alle Betten und Couchen von Schlafenden belegt sind, aber sie werden offensichtlich nicht befolgt. Ikea ist ein beliebtes Ausflugsziel und wir mussten uns sehr lange bei der Essensausgabe anstellen. Und weil es so exotisch ist, essen die Chinesen hier auch mit Messer und Gabel statt mit Stäbchen. Yoyo ist begeistert von Ikea, sie wollte vor allem tiefgefrorenen skandinavischen Lachs mitnehmen. Bei den chinesischen Lebensmitteln weiß man nicht so recht, wie gesund sie wirklich sind. Erst vor Kurzem gab es einen Skandal um verseuchte Babymilch.

Das Leben in einer Shoppingmall hat den Vorteil, dass alles, was man zum täglichen Leben braucht, in greifbarer Nähe ist. Geschäfte, die öffnen und wieder schließen, zeigen uns die Trends an. So staunen wir über Katzencafés, in denen vor allem junge Frauen ihren Kaffee trinken und dabei eine der vielen dicken Katzen streicheln können. Brot wird plötzlich modern, allerdings in für uns unerwarteten Geschmacksrichtungen wie Matcha, Mango oder Thunfisch. Und gleich neben dem großen Apple-Flagship-Store gibt es in den Winkeln der Mall kleine Anbieter von identisch aussehenden Fake-Produkten. Das iPhone, das wir in Brüssel neu gekauft haben, macht ernsthafte Schwierigkeiten. Der offizielle Apple-Store erklärt sich für nicht zuständig, weil wir das Gerät in Europa gekauft haben. In der inoffiziellen Reparaturwerkstätte holt man einen jungen Mann, der für schwierige Fälle zuständig ist. Nach zwei Tagen bekommen wir unser iPhone zurück, es funktioniert auch noch vier Jahre später problemlos. Unser Respekt vor dem technischen Know-how der falschen Apple-Geschäfte wächst.

Jeder Einkauf im chinesischen Supermarkt ist anfangs ein Abenteuer und verbunden mit einer Recherche, die uns mit den Lebensgewohnheiten der Bürger vertraut macht. Die teure australische Milch im chinesischen Regal überrascht. Bis uns jemand darüber aufklärt, wie groß das Misstrauen der Konsumenten nach wie vor ist, weil aus den heimischen Molkereien so oft verunreinigte Produkte kommen. An die Garküchen mitten im Supermarkt gewöhnen wir uns innerhalb weniger Tage. Um punkt zwölf Uhr, der heiligen Mittagszeit Chinas, strömen die Menschen aus allen Büros und Arbeitsstätten in kleine Restaurants, Imbissstuben oder in den Supermarkt. Innerhalb weniger Minuten bekommt man seine scharfe Suppe, gebackenen Reis, Teigtäschchen oder Salate mit Soßen in unterschiedlichen Geschmacksrichtungen. Die Speisen nimmt jeder in Plastikbeuteln mit ins Büro. Dort lassen sich die Kollegen gerade per Zustelldienst ähnliche Mahlzeiten liefern. Vor dem Eingang zu unserem Ausländerwohnblock warten die Lieferanten auf ihren Elektrobikes auf die Kunden. Ein einfaches Mahl kostet 15 bis 35 Yuan, umgerechnet zwei bis fünf Euro.

Die Auswahl der Restaurants ist so groß und die Speisen sind für uns in Peking so günstig, dass wir am Ende unseres Aufenthaltes zur eigenen Überraschung feststellen, dass wir in unserer Küche kaum gekocht haben. Chinesische Wohnungen haben oft nur einen winzigen Kochplatz für den mit Gas erhitzten Wok, immer aber einen elektrischen Reiskocher. Elaborierte Küchen des Westens sind in China selten. Die junge Studentin, mit der wir mehrmals in der Woche Chinesisch pauken, findet beim Besuch unserer geräumigen Wohnung, unsere Küche, die aus unserer Sicht gar nicht besonders groß ist, sei der überflüssige Raum der Wohnung.

Das Leben zwischen unseren Wohntürmen folgt einem Tagesrhythmus. In der Früh werden Schoßhunde Gassi geführt, denn seit Kurzem sind Haustiere ein neues Statussymbol für die gehobene Mittelklasse. Tierhandlungen schießen aus dem Boden. Manchmal werden auch auf der Straße winzige Welpen oder Kätzchen zum Kauf angeboten. Die Spuren des Gassi-Gangs werden vom Putztrupp beseitigt, der ohne Unterbrechung den ganzen Tag lang das gesamte Areal wischt und poliert. Auch kleine Kinder werden ausgeführt, von den Ayis, wie die Kinderfrauen und

Haushälterinnen genannt werden, oder von den Großeltern, die zur Unterstützung der jungen Eltern vom Land gekommen sind. Chinesische Mütter sieht man kaum, die Karenzzeit dauert nur drei Monate. Mittags haben die vielen kleinen Nudelküchen und Restaurants Hochbetrieb. Aber die belebteste Zeit ist der Abend, denn Sanlitun ist ein beliebtes Ausgehviertel. Viele sitzen nach der Arbeit bei einem Tsingtao-Bier oder Wassermelonensaft unter freiem Himmel an einer Bar, Skateboarder zischen vorbei und es wird geshoppt – schließen doch die Geschäfte erst nach 21.00 Uhr. Vor dem japanischen Bekleidungsgeschäft »Uniqlo« warten Fotografen auf besonders schöne und gut gekleidete Menschen. Sie sammeln Modetrends, die dann im Internet auf der Plattform Baidu zu sehen sind. Im Sommer 2015 war diese »Uniqlo«-Filiale plötzlich landesweit bekannt, denn zwei Teenager hatten sich beim Sex in der Umkleidekabine gefilmt und die Szene ins Internet gestellt. Der Beitrag wurde so populär, dass die Zensur einschritt. Mehrere Wochen war unsere »Uniqlo«-Filiale berühmt und belagert von jungen Menschen, die Selfies vor dem Geschäft machten.

Gleich neben unseren Glastürmen findet ein anderes Leben statt: In der Seitenstraße wird Müll sortiert, an einer Ecke werden Fahrräder repariert. Mobile Garküchen bieten bis 9.00 Uhr früh dicke Palatschinken zum Frühstück an, dann verschwinden sie wieder. Dreirädrige Elektromotor-Rikschas kurven auf den Gehsteigen und werben um Kunden. Es ist immer laut und voller Menschen in Bewegung.

Immer wieder bringt uns in China der Kontrast zwischen dynamischer Veränderung und Tradition zum Staunen. Es ist die Mischung aus überwältigender Modernität und einem vitalen traditionellen Leben, die uns fasziniert.

Polizei und Völkerfreundschaft

Wir hatten ein problemloses Verhältnis zu der für den ORF zuständigen chinesischen Sicherheitsbehörde. Bei der Pekinger Ausländerpolizei ist ein eigenes Beamtenteam für uns zuständig. Der verantwortliche Polizeioffizier hat uns seine Handynummer gegeben, für den Fall, dass wir unerwartete Schwierigkeiten haben sollten. Das Angebot mussten wir nicht in Anspruch nehmen. Beim Höflichkeitsbesuch der gesamten Mannschaft des ORF-Büros versichern wir einander des gegenseitigen Respekts und der Bedeutung der Völkerfreundschaft zwischen China und Österreich. Dass wir uns an die in China geltenden Regeln für Journalisten zu halten haben, ist selbstverständlich. Diese Erwartung wurde uns auch beim Antrittsbesuch in der Botschaft der Volksrepublik China in Wien deutlich gemacht.

In der Praxis betreffen uns die Einschränkungen der gelenkten chinesischen Medienwelt nur indirekt. Kein Bewacher überprüft die Berichte für Radio und Fernsehen, bevor wir sie nach Wien schicken. Mit der strengen Zensur sind wir allerdings konfrontiert, weil wir den Beschränkungen im Internet ausgesetzt sind und die chinesischen Medien, die eine der Grundlagen unserer Arbeit sind, gelenkt sind. Für Auslandskorrespondenten gelten die inhaltlichen Vorschriften und Begrenzungen, an die sich chinesische Kollegen zu halten haben, nicht. Der ORF berichtet über den Dalai Lama genauso wie über Dissidentenprozesse und die Protestbewegung in Hongkong. Nie hat ein chinesischer Behördenvertreter in unsere ORF-Berichterstattung eingegriffen.

Was nicht bedeutet, dass die Behörden desinteressiert an dem sind, was wir berichten. Es gibt einen regen Meinungsaustausch mit offiziellen Vertretern. Dazu gehört es auch, dass Mitarbeiter von Korrespondentenbüros von der Polizei zum Tee geladen werden, um zu besprechen, wie diese oder jene Situation zu behandeln sei. Auslandskorrespondenten melden immer wieder unangenehme Situationen, wenn Menschenrechtsaktivisten vor Gericht stehen und Polizisten in Zivil, die sich manchmal als normale Bürger gebärden, Reporter daran hindern, den Prozess zu verfolgen. Solche Zwischenfälle sammelt der Klub der Auslandskorrespondenten, Foreign Correspondents Club of China, dem die meisten Korrespondenten angehören. Der Klub versucht im Gespräch mit den Behörden bürokratische Hürden aus dem Weg zu räumen. Für Auslandskorrespondenten ist die Vereinigung eine wichtige Plattform zum Meinungsaustausch. Mehrmals im Monat sind Wissenschaftler aus chinesischen Institutionen und

China-Experten aus Europa oder den USA zu aktuellen Vorträgen geladen. Die Vorträge finden in westlichen Botschaften statt, das ist der sicherste Rahmen, um auch über die heikelsten Fragen offen zu sprechen.

Zu den Projekten des ORF in Peking gehört es, ein Experiment zu versuchen: eine politische Talkshow für das Fernsehen aus Peking, ohne Zensurvorgaben der chinesischen Behörden. Weil sich der ORF an ein europäisches Publikum wendet und in China nicht sendet, ist das möglich. Die Sendung »Inside Asia« auf ORF III soll den Zusehern in Österreich die Entwicklung Chinas und chinesische Sichtweisen auf die Welt, von Trump bis Nordkorea, näherbringen. Das Hotel Kempinski in Peking stellt uns die Räume zum Aufbau eines Fernsehstudios zur Verfügung. Erfahrene Journalistenkollegen warnen uns, würden die Behörden nicht eingebunden, könnten plötzlich eintretende, unvorhersehbare Hürden das Projekt im letzten Augenblick gefährden. Im ORF-Büro Peking entscheiden wir uns daher für einen kühnen Schritt: Wir gehen dorthin, wo die wirkliche Macht im Staat liegt, und werden direkt das Zentralkomitee der Kommunistischen Partei Chinas informieren. In der Auslandsabteilung des ZK empfängt uns bald darauf tatsächlich der für die deutschsprachigen Länder zuständige Funktionär. Sun Shouliang ist über die politischen Verhältnisse in Österreich und Deutschland bestens informiert. Wir diskutieren über die Schwierigkeiten der Europäer mit der Krise in Griechenland. Ich werbe für den ORF, in unserer Sendung »Inside Asia« könnte ein Vertreter der Kommunistischen Partei die Vorzüge des Sozialismus chinesischer Prägung darlegen. Aber Sun Shouliang schüttelt den Kopf. Er empfiehlt ehemalige Botschafter oder Universitätsprofessoren als Diskussionspartner für westliche Journalisten. Beim Hinausgehen wundert sich eine ZK-Mitarbeiterin: »Wir wissen, dass Politiker im Westen die halbe Zeit in TV-Studios verbringen«, sagt sie, »bei uns haben sie für so etwas keine Zeit.« Tatsächlich geben chinesische Politiker fast nie Interviews, selbst in chinesischen Medien ist das nicht üblich. Zur Beeinflussung der Öffentlichkeit dienen die Anweisungen an die Medien selbst. Westliche Korrespondenten haben so gut wie nie die Möglichkeit, politische Verantwortliche zu interviewen. Ausländische Reporter haben bei uns einen schlechten Ruf, heißt es im Zentralkomitee.

An den Diskussionsrunden von »Inside Asia« auf ORF III haben tatsächlich Diplomaten aus China und Europa, Journalisten und Universitätsprofessoren teilgenommen. Probleme mit den Behörden gab es keine, obwohl wir heikle Fragen wie den europäisch-chinesischen Disput über Menschenrechte, den Smog in Peking und Kim Jong-un in Nordkorea nicht ausgespart haben. Die Diskussionen im Zentralkomitee haben uns geholfen, zu verstehen, wie Politik und Öffentlichkeit in China funktionieren.

»Mic Grabber«

Die einzige reguläre Pressekonferenz des Jahres gibt der Premierminister im Frühjahr nach der jährlichen Tagung des Volkskongresses, der offiziell die Gesetze des Landes macht. Die Einladung zu dem feierlichen Ereignis kommt per Bote aus dem Außenministerium, sie ist in goldenen Lettern gedruckt. Im Chinesischen Staatsfernsehen wird der Auftritt live übertragen, die Zeitungen drucken am folgenden Tag das gesamte Frage-und-Antwort-Spiel ab. Schon Wochen zuvor beginnt die Vorbereitung, denn die Fragen müssen Tage im Voraus beim Außenministerium eingereicht werden. Es gibt dann manchmal Verhandlungen über Alternativfragen, wenn dem Ministerium ein Thema nicht recht ist. Schließlich entscheidet der Regierungschef, welche Frage er von welchem Medium gestellt bekommen will.

2015 ist der russische Einmarsch auf der Krim noch frisch. Im Osten der Ukraine tobt ein von russischen Uniformierten angezettelter Krieg. China ist ein Verbündeter Russlands. Aber gleichzeitig ist die Nichteinmischung in die inneren Angelegenheiten anderer Staaten für die chinesische Außenpolitik heilig. Die Frage des ORF für Premierminister Li Keqiang, die wir im Außenministerium einreichen, lautet, ob China die Krim als Teil Russlands oder als Teil der Ukraine ansieht und was China von der Präsenz russischer Truppen auf ukrainischem Territorium hält. Unser Gegenüber im Außenministerium ist gar nicht erfreut. Man möchte dem ORF gerne die Gelegenheit geben, eine Frage an den Premierminister zu richten, so heißt es. Aber ob wir nicht eine andere Frage stellen könnten? Auf Verhandlungen wollen wir uns nicht einlassen. Wir stellen diese Frage oder eben keine.

Am großen Tag, an dem der Volkskongress zu Ende geht, müssen wir Reporter uns schon um sieben Uhr früh in der Großen Halle des Volkes anstellen, um durch die zahlreichen Sicherheitschecks rechtzeitig in das Gebäude zu gelangen. Premierminister Li Keqiang beantwortet die vorher vereinbarten Fragen der in- und ausländischen Journalisten, die vor allem um das langsamer werdende Wirtschaftswachstum kreisen.

Plötzlich sagt die Vorsitzende, so hören wir es in den hinteren Reihen, »ORF«, und ein Saaldiener bewegt sich mit dem Mikrofon auf meinen Sitzplatz als ORF-Korrespondent zu. Ich, Raimund Löw, schnappe mir das Mikrofon und stelle meine Frage zur Ukraine, die zuvor vom Außenministerium abgelehnt worden war. Der Premierminister blickt überrascht in den Saal, als die Übersetzung einsetzt, aber er antwortet diplomatisch, dass sich China für eine gütliche Lösung einsetze. Nach Ende der Pressekonferenz stürzen sich Diplomaten und Kollegen auf mich: Ob diese Frage denn wirklich genehmigt gewesen sei? Ich beschreibe den Ablauf aus meiner Sicht. Aber bald danach klärt sich auf, was passiert ist: Aufgerufen war der neben mir sitzende Vertreter der spanischen Presseagentur EFE, ein langjähriger Bekannter aus Brüsseler Korrespondentenzeiten, der eine Frage zur Finanzpolitik vorbereitet hatte. Wir beide, sowohl der Spanier als auch der Österreicher, hatten in den hinteren Reihen das undeutliche F von EFE für das F von ORF gehalten und ich hatte mich ungebührlich vorgedrängt. Den Zusehern vor den Fernsehapparaten war in der Simultanübersetzung dagegen völlig klar, dass der Spanier aufgerufen worden war und der Österreicher sich das Mikrofon geschnappt hatte. Am nächsten Tag prange ich als »Mic Grabber«, »Mikrofon-Schnapper«, in allen chinesischen Zeitungen, die berichten, wie gefragt doch die Aussagen des chinesischen Premiers seien, dass sich die Korrespondenten aus Europa darum balgen, eine Frage zu stellen. Für ein paar Wochen bin ich ziemlich bekannt bei den chinesischen Gesprächspartnern. Böse ist mir niemand. Im folgenden Jahr reiche ich für die Pressekonferenz des Premierministers die Frage ein, ob China als Weltmacht angesichts der Flüchtlingskrise in Europa bereit wäre, Syrien-Flüchtlinge zu übernehmen. In die Nähe eines Mikrofons komme ich nicht mehr.

Die Plenartagungen des Volkskongresses, der formell Gesetze beschließt, und der Politischen Konsultativkonferenz, die beratende Funktion hat, sind jedes Frühjahr die politischen Highlights des Landes. Für den Anlass wird für uns Korrespondenten ein eigener Presseausweis angefertigt. Wenn wir die Sicherheitskontrolle passieren, tauchen unsere Passfotos automatisch auf zwei riesigen Bildschirmen auf, damit die Kontrolleure vergleichen können, ob der Eintretende wirklich mit dem Passinhaber ident ist. Nach dem langen Warten kann man sich mit grünem Tee in Pappbechern wärmen.

Die zirka 5000 Delegierten, die aus ganz China in der Großen Halle des Volkes am Tiananmen-Platz zusammenkommen, sind der Führung der Kommunistischen Partei unterstellt. Es gibt auffällig viele Promis unter den Volksvertretern.

Beim Eintreffen stürzen sich die chinesischen Journalisten nicht auf die politischen Entscheidungsträger, die sowieso unerreichbar sind, sondern auf Wirtschaftsmogule, Unternehmensgründer und Medienstars, die ebenfalls Delegierte sind.

Nur in Ausnahmefällen gibt es unterschiedliche Meinungen unter den Delegierten. Die Kommunistische Partei hat im Voraus entschieden. Gegenstimmen in bescheidener Zahl und in Nebenfragen sind möglich, aber die großen Linien für die Beratungen sind vorgegeben. An der Decke des riesigen Sitzungssaals prangt ein riesiger roter Stern aus der Zeit Mao Zedongs. Überall die schweren, roten Fahnen im stalinistischen Look der Vergangenheit, wenn die Staatsführer einziehen, mit dem starken Mann, Präsident Xi Jinping, an der Spitze.

Das postmaoistische Ritual steht in krassem Gegensatz zur Wirklichkeit. Das gemeinsame Vermögen der zahlreichen Millionäre und Milliardäre, die sich als Abgeordnete unter den roten Fahnen versammeln, ist größer als das österreichische BIP. In keinem Parlament der Welt gibt es so viele Superreiche wie im kommunistischen China. Der in Schanghai erscheinende Hurun-Report über die reichsten Bürger Chinas errechnet, dass die 153 Superreichen im Volkskongress 2018 über ein Vermögen von 650 Milliarden Dollar verfügen. Pony Ma, der Gründer des Internet-Riesen Tencent und mit 47 Milliarden Dollar der reichste Mann Chinas, ist nur einer der Milliardäre mit einem Sitz im Volkskongress. Das Gesamtvermögen der chinesischen Abgeordneten ist in den letzten Jahren rasant gestiegen, um vieles schneller als die gesamte Wirtschaft des Landes.

Die meisten Chinesen schockieren diese Zahlen nicht. Die Symbiose zwischen herrschender politischer Kaste und Wirtschaftsbonzen sind sie gewohnt. Die Kluft zwischen Durchschnittsbürgern und Superreichen wächst seit dem Beginn der Wirtschaftsreformen vor vier Jahrzehnten. 2017 gab es in China vier neue Milliardäre pro Woche, ein Zuwachs, der jenen in den USA deutlich übertrifft, wie die »New York Times« trocken analysiert. Das von der KP Chinas gewählte Modell lässt zwar die soziale Ungleichheit dramatisch größer werden, bringt aber das Land insgesamt voran und hat Hunderte Millionen Menschen aus der Armut geführt. Ein Widerspruch, an dem sich internationale Experten in aller Welt genauso abmühen wie wir Beobachter vor Ort.

Expat-Leben

Eine Million Ausländer leben in China, das klingt zunächst nach nicht wenig. Im Verhältnis zur Gesamtbevölkerung ist der Ausländeranteil jedoch verschwindend gering: 0,07 Prozent beträgt er. Zum Vergleich: In der EU wohnen knapp acht Prozent Menschen mit ausländischer Staatsbürgerschaft. Damit hat China weltweit einen der geringsten Ausländer-Anteile in der Bevölkerung. Die Volksrepublik ist kein Einwanderungsland und will es auch nicht sein.

Die Ausländer konzentrieren sich in den größten Städten, besonders in Schanghai und Peking. Sie werden als Expats bezeichnet, weil sie außerhalb ihres Heimatstaates arbeiten und leben. Es sind einige wenige Gegenden, in denen das Expat-Leben blüht und die Verständigung auf Englisch möglich ist. Wir entdecken in Peking den »Bookworm«, einen englischsprachigen Buchladen mit regelmäßigen Lesungen und einem jährlichen Literaturfestival. Am Wochenende organisieren die »Beijing Hikers« für Expats mehrstündige Wanderungen auf noch kaum touristisch erschlossenen Teilstücken der Großen Mauer, angeleitet von australischen und chinesischen Guides.

Unser Freundes- und Bekanntenkreis ist, wie so oft im Expat-Leben, internationaler und altersgemischter als zu Hause, und die Freundschaften ermöglichen Einblicke in uns ganz neue Lebenswege.

Unsere Freundin Niny etwa ist eine chinesischstämmige Malaysierin. Sie arbeitet in Peking für eine internationale Organisation. Das Leben in China bedeutet für sie das Entdecken des Landes, mit dessen Sprache sie aufgewachsen ist, dessen Geschichte und Kultur sie aber vorwiegend aus Büchern kennt. Ihre Großeltern waren einst in den chaotischen 1930er-Jahren nach Malaysia und Taiwan geflohen, inzwischen lebt die Familie verstreut in verschiedenen asiatischen Ländern und in den USA. Jahrzehntelang gab es wenig Kontakt mit dem Festland, wie die Volksrepublik China genannt wird. Jetzt trägt Niny mit ihrer Arbeit dazu bei, dass sich die Lebensverhältnisse dort verbessern.

Bei vielen Ausländern ist der Aufenthalt begrenzt. Wie immer im Expat-Leben ist die Fluktuation groß, es bleiben aber auch einige länger als geplant. Einige lassen sich von der Aufbruchsstimmung anstecken und werden unternehmerisch tätig: als Wein- und Spirituosenhändler, Rucksackimporteur, Filmproduzent oder Hundetrainerin – alles Beispiele aus unserem Bekanntenkreis. Andere bereisen begeistert das Land oder verlieben sich in eine Chinesin.

Eine kurze, nicht repräsentative Umfrage bei unseren Bekannten, was sie als Expats mögen und was sie abseits der bekannten Phänomene wie Luftverschmutzung, Verkehrschaos und Internetzensur vermissen, bringt überraschende Resultate: Eine Hamburger Freundin findet das Wetter toll. So viel blauen Himmel und Sonne wie in Peking, abgesehen von den Smog-Tagen natürlich, gibt es im deutschen Norden nicht. Ein Freund vermisst allerdings das Vogelgezwitscher. In den chinesischen Megastädten gibt es kein Leben in den Lüften. Sogar Mücken und Gelsen sind selten. Sich als Frau überall sicher und unbelästigt bewegen zu können, ist ein Plus, wirft eine Bekannte ein, die kreuz und quer durch China reist. Die Dynamik der vielen Menschen ist für uns Ausländer ansteckend, manchmal energetisierend, manchmal ermüdend. Und die Vielfalt des Angebots an Speisen genießen wir alle, die scharfe Sichuan-Küche, die vielen Pilze und Gemüse aus der südöstlichen Provinz Yunnan oder die berühmten Nudeln aus Xi'an. Mit den China-Restaurants, die wir in Europa kennen, hat das nichts zu tun. Die Erfahrung machen alle Expats: Wo immer man sich in China aufhält, es gibt etwas Interessantes zu essen.

Kerstins Tagebuch

Raimund und ich finden das Essen mit Stäbchen wunderbar, irgendwie elegant. Man pickt sich aus den gemeinsamen Tellern mit den verschiedenen Speisen immer genau den mundfertigen Happen heraus, den man gerade essen möchte, kommentiert, empfiehlt und bietet als Zeichen der Wertschätzung anderen am Tisch besonders gute Stückchen an. Kein Säbeln und Aufspießen und Hineinschaufeln. Wir sind jetzt voll assimiliert und haben neulich im Thai-Lokal Gabel und Löffel ignoriert - mit denen in Thailand gegessen wird - und stattdessen das Curry mit Stäbchen in den Mund balanciert.

Tourismus made in China

An den Wochenenden erkunden wir unsere neue Umgebung. Wir besuchen Sehenswürdigkeiten wie die Verbotene Stadt, den Sommerpalast und das Mao-Mausoleum. Überall bewegen wir uns inmitten der vielen Touristen und Reisegruppen, die in überwältigender Mehrzahl aus innerchinesischen Provinzen kommen. Sie kommen erkennbar vom Land, sind oft kleingewachsener als die Städter und man sieht ihnen die harte Arbeit an. In schlichter Kleidung oder Tracht bestaunen sie fröhlich ihre Hauptstadt. Ein Besuch in Peking ist für viele ältere Chinesen aus der Provinz ein Höhepunkt des Lebens.

Kerstins Tagebuch

Die Ming-Gräber sind eine Touristenattraktion und Busladungen innerchinesischer Touristen werden in Gruppen durchgeführt. Wir, meine Freundin Anna und ich, sind eine Individualgruppe. Es nähert sich schüchtern ein junger Mann, er möchte mit uns fotografiert werden. Kaum sehen das seine Freunde, gibt es ein großes Hallo und wir sind von einer Gruppe junger Männer umlagert, die alle begeistert ein Foto mit uns blonden Frauen haben wollen. Jetzt werden diese Fotos sicher schon in den Internetforen zirkulieren.

Dass ich fotografiert werde, passiert häufig auf den Reisen, aber selten in Peking. Letztens beim Mao-Mausoleum etwa, auch das ein Ort, an den vorwiegend chinesische Touristen kommen und eine Blume vor einer marmornen Mao-Statue ablegen, hat mich eine ganze Familie in ihre fotografische Mitte genommen. Gestern ist mir auch erstmals ein Platz in der U-Bahn angeboten worden, sichtbar von einer Nicht-Pekingerin, mit einfacherer Kleidung und einer dunkleren Gesichtsfarbe. Sie hat mich dann zum Ausgleich ein bisschen berühren wollen, eine überraschende Geste. Vielleicht will sie prüfen, wie sich meine Haut anfühlt? Gerne, ich habe mich über den Sitzplatz gefreut, denn die Strecken sind schon sehr, sehr lang. Normalerweise sind in der U-Bahn alle Menschen komplett auf sich bezogen und ins eigene Handy vertieft. Wenn ich mich in Peking bewege, dann genieße ich diese nicht unfreundliche Nicht-Beachtung. Das schafft eine Selbstverständlichkeit im Umgang, fühlt sich wie normales Großstadtleben an, auch im so fremden China.

Wir entdecken neue Hobbys: Der Teemarkt gibt uns einen ersten Überblick über »Lü Cha«, grünen Tee, »Hong Cha«, schwarzen

Tee, oder »Wulong Cha«, Oolong, den halbfermentierten Tee. Für Chinesen ist Tee essenziell, sogar die Taxifahrer haben neben ihrem Sitz immer ein Einweckglas mit ein paar Teeblättern, die mehrmals aufgegossen werden. Chinesische Teetrinker schütten den ersten Aufguss weg, das entfernt angeblich Chemikalien und nimmt Bitterkeit weg. Weißer Tee und gelber Tee, die in Europa kaum bekannt sind, finden reißenden Absatz. Den erdig schmeckenden »Pu-Erh« aus der südlichen Provinz Yunnan kauft man in gepresster Form. Die Pu-Erh-Kuchen haben zumeist die Form einer Diskusscheibe. Wir staunen über die riesigen Preisunterschiede je nach Qualität und Bekanntheitsgrad der Hersteller. Unser Favorit und Teil unseres Morgenrituals wird der berühmte Long Jing, ein Grüntee aus Hangzhou mit unverkennbarem Duft.

Nicht so richtig anfreunden können wir uns trotz aller Versuche mit »Baijiu«, den Schnäpsen, die in uralter Tradition aus Getreide und Bohnen hergestellt werden und für die die Chinesen horrende Summen ausgeben. Eine kleine Flasche des international bekannten Maotai oder des populären Wuliangye aus der Provinz Sichuan kann gut und gerne umgerechnet 200 Euro kosten. Uns wurden in Spezialgeschäften auch Brände für 1000 Euro oder mehr angeboten. Bei einem Alkoholgehalt zwischen 55 und 65 Prozent schmeckt man als Westler nicht mehr viel. Einen Unterschied zum Pekinger Proletariergetränk Erguotou, das für ein paar Yuan zu haben ist, konnten wir nicht feststellen. Altgediente Korrespondenten erzählen, dass früher bei Reportagen in der Provinz ausgedehnte Empfänge mit edelsten Spirituosen und obligatorischen Trinksprüchen für jede Recherche die Regel waren. Das war vor der Antikorruptionskampagne des Präsidenten. Uns blieben diese Erfahrungen glücklicherweise erspart.

Wir reisen viel. In journalistischer Funktion, aber auch als Touristen. Dabei scheint es, als wäre das ganze Land in Bewegung. Bis vor noch gar nicht langer Zeit war die große Reisebewegung auf das chinesische Neujahr beschränkt, wenn alle in ihre Heimatorte fahren. Jetzt eröffnen am laufenden Band neue Flughäfen und neue Bahnhöfe für die Hochgeschwindigkeitszüge. Als wir das erste Mal mit dem Hochgeschwindigkeitszug fahren, sind wir beeindruckt: Abfertigungshallen wie am Flughafen und eine punktgenaue Organisation, die den ausgebuchten Zug pünktlich abfahren lässt. Und dann flitzt man mit 305 km/h durch die Landschaft – an der Ostküste Chinas besteht diese aus einer Hochhaussiedlung nach der anderen.

Überall wurden in den Städten die traditionellen chinesischen Wohnhäuser niedergewalzt. Wo einst in Peking Hutongs, die niedrigen, um einen Wohnhof angeordneten grauen Häuser, standen, gibt es jetzt mehrheitlich Hochhäuser und breite, mehrspurige und meist mit Autos verstopfte Straßen. Die neuen Wahrzeichen von Peking sind moderne Architekturbauten und, ab Sommer 2018, der neue, größte Flughafen der Welt.

Wie als Kontrapunkt sind zwei unzerstörte chinesische Altstädte von der UNESCO als Weltkulturerbe gelistet: Pingyao in der Provinz Shanxi und Lijiang in Yunnan. Beide waren abgelegen genug, um dem großen Umbau zu entgehen, und sind inzwischen beliebte Touristendestinationen, speziell für junge Leute. Man zahlt einen kleinen Eintritt und kommt in ein bewohntes, aber autofreies Freilichtmuseum. In den traditionellen, niedrigen Häusern mit den geschwungenen Dächern befinden sich Straßenstände und Souvenirläden und überall gibt es etwas zu essen. Dazwischen liegen Tempel, mal buddhistisch, mal daoistisch oder konfuzianisch. Westliche Besucher finden hier ein altes China, wie es unseren Vorstellungen entspricht. Für die vielen chinesischen Mittelschichtkinder, die sich fröhlich durch die engen Gassen schieben, ist es der Besuch einer vergangenen Epoche, allerdings schöner, ohne Armut, Gestank und Elend.

Kerstins Tagebuch

Als wir erstmals eine Bergtour, auf den Hua Shan in der Nähe von Xi'an, machen, staunen wir nicht schlecht. Es ist ein Naturpark und die Touristenströme sind so organisiert, wie wir es später noch oft bei ausgewiesenen Touristenattraktionen erleben werden: Der erste Eingang befindet sich noch weit vom eigentlichen Ziel entfernt. Von dort werden die Touristen in eigenen Bussen zu der Sehenswürdigkeit gebracht, in diesem Fall bis zur Talstation der modernen Seilbahn am Fuße des Hua Shan. Oben bewegt man sich dann auf betonierten Wegen in einer Kolonne zu den Aussichtspunkten. Es ist mehr ein Kultur- als ein Naturerlebnis, denn zu sehen sind berühmte Motive, die, wie man mir erzählt hat, in Gedichten beschrieben und in Zeichnungen festgehalten sind. In der modernen Form sind das Fotos, Fotos, Fotos. Fast noch interessanter als die eigentliche Sehenswürdigkeit ist es für mich, zu beobachten, mit welcher sichtbaren Freude meine chinesischen Mit-TouristInnen einander und sich selbst ablichten. Da werfen sich die sonst in der Öffentlichkeit gefühlsmäßig zurückhaltenden ChinesInnen in Pose, oft in regionalen oder historischen Kostümen, die es überall zum Ausborgen gibt. »Yi er san«, eins-zwei-drei, heißt die Aufforderung zum Lächeln, mit einem langgezogenen »saaaan«.

2
Boom am Jangtsekiang

Die rasante Entwicklung der letzten Jahrzehnte hat dem Land Hochgeschwindigkeitszüge, U-Bahnen und Wolkenkratzer beschert. Gleichzeitig wurden Hunderte Millionen Menschen entwurzelt. Sie sind vom verarmten Landesinneren in die Küstenregionen in den Osten ausgewandert, wo man ein ganz anderes Chinesisch spricht und wo andere Sitten herrschen, aber wo es Arbeit gibt. Ganze Dörfer und Wohnviertel wurden abgerissen, um lukrative neue Immobilien zu bauen. Im Maoismus waren alle arm, trotz der Allmacht der Parteifunktionäre gab es für niemanden die Möglichkeit, sich persönlich zu bereichern. Heute verfolgt man den Lebensstil der Reichen und Superreichen im Internet. Marktwirtschaft und soziale Unterschiede sind Teil der Entwicklung. Die sozialen Gegensätze in der Volksrepublik China sind nicht geringer als in Indien, Brasilien oder anderen Schwellenländern. Aber dass sich Menschen gegen Ungerechtigkeiten wehren, ist im Einparteiensystem nicht vorgesehen. Über die Widersprüche in der sich stürmisch entwickelnden chinesischen Gesellschaft dringt wenig nach außen.

Um herauszufinden, wie die Menschen den Sprung in die neue Phase erleben, wie sie mit den unvermeidlichen Widrigkeiten umgehen, wollen wir das bekannte Terrain in Peking verlassen. Die dramatischen Veränderungen sind nirgends so deutlich zu spüren wie im Landesinneren.

Die größte Stadt der Welt

Wir ergründen das chinesische Hinterland für das »Weltjournal« des ORF in der Stadt Chongqing im Südwesten des Landes.

In der alten Schreibweise war die Stadt bei uns als Tschungking bekannt. Mehr als 30 Millionen Menschen leben in der Stadtgemeinde Chongqing, formal die größte Stadt der Welt, die außerhalb Chinas aber kaum jemand kennt. Chongqing erstreckt sich auf ein Gebiet, das so groß ist wie Österreich.

Auf dem Weg vom Flughafen in das Kerngebiet der Stadt passiert der Besucher ein nicht enden wollendes Meer von Wolkenkratzern. 20, 30, 40 Hochhäuser in Bau, halbfertig, dreiviertelfertig, knapp vor dem Einzug der neuen Bewohner. Nach der nächsten Autobahnbrücke wiederholt sich das Schauspiel, dann wieder und wieder. 25, 30, manchmal 35 Stockwerke sind die Gebäude hoch. Im Hintergrund ist die sanfte Berglandschaft an den Flüssen Jialing und Jangtsekiang zu sehen, die hier zusammenfließen. Die Stadt Chongqing ist auf unzähligen Hügeln gebaut, die sich vom Flussbett bis weit ins Hinterland erstrecken. Von den Flussufern geht es steile Straßen hoch hinauf, ganz ähnlich wie in dem ein paar Tausend Kilometer entfernten San Francisco. Die Stadtväter vergleichen die Silhouette der Wolkenkratzer am Fluss gerne mit der Skyline von Hongkong.

Das Symbol für die Arbeit der einfachen Leute sind die sogenannten Bangbang. Es sind die Träger, die tagaus, tagein auf langen Bambusstangen die Lasten vom Flussufer in die Geschäfte und Produktionsanlagen hinauf in die Stadt bringen. In keiner anderen Stadt Chinas gibt es so viele Träger. Die Motorisierung hätte den Bangbang eigentlich die Geschäftsgrundlage entziehen müssen. Die Zahl ist von 300 000 vor einem Vierteljahrhundert auf magere 10 000 gesunken. Aber die atemberaubende Verkehrsentwicklung hat einen Gegentrend ausgelöst: Die Straßen sind während der Stoßzeiten hoffnungslos verstopft. Jeden Morgen strömen nach wie vor Tausende Bangbang aus den Außenbezirken in die Geschäftszentren der Stadt. Über den Jialing-Fluss und den Jangtsekiang führen in Chongqing 57 Brücken. Zum Vergleich: In London gibt es 35 Brücken über die Themse, zehn Brücken führen in Wien über die Donau.

Von den alten Vierteln an den steilen Hügeln von Chongqing ist wenig geblieben. Wie in anderen chinesischen Städten auch, vernichtet die von den Stadtvätern befeuerte Immobilienspekulation Straßenzug um Straßenzug. An die Stelle der gedrungenen zweistöckigen Gebäude aus dem letzten Jahrhundert treten immer neue Hochhäuser. Das höchste Bauwerk der Stadt war in Maos Zeiten das Volksbefreiungsdenkmal zur Erinnerung an den chinesisch-japanischen Krieg. Der Turm ist 23 Meter hoch und wirkt putzig klein in der modernen Fußgängerzone zwischen den Wolkenkratzern des Stadtzentrums. Nichts soll bleiben von der alten Zeit, das ist nach wie vor die Devise von Chongqing. Die halbe Stadt ist Baustelle.

Am Flussufer von Chongqing erlaubt die Stadt den Bürgern, Gemüse zu pflanzen, auf eigene Rechnung – ein einträglicher Zusatzverdienst für die Bewohner, die oft selbst vom Dorf kommen. Angepflanzt werden Melanzani, Süßkartoffeln und grüne Bohnen, ganz biologisch, versichert uns eine Teilzeitbäuerin, die halbtags als Straßenkehrerin für die Stadt arbeitet. Die Brücke ist neu, sagt die 60-jährige Frau, all die Hochhäuser, die hat es früher nicht gegeben, das Leben sei jetzt viel besser.

Den Satz vom besseren Leben für alle hören wir in Chongqing immer wieder. Der Sprung in die Modernität, den Schanghai und Peking schon lange hinter sich haben, ist hier noch in seiner vollen Dynamik zu spüren. Mitsamt dem Optimismus, dass das Landesinnere demnächst aufholen wird zu den Erfolgsregionen an den Küsten im Osten.

Vom Lohan-Tempel in Chongqing, ein paar Straßenzüge vom Flussufer entfernt, ist nur mehr der kleine Kern übrig geblieben. Ursprünglich hat sich eine weiträumige Tempelanlage über einen ganzen Stadtteil erstreckt. Aber unablässig wachsen neue Wolkenkratzer in die Höhe in Chongqing. Der rasanten Entwicklung der Stadt müssen die Mönche weichen.

Der wichtigste Vorteil für den Standort Chongqing ist die Nachbarschaft zum Jangtsekiang. Der Jangtse ist der längste Fluss Asiens und nimmt seit Jahrtausenden einen zentralen Platz in der chinesischen Kultur ein. Für die Modernisierer der regierenden KP ist er vor allem ein Wirtschaftsfaktor. Eine Stunde vom Stadtzentrum entfernt entsteht ein riesiger Umschlaghafen für Container. Die Container kommen mit den Schiffen aus Schanghai über den Jangtse. Sie werden auf die Bahn verladen und treten dann die lange Reise nach Europa an. Züge sind schneller als Schiffe und billiger als Flugzeuge. Bereits 2017 haben 663 Frachtzüge mit Waren aus China die 11 000 Kilometer in den Westen zurückgelegt. Vor allem hochwertige Elektronikartikel aus chinesischer Produktion werden zunehmend per Bahn transportiert. Nach dem Ausbau der Bahn- und Schiffsverbindung benötigt ein voll beladener Güterzug aus Chongqing seit 2018 nur noch zwölf Tage bis ins Ruhrgebiet nach Duisburg und fährt dann, befrachtet mit deutschen Autos, den Weg zurück.

Die Handelsverbindung, von Schanghai zuerst auf dem Wasserweg über den Jangtsekiang und dann von Chongqing aus auf Bahngleisen quer über den eurasischen Kontinent nach Europa, verkörpert die Zukunftsvision der chinesischen Führung vom wirtschaftlichen Zusammenspiel mit Europa. Chinas mächtiger Staatspräsident Xi Jinping interessiert sich persönlich für das Projekt, er hat die Baustelle mit großer Begleitung inspiziert. Die Zentralregierung will Chongqing zur Brücke für die neue Seidenstraße machen, die China und Europa stärker verbinden soll. Für die neue Hafenanlage wurden die Bewohner der umliegenden Dörfer umgesiedelt. Sie bekamen neue Wohnungen in Hochhäusern ein paar Kilometer entfernt. Die Küstengegend des Jangtsekiang ist hier besonders hügelig. Wo Riesenkräne tonnenschwere Container bewegen, sind einmal Berge gestanden, erzählt man uns. Die mussten flach gemacht werden, um den Containerhafen zu bauen. Das Abtragen der Hügel war teuer, aber technisch keine große Hürde. Die dazu nötigen Genehmigungen zu erhalten, ist keine Schwierigkeit, wenn die Zentralregierung mit so viel Energie ihre Pläne vorantreibt wie beim Ausbau der Infrastruktur zu Wasser und zu Lande.

Punkrock im Dschungel der Städte

Der Konzertveranstalter Zhang Wei, ein junger Mann mit Tätowierungen, führt uns durch seinen Heimatbezirk Danzishi. Nur mehr eine einzige Straße ist übrig geblieben, in der es so aussieht wie früher: Friseurläden im Freien, Garküchen und Marktstände jeder Art säumen die Straße. Zhang Wei zeigt auf ein halb verfallenes Haus: »Früher habe ich hier oben gewohnt«, erzählt der Musikmanager. »Die ganze Familie hat in einem einzigen Zimmer gelebt. Immerhin: Fließendes Wasser haben wir gehabt.«

Die meisten Bewohner haben nichts dagegen, in die Hochhäuser zu übersiedeln, weil sich ihr Leben dadurch verbessert, erzählt der Kulturmanager. Aber alte Freundschaften gehen durch die Umsiedlungen verloren. Zhang Wei schüttelt etwas nostalgisch den Kopf: »Die Menschen werden einsamer. Früher haben alle gemeinsam mit den Nachbarn gegessen, auf der Straße, niemand blieb in seiner Wohnung. Es hat ja keine Klimaanlagen gegeben. In den Hochhäusern gibt es diese Nachbarschaft nicht mehr. Das Leben ist besser, aber eine ganze Lebensweise verschwindet.«

Im Parterre einer Shoppingmall betreibt Zhang Wei das Musiklokal »Nuts« für chinesische Untergrundbands. Der Name des Klubs ist englisch. Die Behörden lassen das alternative Musiklokal leben. Bei unserem Besuch spielt die chinesische Punkgruppe Mao Shi Gui. Das Lokal könnte in London, Paris oder Wien stehen. Zwei Dutzend junge Leute, manche mit langen Haaren, viele mit in China ungewöhnlichen Tätowierungen, hören zu. Es ist eine Musik, mit der sich viele Jugendliche identifizieren können. Bei den Songs geht es um junge Leute, die sich verloren fühlen, weil sie keine Freunde haben. Sie arbeiten hart, aber sie kommen nicht weiter. In den Liedtexten ist davon die Rede, dass den Jugendlichen lauter Lügen vom besseren Leben vorgesetzt werden. In Wirklichkeit trinken wir alle schmutziges Wasser und wir atmen schlechte Luft, tönt es aus den Lautsprechern. Dazu müssen wir uns auch noch um unsere Eltern kümmern, ganz traditionell.

Rockmusik hat keine Tradition in China. Einen Stock höher in der Shoppingmall bietet eine Girlsband in hochhackigen Schuhen und kurzen Röcken den gängigen Kommerz, der Kunden zum Einkaufen verlocken soll. Die Untergrundmusiker wollen damit nichts zu tun haben, betont der Punkmusiker Shi Quan: »Ich weiß nicht, wie das im Ausland ist. Aber in China hat man es schwer, wenn man sich nicht anpasst. Die Medien betreiben Gehirnwäsche. Mächtige Lobbys wollen alles kontrollieren. Mit unserer Musik drücken wir aus, was wir selbst empfinden und nicht, was die Produktionsfirmen uns vorschreiben.«

Gemäßigter Wohlstand für alle ist das offizielle Ziel des Staates. Die Marktwirtschaft soll die Produktivkräfte entwickeln, unter der Kontrolle der Kommunistischen Partei Chinas. Aber die sozialen Gegensätze werden schärfer, wenn Geld das Maß aller Dinge ist. Konzertveranstalter Zhang Wei will gegenhalten mit seiner Untergrundmusik: »Die Vergötterung des Geldes gehört viel mehr kritisiert. Wenn man reich ist, respektieren einen alle. In Wirklichkeit geht es aber immer nur um das Geld, nicht um die Person.«

Der Jangtsekiang ist bei Chongqing bräunlich-schwarz von Schmutz und Abwässern. Baden ist verboten, was bei der extremen Sommerhitze einige besonders mutige Bürger nicht hindert, ein paar Tempi zu machen und unterzutauchen. Die Zeiten, als Mao Zedong den Fluss einige Hundert Kilometer flussabwärts schwimmend überquerte, um zu beweisen, wie fit er ist, sind lange vorbei.

Auf der Halbinsel zwischen dem Jangtse und dem Zubringerfluss Jialing wächst das neue Finanzzentrum von Chongqing. Das Wahrzeichen, das hier entsteht, soll einmal so ähnlich aussehen wie früher das World Trade Center in New York. Im angrenzenden Stadtentwicklungsmuseum sieht man einige wenige Bilder aus der Vergangenheit und sehr viele Montagen, die in die Zukunft weisen. Die Botschaft ist klar: Chongqing wird demnächst Manhattan in den Schatten stellen. Die Halbinsel am Jangtse mit ihren gigantischen Wolkenkratzern steht für das aufsteigende China. Amerika war gestern, China ist auf der Überholspur, so lautet die Botschaft. Am Ufer des Jangtse ist ein völlig neuer Stadtteil entstanden. Die Neubauten und kitschigen Denkmäler sind nach europäischem Geschmack etwas protzig. Aber wenn am Abend die bunten Lichter an den Brücken eingeschaltet sind und auch die Wolkenkratzer auf der anderen Seite des Flusses in vielen Farben leuchten, dann strömen die Besucher auf die Aussichtsplattformen. Fleißig werden Fotos und Selfies in allen Posen gemacht, so wie das chinesische Touristen lieben. Die Stimmung ist entspannt. Ballonverkäufer und Imbissläden machen gute Geschäfte.

Gleichzeitig geht daneben der Abriss des historischen Shibati-Viertels unvermindert weiter. Shibati heißt übersetzt 18 Stufen. Bücher und Reportagen, in denen der durch die Zerstörung angerichtete kulturelle Schaden beklagt wird, haben die Bulldozer nicht gestoppt. In einem Teehaus treffen wir Herrn Mo, einen Pensionisten, der mit der neuen Zeit nicht zurechtkommt. »Mit meinen Kindern habe ich nie darüber gesprochen, wie das war im alten Chongqing. Sie haben auch nie danach gefragt. Die alten Viertel? Ich kenne sie noch alle. Von den neuen Shoppingmalls weiß ich nicht einmal die Namen.« Die Verständigung ist etwas schwierig, denn der Pensionist spricht nur den lokalen Dialekt, der mit dem hochchinesischen Mandarin nur entfernt verwandt ist. Vom Chongqing-Dialekt muss in Mandarin übersetzt werden, und von Mandarin in Englisch, damit wir auch wirklich alles verstehen. Mo wird bald 70. Er gehört zu den wenigen Gesprächspartnern, die offen nostalgisch sind. »Wie ich Kind war, sind wir alle im Jangtse geschwommen, mit dem Arbeitersportverein. Sogar Mao hat den Jangtse durchquert. Wer kann denn das heute noch?«

In Peking treffen wir den Maler und Videokünstler Zhang Xiaotao, der in Chongqing aufgewachsen ist und seine Heimatstadt ins Zentrum einer großen Ausstellung im Pekinger Künstlerviertel Caochangdi Art District stellt. Der Künstler ist Ende 40, ein Mann mit wachen Augen und spürbarem Enthusiasmus für seine Stadt Chongqing, von der er nicht loslassen kann, obwohl er längst nicht mehr dort lebt. »Ich vermisse jeden Tag die monumentale Landschaft, die Berge und die Flüsse mit ihren riesigen Dimensionen.« Zhang Xiaotao hat in jahrelanger Arbeit ein autobiografisches Kunstvideo über Chongqing produziert, das in ganz China gezeigt wurde. Das Video mit dem Titel »The Spring of Huangjueping«, das auch auf YouTube und vimeo abrufbar ist, erzählt die Geschichte der Kindheit und Jugend des Künstlers am Jangtsekiang im Schatten der Kulturrevolution, die in Chongqing besonders heftig war. Die Videomontagen zeigen das alte E-Werk der Stadt und die erste große Stahlfabrik von Chongqing.

Die Fabrikhallen aus dem Kunstvideo über Chongqing gibt es nicht mehr. Sie sind aus Umweltschutzgründen längst abgerissen worden. Aber sie verkörperten die kühnsten Träume Chinas vom Sozialismus und von der Industrialisierung, so Zhang Xiaotao. Dazu kommt die Realität der ständigen Völkerwanderung aus den armen Regionen in die Wirtschaftszentren des Landes an der Ostküste. »Ganz China ist heute eine große Baustelle und Chongqing ist das beste Beispiel dafür«, sagt Zhang Xiaotao. »In meinem Film stelle ich die Frage: Wohin ist unser Idealismus gegangen? Sind unsere Gefühle und Träume in den gewalttätigen Ereignissen, die Chinas Entwicklung begleitet haben, verlorengegangen?«

Gift, Mord und Kampf um die Macht

Die Stadt Chongqing war Schauplatz des spektakulärsten Politthrillers der jüngeren chinesischen Vergangenheit. Der frühere Parteichef Bo Xilai, der Chongqing um 2010 als Hort eines maoistischen Revivals in die Schlagzeilen gebracht hat, ist heute in Peking in Haft. Der charismatische Politiker galt als gefährlichster Rivale für Staatspräsident Xi Jinping.

Der Sturz des mächtigen Politbüromitglieds begann im November 2011 mit einem mysteriösen Mord im Hotel Metropole Chongqing. Der britische Geschäftsmann Neil Heywood wurde in seinem Zimmer tot aufgefunden. Er wurde vergiftet. Der Mann war ein enger Freund und Geschäftspartner von Parteichef Bo Xilai gewesen. Mit dem Mord an dem britischen Geschäftsmann ging ein richtiger Politkrimi los. Denn anstatt die Affäre zu vertuschen, wie das eigentlich zu erwarten gewesen wäre, setzte sich der Polizeichef der Stadt in ein Auto und floh in das amerikanische Konsulat in der 300 Kilometer entfernten Nachbarstadt Chengdu. Den überraschten Konsulatsbeamten erzählte der Polizeichef, dass die Ehefrau des Parteichefs, Gu Kailai, den Auftragsmord bestellt habe. Ein ganzes Geflecht von Korruption, Erpressung und Gewalt um den charismatischen Parteichef Bo Xilai und seine Frau, die sich gerne als Jackie Kennedy Chinas titulieren ließ, breitete der hohe Polizeibeamte vor den amerikanischen Diplomaten aus. Zwischen dem

US-Konsulat in Chengdu, dem State Department in Washington D.C. und Peking liefen die Drähte heiß. Ein prominenter Polizeichef als Flüchtling auf exterritorialem »amerikanischen« Boden in China, das hatte es noch nie gegeben. Es drohte ein monumentaler Gesichtsverlust für China. Ein diplomatischer Deal zwischen Peking und Washington D.C. und freies Geleit für den Polizeichef vermieden eine internationale Krise. Es war das Ende einer großen politischen Karriere für Bo Xilai und machte den Weg frei für den Sprung von Präsident Xi Jinping ganz nach oben.

Politstar Bo Xilai verlor alle seine politischen Positionen und wurde verhaftet. Statt im Politbüro sitzt er nun im Gefängnis. 2013 folgte ein Schauprozess mit dem Urteil lebenslang, den ganz China gebannt verfolgte. Die Ehefrau Gu Kailai wurde in einem eigenen Verfahren zum Tode verurteilt. Das Todesurteil wurde später in eine lebenslängliche Haftstrafe umgewandelt.

Der ermordete britische Geschäftsmann soll für die Familie eine Luxusvilla an der französischen Riviera betreut haben. Der Brite habe auch große Summen auf westlichen Banken verwaltet, so hieß es. Ein Streit zwischen den chinesischen Auftraggebern und dem Geschäftsmann ist so eskaliert, dass es zum tödlichen Giftanschlag in Chongqing gekommen war.

Bo Xilai war Mitglied des Politbüros gewesen, des allerhöchsten Gremiums der Kommunistischen Partei. Er war ein prominenter Prinzling, wie Kinder und Enkelkinder revolutionärer Führer genannt werden. Andreas Gerstenmayer, Chef des globalen Technologiekonzerns AT&S mit Hauptquartier im steirischen Leoben, hat mit dem Parteichef stundenlang über die Errichtung eines neuen Werks in Chongqing verhandelt. Bo Xilai ist ihm als »besonnener und gebildeter Mensch« in Erinnerung, der auch über Österreich gut Bescheid wusste. Es war nicht abzusehen, was gegen den allmächtigen Parteichef später vorgebracht wurde. In China fiel Bo Xilai durch den Rückgriff auf Traditionen des Maoismus, Aufmärsche und Musikveranstaltungen mit »roten« revolutionären Liedern auf. Die ihm unterstellte Polizei führte einen erbarmungslosen Kampf gegen Kriminalität und Korruption, lange vor der von Peking verordneten Antikorruptionskampagne. Bei seinem Schauprozess 2013 wurde Bo Xilai selbst der Bestechlichkeit beschuldigt.

Chinas Staatspräsident Xi Jinping hat mit dem Sieg gegen den Rivalen aus Chongqing seine Position auf Jahre gefestigt. Seit der Gründergeneration um Mao Zedong und Deng Xiaoping hat kein Parteichef so viel Macht wie er. Die Stadt am Jangtsekiang bleibt ein heißes politisches Pflaster. 2017 wurde der nächste Parteichef der Provinz, Sun Zhengcai, verhaftet und wegen Amtsmissbrauchs und Korruptionsvorwürfen vor Gericht gestellt. Mit 54 Jahren war der karriereorientierte Sun das jüngste Mitglied des Politbüros gewesen und ein möglicher Nachfolger für Xi Jinping. Beide Konkurrenten des Präsidenten wurden durch Korruptionsvorwürfe in Chongqing zu Fall gebracht.

Hightech und die Rückkehr der Wanderarbeiter

Überlebt hat das politische Erdbeben rund um den Sturz von Parteichef Bo Xilai in Chongqing der langjährige Bürgermeister Huang Qifan. Er zog noch jahrelang die Fäden der Macht und hat die Stadt zu einem chinesischen Mekka für Computerchips gemacht. Wir wurden dem weit über die Region hinaus bekannten Politstar vom österreichischen Industriellen Hannes Androsch vorgestellt, dessen Elektronikfirma AT&S eine futuristisch anmutende Produktionsstätte in der Metropole im Südwesten Chinas errichtet hat. Selbst Firmenmitbegründer Hannes Androsch darf die Fabrikhalle nur im Schutzanzug betreten. Der Elektronikkonzern stellt in Chongqing primär sogenannte High-End-IC-Substrate her, das sind Einzelteile für Hochleistungscomputer, die Mikrochips und Leiterplatten verbinden sollen. Die Strategie ist für das Unternehmen riskant, denn es handelt sich um technisches Neuland, aber sie entspricht den Plänen der Regierung für Chongqing. Jeder dritte Laptop, der weltweit verkauft wird, kommt aus Chongqing. Die Stadt setzt auf die Neuansiedlung von Elektronikfirmen aus aller Welt.

Bei der Eröffnungsfeier für das neue Werk von AT&S 2016 brilliert der Bürgermeister in einer 40-minütigen freien Rede mit technischen Details aus der Computerwelt, die die anwesenden IT-Fachleute ins Staunen bringt.

»Chongqing hat integrierte Schaltkreise zu einem strategischen Entwicklungsziel erklärt«, verkündet Bürgermeister Huang Qifan. »Das hat Toppriorität. In den nächsten vier bis fünf Jahren wollen wir 60 bis 70 Milliarden Yuan investieren. Wir bauen eine neue Produktionskette, die 100 Milliarden Yuan wert sein wird.« 100 Milliarden Yuan sind umgerechnet etwa 15 Milliarden Euro. Mit bescheidenen Zielen geben sich Chinas Stadtplaner nicht ab.

Mit ausländischen Reportern sprechen chinesische Politiker nie. Wir haben oft versucht, ein Interview mit Bürgermeister Huang Qifan zu bekommen. Mit der Presseabteilung des Rathauses von Chongqing haben wir lange Listen mit Fragen besprochen. Vergeblich. Der Stadtgewaltige hatte nie für uns Zeit.

Die österreichische Elektronikfirma AT&S profitiert in Chongqing von geringeren lokalen Kosten und dem im Vergleich zu den chinesischen Küstenstädten niedrigeren Lohnniveau im Landesinneren. »Unsere Mitarbeiter verdienen zwischen 3000 und 6000 Yuan, umgerechnet 400 bis 800 Euro«, informiert uns der lokale AT&S-Chef Jiang Phua. Lohnverhandlungen gibt es keine. Die Entlohnung der Mitarbeiter richtet sich nach dem von der Lokalregierung festgelegten Mindestsatz.

Seit 2011 hat das österreichische Unternehmen mehr als eine halbe Milliarde Euro in Chongqing investiert. Firmenchef Andreas Gerstenmayer, der den Ausbau von Anfang an forciert hat, beschreibt begeistert die ungebrochene Dynamik, die er in Chongqing erlebt: »Alles, was man uns anfangs in Sachen Infrastruktur versprochen hat, wurde innerhalb dieser sieben Jahre auch tatsächlich umgesetzt. Über eine riesige Fläche sind die neuen Industrieparks voll in Betrieb. Die Highspeed-Eisenbahnlinie steht, die Güterverbindung funktioniert. Am Flughafen sind drei Terminals in Betrieb, ein vierter Terminal ist in Planung.« Die häufig wechselnden Gesprächspartner auf chinesischer Seite haben am atemberaubenden Tempo des Infrastrukturausbaus nichts geändert, sagt Gerstenmayer. »Egal wer an der Macht ist, die Pläne werden umgesetzt. Unterbrechung gibt es keine, trotz der häufigen politischen Umbrüche an der Spitze.« Strenger geworden sind in den letzten Jahren die Umweltauflagen. Energieverbrauch, Wasserverbrauch und die Abwässer werden um vieles häufiger kontrolliert als früher, sagt Gerstenmayer. Der von der Zentralregierung verkündete Kampf gegen die Umweltverschmutzung ist spürbar.

Die Arbeiter im AT&S-Werk in Chongqing sind jung. Unter den erfahrensten Mitarbeitern ist der 35-jährige Allroundtechniker Wang Xiaoping, er ist einer der ältesten in der Werkhalle. »Seit 2004 bin ich bei der Firma«, erzählt er. »Vorher habe ich in verschiedenen anderen Unternehmen in Schanghai in der Montage und im Elektronikbereich gearbeitet.« Vor 15 Jahren ist Wang als Wanderarbeiter aus einem Dorf in der Nähe von Chongqing nach Schanghai an die Ostküste gezogen. Jetzt lebt er wieder im Landesinneren, seiner ursprünglichen Heimat. Diese Wanderbewegung zurück in die ursprünglichen Herkunftsgebiete der Migranten wird von der Regierung befürwortet und gefördert. Ein großer Vorteil der Produktionsstätte am Jangtsekiang für die Firmen: Die Mitarbeiter leben mit ihren Familien in der Nachbarschaft, es sind keine Wanderarbeiter und damit ist die Fluktuation in der Belegschaft geringer.

Allerdings gibt es in den Metropolen nach wie vor die besseren Jobs. Nur wenige Wanderarbeiter kehren zurück wie Wang Xiaoping, der das Glück hatte, dass seine österreichische Firma neben Schanghai auch in Chongqing produziert.

Kerstins Tagebuch

Wir haben unser soziales Leben etwas ausgeweitet und ein deutsches Korrespondentenpaar kennengelernt, das schon seit Ewigkeiten hier lebt. Sie haben uns auf eine Autotour mitgenommen, um uns die deutsche Infrastruktur zu zeigen: das Café Konstanz mit deutschem Brot und Kuchen und den Fleischer Schindler mit deutschen Würsten. Ich kaufe unsere Lebensmittel allerdings meist bei »Jenny Lou«.

Dazu erzählt Johnny Erling, der Korrespondent des österreichischen »Standard«, in seinem Buch »Lesereise Peking« folgende Geschichte: Jenny und ihr Mann Lou kamen in den 1990er-Jahren aus der Provinz nach Peking, sie betrieben zunächst einen kleinen Straßenstand mit Gemüse. Im Kontakt mit AusländerInnen zeigte Jenny ein großes Gespür für deren Bedürfnisse und organisierte nach und nach immer mehr spezielle und ausländische Waren, etwa auch Küchenkräuter, die vorher nirgendwo erhältlich gewesen waren. Inzwischen gibt es 15 große »Jenny Lou«-Geschäfte in der Stadt, voll mit ausländischen Produkten. Jenny und Lou sind Millionäre geworden und haben ihre Kinder in den USA studieren lassen. Jenny selbst reist viel herum, testet und wählt, welchen Wein sie ins umfangreiche Sortiment aufnimmt. Eine wichtige Komponente ihres Erfolgs: Sie beschäftigen nur Angestellte aus ihrem Heimatkreis. Diese sind loyale MitarbeiterInnen, und deren Familien beruhigt, zu wissen, wo ihre Kinder in der großen Stadt gelandet sind.

»Jenny Lou«-Aufstiegsgeschichten sind allerdings so nicht mehr möglich, denn die Mietpreise für Straßenstände sind enorm und immer mehr kleine Geschäfte geben auf. Das ist durchaus beabsichtigt, weil ja der Zustrom von Migranten vom Land gestoppt werden soll.

»Vor 20 Jahren war das Leben für uns Leute vom Land in den großen Städten schwer«, erzählt der Wanderarbeiter Wang Xiaoping in Chongqing. »Oft haben uns die Firmen nicht angemeldet. Wir mussten uns vor der Polizei verstecken. Heute sind die Städte viel toleranter und unser Leben hat sich verbessert. Ich selbst bin aus Schanghai zurück nach Chongqing gekommen, weil hier meine Wurzeln sind und wegen der interessanten Arbeit bei AT&S. Ich bin meiner Familie jetzt näher, wenn sie irgendetwas braucht.«

Wir treffen Wang Xiaoping vor dem Wohnblock, in dem er mit seiner Frau und zwei Kindern lebt. Die Arbeiter der österreichischen Elektronikfirma wohnen in städtischen Hochhäusern, die für die Arbeiter im Umkreis der Fabriken in den Außenbezirken errichtet wurden. Wang Xiaoping führt uns durch seine Wohnsiedlung. Nach Arbeitsschluss herrscht buntes Treiben in der Nachbarschaft. Am zentralen Platz gibt es einen kleinen Markt mit Lebensmitteln und Essensständen. Jugendliche düsen auf dem Skateboard um die Ecke. In der Anlage haben mehrere

Supermärkte geöffnet. Viele Firmen mieten Wohnraum für ihre Mitarbeiter. Die Wohnung ist Teil des Gehalts. Dann gibt es Hochhäuser, die von der Stadt direkt an Mieter vergeben werden. Auf der anderen Straßenseite stehen Wohnhäuser mit Eigentumswohnungen von ehemaligen Bauern, die man umgesiedelt hat, weil ihre Dörfer aufgelassen wurden.

Wang wohnt im 14. Stock eines modernen Hochhauses. Glücklicherweise funktioniert der Lift heute, sagt er uns mit breitem Lachen. Es ist ein enger Gang zur Wohnung. Zwei kleine Zimmer für die vierköpfige Familie. Die Küche ist winzig, der Vorraum ist das Esszimmer. Im Sommer ist es unerträglich heiß, Chongqing gilt als der Backofen Chinas. Klimaanlage gibt es keine, anders als in den Wohnungen der Wohlhabenden. Für sein zweites Kind, die Tochter Man Qi, hat Wang vor fünf Jahren noch 9000 Yuan Strafe zahlen müssen. Umgerechnet 1300 Euro. Damals war noch die alte Ein-Kind-Politik in Kraft. Heute sind in China zwei Kinder erlaubt.

Die großen Pläne der Unternehmerin Jin Sha

Zwei Autostunden vom Stadtzentrum von Chongqing entfernt besuchen wir das Dorf Ganjiashan. Um von der Schnellstraße zu der Siedlung zu kommen, muss man durch Morast waten und einen Wald auf einem steilen Pfad durchqueren. Fast alle früheren Bewohner sind in die Stadt gezogen. Die Häuser sind verlassen. Die Felder wirken vernachlässigt. Eine junge Unternehmerin aus Chongqing hat uns in das Heimatdorf ihrer Großeltern mitgenommen. Die junge Frau ist Mitte zwanzig, dunkle Haare und blitzende Augen. Jin Sha geht wie jemand, der weiß, was er will, durch das Dorf. Sie kennt alle Wege und jedes Haus. Aber sie kommt nur selten an den Herkunftsort der Familie. Ihren Mann, den Buchhalter Li Zhanghua, und den kleinen Sohn hat sie mitgebracht. An diesem Tag versammelt sich die Familie am Grab des Großvaters auf einer Anhöhe, wie das der daoistischen Feng-Shui-Tradition entspricht. Der Großvater ist vor einem Monat gestorben, sagt Jin Sha. Die jungen Leute haben Lebensmittel und Schnaps als Opfergaben mitgebracht. Im strömenden Regen zünden sie kleine Fackeln an. In einer Dose brennt das papierene Totengeld, eine Gabe ins Jenseits. Das Grab liegt am Waldesrand, mitten in der Natur.

Nur mehr eine einzige Familie von neun Personen lebt heute noch in der Siedlung. Für die alten Häuser gibt es keine Verwendung mehr. Sie werden verfallen, wenn die letzten Bewohner ausziehen. In Maos Zeiten standen hier straff organisierte Volkskommunen. Wir klopfen bei einem alten Ehepaar in einem halb verfallenen Haus an. Reparaturen sind hier schon lange nicht mehr durchgeführt worden. Wir sitzen im Kreis auf alten Bänken und Hockern vor einem wackeligen Tisch. Jin Shaoqing und seine Frau Jin Shunquan waren ihr ganzes Leben Landarbeiter. Jetzt sind sie über 70, die Haare sind grau, die Gesichter ausgemergelt. Sie werden demnächst ausziehen, um abwechselnd monatsweise bei den Kindern in der Stadt zu wohnen. An der Wand hängt ein großes Plakat mit Mao Zedong, wie in der alten Zeit. Beide haben in der Volkskommune gearbeitet.

Wir sind die ersten Ausländer, die je im Dorf Ganjiashan gesehen wurden. Die Kommunikation ist nicht ganz einfach. Denn vom lokalen Dialekt muss schrittweise ins Hochchinesische und ins Englische übersetzt werden. Aber Scheu, über die Vergangenheit zu sprechen, haben die beiden alten Leute nicht.

»Es stimmt, Mao hat unserem Land einen neuen Anfang gegeben. Mit Mao hat alles angefangen«, erzählt der Dorfbewohner Jin Shaoqing. »Aber er hat viele Kriege geführt, gegen Chiang Kai-shek [Tschiang Kaischek] und in Korea. Das hat einfach wahnsinnig viel Geld gekostet.« Jin Shunquan, die alte Frau, die uns auf einem wackeligen Hocker gegenübersitzt, ist anfangs sehr zurückhaltend. Aber je länger das Gespräch dauert, desto mehr legt sie ihre Scheu vor uns Ausländern ab und schaltet sich in die Diskussion ein: »Unser Land hat Eisen für seine Waffen gebraucht. Im großen Sprung nach vorne haben wir alles eingeschmolzen, sogar unsere Kochtöpfe haben wir eingeschmolzen. Es hat wenig zu essen gegeben. Die Leute haben Wurzeln gegessen, viele sind verhungert. Jetzt ist das Leben viel besser.« Der resignierte Nachsatz ihres Mannes: »Nach Mao ist Deng Xiaoping gekommen, der hat den Bauern Land gegeben. Aber heute, heute sind unsere Ernten nichts mehr wert.«

Jin Sha, die uns in das Dorf Ganjiashan gebracht hat, ist die Großnichte der alten Leute. Sie lebt längst in der Stadt. Vor vielen Jahren hat die Übersiedlung in die Stadt es der Familie ermöglicht, die Armut der Großeltern zu überwinden. Die junge Frau ist der unternehmerische Geist der Familie. Sie hat große Pläne und wird demnächst ein Hotel betreiben.

Das zukünftige Hotel besteht aus ein paar Zimmern in einem Hochhaus. Jin Sha ist mit ihrem Hotelangebot nicht alleine. Auch 15 andere Hoteliers haben in dem gleichen Hochhaus ganze Stockwerke gemietet. Der Wettbewerb ist scharf. Jin Sha sagt, bei ihr gebe es neue Möbel, während andere schlechte Secondhand-Einrichtungen in die Zimmer stellten. Die Einrichtung der Hotelzimmer ist einfach, aber korrekt: Doppelbett, Fernsehapparat, ein kleiner Tisch und eine Waschecke. Der Blick aus dem Fenster ist in jede Himmelsrichtung ähnlich: Man sieht das Meer von Wolkenkratzern der Stadt Chongqing. Am liebsten sind der jungen Unternehmerin Dauermieter, sagt sie. Wer mietet denn auf Dauer solche Zimmer?, wollen wir verwundert wissen. Gute Kunden sind zum Beispiel junge Ärzte, die im Hotelzimmer ein paar Schritte weiter eine Praxis für plastische Chirurgie betreiben, erzählt sie. Die Nachfrage nach körperlichen Verschönerungen wächst, da sei gutes Geld zu machen. Wie seriös und legal solche Arztpraxen im Hotel sind, fragt niemand in Chongqing. »Ich bin noch neu in der Hotelbranche und muss Erfahrungen sammeln«, gibt sich die Geschäftsfrau Jin Sha bescheiden. »In Zukunft möchte ich gerne eine eigene Hotelmarke entwickeln. Aber dazu ist es jetzt für mich noch zu früh.«

Die bescheidene Wohnung, in die sie vor Kurzem mit ihrem kleinen Sohn und dem Ehemann Li Zhonghua gezogen ist, ist typisch für das neue Leben in der Stadt. Der Boden ist nackter Beton. Das Vorzimmer dient als Abstellraum für Werkzeuge und Geräte. Aber es gibt fließendes Wasser, einen Waschplatz und eine Kochecke. Die Leute verdienen heute zehnmal so viel wie früher, sagt Jin Sha, aber klar, auch die Preise sind gestiegen. »Jede Zeit hat ihre Vorteile und ihre Nachteile. Jetzt läuft alles viel zu schnell. Früher war es gemütlicher. Früher hat man frische Lebensmittel gehabt und es gab gute Luft. Jetzt atmen wir nur mehr die Abgase der Autos. Es ist teurer als früher, aber natürlich, man kann viel mehr unternehmen als damals.«

Die heutige Generation junger Chinesen hat die Entbehrungen der Vergangenheit nicht selbst erlebt. Lebensqualität ist ihr wichtiger als mehr Geld, sagt die Geschäftsfrau Jin Sha. Sie will für ihren Sohn, entgegen dem gängigen Klischee von superehrgeizigen Eltern, ein leichteres Leben. »Viele junge Leute denken heute europäisch und finden, dass ihre Kinder die Freiheit haben sollen, ihr Leben selbst zu bestimmen. Wir sind weniger strikt und wollen unsere Kinder nicht mehr dem starken Erfolgsdruck aussetzen, den es bisher gegeben hat.«

Von Autos und Fußball made in China

Die Wirtschaftskraft Chongqings ist eng mit der Fahrzeugindustrie verbunden. 160 Millionen Pkws waren in China 2016 auf den Straßen unterwegs. Jedes Jahr kommen 25 Millionen Autos dazu. Das Land produziert selbst mehr Pkws als Europa, die USA und Japan zusammen. Die Firma Lifan Industry in Chongqing gehört zu den größten privaten Autoherstellern Chinas. In früheren Jahren waren chinesische Automarken beim Design und in der Technik gegenüber den Europäern und Japanern im Hintertreffen. Ein deutscher Mercedes ist in China noch immer ein Statussymbol. Aber die großen chinesischen Automarken Geely, Great Wall oder BYD holen gegenüber den westlichen Modellen immer mehr auf. Für den europäischen Geschmack wirken chinesische Autos manchmal klobig. Aber bei Elektrofahrzeugen sind Produkte aus dem Reich der Mitte auf dem neuesten technischen Stand.

Lifan Industry produziert in Chongqing mit 9000 Mitarbeitern Motorräder, Pkws und Lkws für den chinesischen Markt, für Afrika und Lateinamerika. Wir haben die Genehmigung, in einer der riesigen Werkhallen für den ORF zu filmen. Die Löhne bei Lifan orientieren sich wie in den anderen Industriebetrieben am Mindestlohn, der von der Stadtregierung und der Regionalverwaltung festgesetzt wird. Lohnverhandlungen gibt es keine, genauso wenig wie Betriebsräte für die Belegschaft. Der offizielle Allchinesische Gewerkschaftsbund hat mit der Belegschaft keinen Kontakt. Die Gewerkschaft ist Teil der staatlichen Obrigkeit. Die Mindestlöhne ändern sich rasch. Seit Jahren steigen sie und können sogar in einer Provinz je nach Lage unterschiedlich sein. 2017 betrug der Mindeststundenlohn in Peking 21 Yuan, umgerechnet drei Euro. In Chongqing waren es umgerechnet zwei Euro. Jedes Mal, wenn die Regionalverwaltung das Lohnniveau anhebt, gehen auch bei Lifan die Löhne in die Höhe.

Lifan-Firmengründer Yin Mingshan ist in Chongqing eine legendäre Persönlichkeit. Als junger Mann war er während der Kulturrevolution wegen »kapitalistischer« Neigungen in Haft. Nach der Freilassung reparierte er Fahrräder und baute Mopeds. Der ehemalige Häftling wurde ein erfolgreicher Geschäftsmann und angesehener Mäzen der Stadt. Heute gehört sein Konzern Lifan Industry zu den führenden Fahrzeugherstellern des Landes.

Inmitten der weitläufigen Produktionsstätte empfängt uns am Firmensitz der für die Automobilabteilung zuständige Direktor Mu Gang. Mu Gang hat in Amerika studiert, er spricht perfekt Englisch. Auf dem geräumigen Schreibtisch steht ein Globus, auf dem die weltweiten Produktionsstätten von Lifan eingezeichnet sind. Es ist eine stolze Liste von Staaten mit Fabriken in Vietnam, Thailand, Iran, Türkei, Aserbaidschan, Ägypten, Äthiopien, Russland und Uruguay. Von den Fenstern blickt man auf die Produktionshallen und die Skyline von Chongqing.

Die Tochter des dynamischen Managers studiert an einer Highschool in den USA, weil die Ausbildung in Amerika freier ist und sich weniger auf Auswendiglernen konzentriert als in China. »Im Ausland lernen die Studenten, eigene Ideen zu entwickeln«, erklärt der Spitzenmanager die Entscheidung. »Wenn die Studenten aus dem Ausland nach China zurückkehren, werden sie viel Einfluss haben.«

Der Automanager steht mit seiner Wahl nicht alleine da: Viele erfolgreiche Wirtschaftskapitäne schicken ihre Kinder zum Studieren ins Ausland. Sie bauen für die ganze Familie ein zweites

Standbein auf. Die Familie greift nicht nur für das teure Studiengeld in die Tasche, sondern legt häufig auch in Immobilien in den USA, Kanada oder Großbritannien an. Dass es wirtschaftlich erfolgreiche Chinesen in den Westen zieht, lässt sich auch weniger patriotisch interpretieren, als das der Automanager Mu Gang tut. Offensichtlich ist bei den chinesischen Eliten das Vertrauen in die Stabilität des Landes begrenzt. Man ist vorsichtig. Ein potenzieller zweiter Wohnsitz als Rückversicherung für den Fall von politischen Katastrophen zu Hause ist populär.

Solche Zweifel zeigt Direktor Mu Gang nicht. Im Gegenteil: »Die Regierung macht gute Fortschritte«, beteuert er. »Wenn diese jungen Leute dazustoßen, wird das auch die Politik positiv beeinflussen.« Innerhalb der nächsten Jahre will Lifan einen Betrieb in Europa errichten. An welche Länder er konkret denkt, sagt er nicht. Allerdings: Innerhalb der EU soll der Standort auf jeden Fall sein.

Der Sprung zum Weltkonzern ist für den chinesischen Fahrzeughersteller eine logische Weiterentwicklung, sagt Direktor Mu Gang: »Lifan ist als Privatunternehmen typisch für die Öffnung, die Deng Xiaoping begonnen hat. Der Markt war nach den Jahren der Planwirtschaft hungrig und unsere Motorräder haben sich sehr gut verkauft. Dann folgte die Autoproduktion. Bald wird die Technologie von selbstfahrenden Autos dazukommen.«

Autos, in denen niemand am Lenkrad sitzt, weil sie von Sensoren und Computern gesteuert werden, gehört die Zukunft. Diese Ansicht hört man auch im chinesischen Alltag immer wieder. Der in Europa gängige Einwand, dass selbstfahrende Pkws mehr Probleme schaffen könnten als sie lösen, ist selten. Beim chaotischen Verkehr auf Chinas Straßen, bei dem man immer darauf vorbereitet sein muss, dass ein Fahrer ohne Blick nach links oder rechts zu einem völlig regelwidrigen Manöver ansetzt, denkt sich wohl jeder, dass computergestütztes Fahren sicherer wäre.

Auf der Überholspur ist China im Bereich der Elektromobilität. 2019 müssen bei jedem Autohersteller mindestens zehn Prozent der verkauften Neuwagen Elektroautos sein, ab 2020 beträgt die Quote zwölf Prozent. »China wird einen Sprung machen und in der Elektromobilität schneller sein als der Westen«, prophezeit der Chef der in China präsenten österreichischen Hightechfirma AT&S, Andreas Gerstenmayer.

Aber gibt es nicht heute schon viel zu viele Autos auf Chinas Straßen?, wollen wir vom Direktor des chinesischen Autokonzerns wissen. Lifan-Direktor Mu Gang antwortet nachdenklich: »Das stimmt, aber vergessen Sie nicht: Die Chinesen lieben ihre Fahrzeuge. Große Häuser, große Autos. Das ist die Zukunft. Das chinesische Volk hat so stark unter Armut gelitten. Die ganze Zeit haben alle von Wohlstand geträumt. Und jetzt, wo der Wohlstand da ist, wollen sie ihn auch zeigen.« Vor dem Bürogebäude steht der private Wagen des Lifan-Direktors: Mu Gang fährt einen deutschen Audi.

Der Autofirma gehört auch der lokale Fußballklub. Wir besuchen eine Trainingsstunde auf dem grünen Rasen. Fußball ist in China zwar nicht so populär wie Tischtennis, aber bei den Matches sind die Stadien voll. Auch in Hinterhöfen und Parks wird gerne gekickt. Der größte Fußballfan des Landes ist Präsident Xi Jinping. Umso bedrückender ist, dass das Reich der Mitte in der Weltrangliste nur auf Platz 81 hält. Während die Fans ihren lokalen Vereinen gerne zujubeln, gilt die Nationalmannschaft als Lachnummer. Das soll anders werden. Die Zentralregierung hat ein massives Ausbauprogramm für Fußball beschlossen. Spätestens 2050 wird China stark genug sein, um eine Weltmeisterschaft zu gewinnen, das ist das Planziel. Im ganzen Land werden seither 20 000 Schulen mit Schwerpunkt Fußball aus dem Boden gestampft. 70 000 Fußballstadien werden demnächst in Betrieb sein, bisher waren es knapp 11 000.

Sport ist in China das Vehikel für staatlichen Patriotismus, wie in vielen anderen Staaten auch. Die Olympischen Spiele 2008 haben Peking einen riesigen Modernisierungsschub gebracht. Ob die ebenfalls in der chinesischen Hauptstadt geplanten Winterspiele 2022 Ähnliches bewirken, bleibt abzuwarten. Spitzensportlern erlaubt die Öffentlichkeit inzwischen größere Lockerheit als früher. Auf dem Siegerpodest bekam man von erfolgreichen Athleten in China traditionsgemäß eingelernte Sprüche von Dank an Staat und Partei zu hören. Dieses Ritual hat 2016 die Schwimmerin Fu Yuanhui bei den Olympischen Sommerspielen in Rio gehörig durchbrochen, als sie unbekümmert zugab, nicht ganz so schnell gewesen zu sein wie erwartet, weil ihre Monatsregel sie gerade plage. Dieses Thema ist normalerweise tabu. Fu Yuanhui war schon davor der Publikumsliebling der Chinesen, allerdings weniger wegen ihrer Medaillen als wegen ihrer lebendigen Interviews und der lustigen Grimassen, die sie dabei zieht. Die Schwimmerin hat inzwischen Millionen Fans im Internet. Auf T-Shirts und Handyhüllen ist ihr Bild zu sehen.

Vielleicht ist es ein Zeichen der Reife, dass Sportler bei internationalen Bewerben nicht mehr das Gefühl haben, dass sie für die ganze Nation auf politischer Mission sind, liest man im unabhängigen Wochenmagazin »Caixin«.

Rebellion mit Augenzwinkern

Im gleichen Bezirk wie das Fußballstadion von Chongqing liegt das Künstlerviertel. Die Straßenzüge sind voller Graffiti. An Häuserwänden und Mauern haben Sprayer ihre Spuren hinterlassen. Anders als in New York, Paris oder Hongkong sind die Gemälde nicht im Schutz der Nacht von wagemutigen Jugendlichen angebracht worden, sondern sie sind alle im staatlichen Auftrag entstanden. Als vor Jahren rebellische Botschaften auf den Wänden auftauchten, gingen die Behörden scharf gegen Sprayer vor, übernahmen aber das Know-how und lassen die Straßenzüge jetzt offiziell bemalen. Ein typischer Pragmatismus, mit dem Ansätzen von Rebellion der Wind aus den Segeln genommen werden soll.

Wir besuchen den Maler Yang Shu in seinem weitläufigen Studio. Yang Shu ist Anfang 50 und er ist rebellisch geblieben. Er stellt in ganz China aus, war in Europa und Amerika erfolgreich. Kunst wird von den Eliten nicht ernst genommen, meint er. »Ich bin zwar Lehrbeauftragter an der Universität. Aber meine Kunst ist nicht das, was sie offiziell sehen wollen.« Ob es für seine Arbeit als Maler offizielle Verbote gibt, will ich von Yang Shu wissen. »Porträts der politischen Führer sind nicht erlaubt, Pornobilder auch nicht. Sex oder Gewalt wie im Wiener Aktionismus dürfen nicht gezeigt werden. Von Kunst haben die Verantwortlichen keine Ahnung, es geht immer nur darum, dass bestimmte Verbote eingehalten werden.« Einige Bilder mit eindeutig sexuellen Motiven muss er für die nächste Ausstellung in einer Galerie in Peking zu Hause lassen, sagt Yang Shu.

Es ist einiges an Nostalgie dabei, wenn der Künstler sich an die Zeit erinnert, als es noch keine Wolkenkratzer gab. »Bis in die Zeit Deng Xiaopings hat sich in Chongqing nicht viel verändert. Alles sah aus wie früher. Aber jetzt ist der Kapitalismus eingezogen. Kapital und Staatsmacht haben die Städte zerstört, unaufhaltsam.«

In seinem schnittigen Sportwagen fährt uns der Künstler Yang Shu in sein Stammlokal, in dem auch heute noch gekocht wird wie früher. Wir kosten die beliebten Schweinsfüße, für die Chongqing in China bekannt ist. Der Maler betreibt mit internationaler, auch österreichischer Unterstützung ein Begegnungszentrum für Künstler aus aller Welt mit dem Titel ARTLINKART. Australische Aktionistinnen, die zu Gast waren, prangern in Videos den Konsumfetischismus an, der den Westen und jetzt auch China im Griff hält. Wie er mit dem politischen System zurechtkomme, wollen wir wissen. »Meine Arbeit ist nicht politisch, ich habe keine politischen Themen«, antwortet augenzwinkernd der Maler Yang Shu.

Die Stadt hat eine bewegte politische Vergangenheit. Als Mao Zedong 1966 die Jugend zur Kulturrevolution gegen das Establishment aufrief, folgten ihm in Chongqing viele Tausende. Blutige Kämpfe zwischen rivalisierenden Fraktionen der Roten Garden mit zahlreichen Opfern waren die Folge. Am Rande des Shapingba-Parks in Chongqing liegt der einzige Friedhof in ganz China für umgekommene Rotgardisten aus der Zeit der Kulturrevolution. Die großen, verwitterten Grabsteine sind verhängt, aber einige maoistische Parolen sind erkennbar: »Dem Volke dienen«, »Kampf auf Leben und Tod«, »Die alte Welt auf den Kopf stellen«, »Reaktionäre vernichten in der ganzen Welt«. Der Eingang zum Friedhof ist versperrt, Fotografieren ist verboten. Als wir rasch ein paar Bilder machen, setzt sich ein Parkwächter in Bewegung. Die Öffentlichkeit soll von den alten Grabsteinen ferngehalten werden. Die Angst der Kommunistischen Partei vor unangenehmen Fragen ist groß.

Im Film des Videokünstlers Zhang Xiaotao »The Spring of Huangjueping« nehmen die Ereignisse der Kulturrevolution in Chongqing breiten Raum ein. »Meine Eltern waren in der Kulturrevolution dabei. Ich war sechs Jahre alt, die Kulturrevolution ist Teil meiner Kindheitserinnerungen. Mit den absurden Ereignissen der damaligen Zeit sollte es eine kritische Auseinandersetzung geben. In jeder Epoche unserer Geschichte hat es ja solchen Wahnsinn gegeben, dass eine Ideologie zum absoluten Standard wird und alles andere unterdrückt.«

»Geld darf nicht alles sein«

Das Leben in Chongqing hat sich seit Maos Zeiten radikal verändert. Zu den Verlierern gehören Herr Dai und seine Frau. Er ist 68 und arbeitet als Bangbang, als Träger. Auf seinen Bambusstäben transportiert er im Laufschritt Waren durch die Stadt. Wir besuchen das Ehepaar Dai in einem Verschlag, den sie ihr Zuhause nennen. In China gibt es keine Slums wie in Indien oder Indonesien. Aber die ärmsten Straßenzüge kommen sehr nahe an die übelsten Wohnviertel der Großstädte in anderen Teilen Asiens heran. »Manchmal muss ich um 4 Uhr 30 aus dem Haus. In unserem Alter gibt es keine andere Arbeit mehr«, klagt Herr Dai. »Bis am Abend bin ich unterwegs.« 60 Yuan, umgerechnet acht Euro am Tag, das ist sein durchschnittlicher Verdienst, sagt Herr Dai. »Das Gute bei diesem Job ist die Freiheit. Niemand kann einem etwas vorschreiben. Wenn man auf einer Baustelle arbeitet, wird man dauernd angeschrien, wenn man nur ein bisschen langsamer ist als die anderen. Als Bangbang, als Träger, ist man viel freier. Aber viel Geld ist damit nicht zu machen.«

Als er angefangen hat, in den 1990er-Jahren, hat Herr Dai so wenig verdient, dass er sich nur zwei Mahlzeiten am Tag leisten konnte, erzählt er. Jetzt sind die Kinder aus der Schule, der finanzielle Druck geht zurück. »Immerhin können wir uns jetzt drei Mahlzeiten am Tag leisten. Das ist eine Verbesserung.« Die

Stadt war früher ganz anders als heute, erinnert sich Herr Dai, die Häuser waren viel niedriger und es war nicht so leicht, über den Fluss zu kommen.

Herr Dai und seine Frau haben ein Stück Land in ihrem Heimatdorf behalten. In zwei Jahren sind sie zu alt für die Stadt, sagen sie, sie werden zurück ins Dorf gehen, Gemüse pflanzen und vielleicht eine Kuh und Schweine halten. Ihre Pension werden sie von ihrer Heimatgemeinde am Land erhalten, wo die Pensionen winzig sind. Die Mindestpension für Landbewohner beträgt in Chongqing 80 Yuan im Monat, das sind umgerechnet 11 Euro. China ist erst langsam dabei, ein Sozialversicherungssystem aufzubauen. Die Unterschiede zwischen Land und Stadt und den Provinzen sind riesig.

Doch Chinas Bürger glauben an die Zukunft. Trotz aller Widrigkeiten wird letztlich alles besser, ist die Überzeugung der meisten. Die Megastadt Chongqing verdrängt ihre Widersprüche mit der Zuversicht des Newcomers.

3
Xi Jinping, der neue Kaiser

Von den Nachfolgern Mao Zedongs kannte die breite Öffentlichkeit im Westen bisher nur Deng Xiaoping. Der Reformer hatte mit der Öffnung zur Marktwirtschaft den Aufstieg des Riesenreiches begründet. Vierzig Jahre später, im Oktober 2017, schließt Parteichef Xi Jinping zu Mao auf und überholt in der ideologischen Rangordnung alle Nachfolger des Großen Steuermannes. Die 2300 Delegierten des 19. Parteitages der Kommunistischen Partei Chinas, ein Großereignis, das alle fünf Jahre stattfindet, machen die Ideologie des Parteichefs und Staatspräsidenten zum Bestandteil der Parteistatuten. Die »Xi-Jinping-Ideen für das neue Zeitalter des Sozialismus chinesischer Prägung« sind ab nun mit den Mao-Zedong-Ideen gleichberechtigtes Fundament der Staatspartei. Wenige Monate später werden sie auch in der Präambel der Staatsverfassung verankert.

Die Abstimmung über die eigene Quasi-Heiligsprechung zu Lebzeiten leitete der 64-Jährige höchstpersönlich von der Rednertribüne der Großen Halle des Volkes. Gibt es Gegenstimmen?, fragte er in den voll besetzten Saal. Mei you, die gibt es nicht, tönt es über Lautsprecher von den an den Sitzreihen postierten Zählern. Der Parteichef verkündet die einstimmige Annahme der tiefgreifendsten ideologischen Veränderung in der Staatspartei. Ein eigens für den Parteitag konstruiertes Videospiel erlaubt es den Bürgern, mittels App virtuell zu applaudieren. 400 Millionen Mal wird das Onlinespiel gespielt.

Es ist eine Krönung zum Herrscher des Reichs der Mitte unter kommunistischen Vorzeichen, wie sie China seit Jahrzehnten nicht mehr erlebt hat. Die Internationale, das alte Lied der internationalen Arbeiterbewegung, ertönt im riesigen Saal. Der Parteiführer und die Delegierten erheben sich. An der Decke leuchtet der rote Stern der Revolution.

Nach dem revolutionären Aufbau unter Mao Zedong mit all seinen Turbulenzen und dem von Deng Xiaoping angestoßenen Wirtschaftswunder beginnt eine neue Ära, die mit dem Namen Xi Jinping verbunden ist, so lautet die Botschaft für 1,4 Milliarden Bürger der Volksrepublik und für den Rest der Welt.

Die internationale Presse verfolgt das Geschehen dicht gedrängt in der eigens reservierten Zone auf der Galerie, Hunderte Millionen Bürger sehen im chinesischen Fernsehen zu. Wer anderer Meinung ist als der Parteichef, macht sich von jetzt an automatisch zum Parteifeind, ganz so wie zu Maos Zeiten. Xi knüpft an die Zeiten der Allmacht des Staatsgründers an.

Wenige Monate später folgt der zweite Akt der Krönung. Wie jedes Jahr kommen die Delegierten des Volkskongresses zur zweiwöchigen Jahrestagung in der gleichen Großen Halle des Volkes zusammen, in der wenige Monate zuvor der Parteitag stattgefunden hat. Journalisten und internationale Beobachter warten in der eisigen Morgenkälte, bis die Busse mit den Vertretern aus den Provinzen eintreffen. Repräsentanten der nationalen Minderheiten kommen in folkloristischen Trachten, die Militärs in strammen Uniformen. Die Tagung des Volkskongresses ist Show, aber gleichzeitig der wichtigste Hebel, um die vorangegangenen Beschlüsse der Parteiführung formal in Gesetzesform zu gießen.

Als die Delegierten Mitte März 2018 Peking wieder verlassen, haben sie das Machtgefüge dramatisch verändert. Auf Wunsch des Zentralkomitees der KP Chinas wird die Verfassung der Volksrepublik China verändert. Der Präsident, dessen Amtszeit bisher auf zweimal fünf Jahre begrenzt war, kann ab jetzt unbegrenzt oft antreten. Mit 2958 Pro-Stimmen, zwei Ablehnungen und drei Enthaltungen wird der Antrag angenommen, der erst wenige Tage zuvor bekannt geworden war. Kein anderes Land der Welt verändert seine Verfassung mit derartigem Tempo und ohne öffentliche Diskussion. Wenige Tage später steht die Wiederwahl Xi Jinpings zu seiner zweiten Periode an. Es gibt keine einzige Gegenstimme, 2970 Delegierte stimmen am 17. März 2018 für den Präsidenten. Vor laufenden Kameras legt Xi Jinping den Amtseid ab, die rechte Hand zur Faust erhoben, die linke auf der Verfassung.

Die politische Stabilität Chinas nach dem Ende der turbulenten Mao-Jahre war mit einem System der kollektiven Führung verbunden, das auf Deng Xiaoping zurückgeht. Niemals wieder sollte eine einzelne Person so viel Macht bekommen wie Mao Zedong. Alle zehn Jahre wechselte die Führung in Partei und Staat. Selbst der mächtigste Führer wusste, dass er sich dieser Regel beugen muss. Die Verfassung war stärker als die Partei. Der regelmäßige Wechsel in der obersten Führung bedeutete, dass alle zehn Jahre eine neue Generation von Führungskadern mit neuen innerparteilichen Allianzen zum Zug kam. Es war ein System, das auch ohne freie Wahlen einen geordneten Machtwechsel der Eliten ermöglichte. Der amerikanische Politikwissenschaftler Daniel Bell stellte in »The China Model: Political Meritocracy and the Limits of Democracy« zur Diskussion, ob China vielleicht einen besseren Weg zur Erneuerung seines Führungspersonals gefunden hatte als der Westen, weil im System der chinesischen Meritokratie Qualifikation und Erfahrung und nicht die Wechselfälle einer direkten Wahl entscheidend waren.

Xi Jinping hat das System interner Machtwechsel unter dem Dach des Einparteiensystems verändert und die Möglichkeit eines Einpersonensystems geschaffen. Auf der ganzen Welt gibt es keinen Staatsmann, der mit der Allmacht des chinesischen Präsidenten und Parteichefs ausgestattet ist.

Der ehemalige österreichische Bundespräsident Heinz Fischer, der über die Jahrzehnte viele Gesprächspartner aus China kennengelernt hat, sagt, Xi Jinping sei »aus hartem Holz geschnitzt«. Die chinesische Nummer eins macht »nach wenigen Gesprächsminuten den Eindruck eines Mannes, der sehr rasch zum wesentlichen Punkt kommt« – ein Unterschied zu anderen Gesprächspartnern aus China, die gerne ausführlich allgemeine Höflichkeiten austauschen. Kennengelernt hat Fischer den heutigen Präsidenten Xi im Juni 2011 in dessen Zeit als Vizepräsident und designierter Thronfolger bei den internationalen Feierlichkeiten zum 150. Jahrestag der italienischen Einheit in Rom. Die beiden Politiker, der damalige österreichische Bundespräsident und der chinesische Vizepräsident, beobachteten die große Militärparade auf den Kaiserlichen Foren, mussten danach aber warten, bis das italienische Protokoll andere Würdenträger abgefertigt hatte. Xi nutzte die Zeit und erkundigte sich bei Fischer ausführlich nach den jüngsten Entwicklungen in der Griechenlandkrise und den Folgen für die europäische Politik. Jahre später ist Xi Jinping als Alleinherrscher Chinas in einer Position von weltpolitischer Bedeutung, die kein europäischer Politiker je erreichen wird.

Wie Xi diese Machtfülle einsetzen wird, ist offen. Klar ist, dass jede Entscheidung des chinesischen Herrschers Konsequenzen für Milliarden Menschen auf allen Kontinenten haben wird, denn China bewegt Preise und Märkte auf dem Weltmarkt, kommentiert der italienische Sinologe Francesco Sisci. Klar ist auch, dass Xi China als Weltmacht ersten Ranges ansieht, dessen Interessen niemand übergehen darf.

Zum Abschluss des Volkskongresses schlägt Xi nationalistische Töne an. Er droht den Feinden Chinas mit einem »blutigen Kampf«. Wer die Feinde sind, bleibt im Dunkeln, wie so oft bei autoritären Herrschern. Nichts kann uns stoppen, den »chinesischen Traum« zu verwirklichen, lässt der Präsident sein Volk wissen, »und unseren rechtmäßigen Platz in der Welt einzunehmen«.

Familiengeschichten eines roten Prinzen

Xi Jinping kommt aus einer Familie, die selbst zur Parteielite gehörte. Sein Vater Xi Zhongxun war kommunistischer Guerillaführer in der Zeit des langen Marsches in den 1930er-Jahren, als sich Maos Rebellenarmee im Bürgerkrieg über 12 000 Kilometer vor den Nationalisten Chiang Kai-sheks zurückziehen musste. Xi senior wurde Mitglied des Zentralkomitees und nach Proklamation der Volksrepublik China Vizepremier unter Regierungschef Zhou Enlai.

In der Kulturrevolution fiel Xi Zhongxun in Ungnade, wurde schwer misshandelt und verhaftet. Die Mutter Qi Xin wurde zur Zwangsarbeit aufs Land verbannt. Rotgardisten verwüsteten die Wohnung der Familie. Der junge Xi Jinping wurde abgeführt und vor einer tobenden Menge mit dem Tod bedroht. Eine Schwester Xis ist nach offiziellen Angaben »in den Tod getrieben worden«. Chinesische Historiker, die 2015 von den China-Korrespondenten der »New York Times« konsultiert wurden, vermuten, dass sie Selbstmord begangen hat. In der offiziellen Biografie fehlen viele dieser tragischen Details.

Xi Jinping verbrachte als Teenager sieben bittere Jahre ohne seine Eltern in der Verbannung auf dem Land, wie die meisten städtischen Jugendlichen seiner Generation. Als 16-Jähriger kam er 1969 in das Dorf Liangjiahe in der nordwestlichen Provinz Shaanxi, tausend Kilometer westlich von Peking. Die Jugendlichen aus Peking lebten zu sechst in Höhlenwohnungen ohne elektrischen Strom und ohne fließendes Wasser, ganz wie die anderen 360 Dorfbewohner.

Das Dorf Liangjiahe ist heute ein Freilichtmuseum, das als politische Pilgerstätte für Chinas starken Mann betrieben wird. Der Eintritt kostet 20 Yuan, umgerechnet drei Euro. Elektroautos bringen die Touristengruppen zu einem Brunnen, den der Präsident einst gegraben haben soll. Ein Motorrad, in der damaligen Zeit ein begehrtes Fortbewegungsmittel, das die gebildeten Jugendlichen aus der Stadt organisieren konnten, habe Xi für eine Nudelmaschine eingetauscht, die die Dorfbewohner dringend gebraucht hätten. Stolz zeigt uns ein Führer das Exponat.

Als einzige Westler unter den Besuchern, werden wir zuerst einmal zur Polizeistation geführt. Die jungen Beamten scannen Pässe und Visa, haben aber keinen Einwand gegen unsere Anwesenheit. In den drei Höhlen, die Xi Jinping einst bewohnt hat, bewundern die Besucher die Töpfe und Schalen aus der Zeit der Kulturrevolution. An der Wand kleben Mao-Plakate und Fotos des jungen Xi Jinping. In den eisigen Wintermonaten hat ein Ofen die aus Lehm gebaute Schlafstätte geheizt. Xi hat später die Plagen seiner Zeit in der Verbannung beschrieben: Ungeziefer, schlechtes Essen und die Härte der Arbeit. Er reparierte Straßen und transportierte Tiermist. Mitbewohner beschreiben Xi als ernsthaften jungen Mann, der seine Zeit mit Büchern verbrachte, statt sich mit den anderen jungen Leuten herumzutreiben und Karten zu spielen. Zuerst gab es nur Mao-Werke zu lesen. Aber sobald dies möglich wurde, ließ sich der wissensdurstige Teenager ganze Ladungen von Büchern aus Peking kommen. Später erzählte Xi Jinping, dass er unter dem Licht einer Kerosinlampe in der Verbannung Tolstoi, Voltaire, Sartre und andere Autoren der Weltliteratur gelesen habe. Am ehemaligen Bett des Präsidenten schießen die Besucher eifrig ihre Selfies.

18 Millionen Jugendliche folgten in der Kulturrevolution Maos Aufruf, aufs Land und in die Berge zu gehen wie Xi Jinping. Das Freilichtmuseum in Liangjiahe ist die einzige Erinnerungsstätte für eine Erfahrung, die eine ganze Generation von Jugendlichen in China geprägt hat. Aber die Kulturrevolution selbst wird kein einziges Mal erwähnt, weder in den Wohnstätten der Jugendlichen noch im kleinen Museum. Stattdessen säumen Sprüche des Präsidenten die Wege. Alles, was er in der ersten Phase seines Lebens gelernt habe, hätten ihm die Dorfbewohner beigebracht, wird er zitiert: »Ich bin ein ewiger Sohn des Landes der gelben Erde.« Im Überlebenskampf in diesem armen Ort habe er den Eid geschworen, sich dem Dienst an Volk und Vaterland zu widmen, steht auf einer Tafel im angeschlossenen Museum. »Als ich mit 16 hierhergekommen bin, war ich ängstlich und verwirrt. Als ich mit 22 weggefahren bin, hatte ich feste Lebensziele und war voller Zuversicht.«

Die Botschaft ist klar: Xi Jinping kennt das Leben der einfachen Menschen, er ist einer von ihnen.

Trotz dieser Erfahrung vermeidet Xi und mit ihm ein Großteil der politischen Führung eine öffentliche Auseinandersetzung mit den Leiden und Katastrophen, die Mao Zedong verursacht hat.

Eine Autostunde vom Dorf Liangjiahe entfernt kann man in der Provinz Shaanxi revolutionäre Gedenkstätten in der Stadt Yan'an besuchen. Nach schweren militärischen Rückschlägen und dem verlustreichen Langen Marsch durch halb China 1934/1935 hatte sich Mao Zedong in Yan'an mit seinen Getreuen verschanzt. Von Yan'an aus begann nach dem Ende des Zweiten Weltkriegs der Feldzug der Roten Armee gegen die nationalistischen Truppen Chiang Kai-sheks, der 1949 mit dem Sieg der Kommunisten und der Proklamation der Volksrepublik China endete. Yan'an ist »Heiliges Land der chinesischen Revolution«, kann man im Revolutionsmuseum der Stadt lesen. Vor der aus dem Löss geschlagenen, geräumigen ehemaligen Wohnhöhle des Revolutionsführers macht ein Mao-Imitator gute Geschäfte.

Kerstins Tagebuch

Die junge Englisch-Studentin, die uns in den revolutionären Stätten von Yan'an begleitet, war vorher weder in der Höhle des Xi noch in den Höhlen der Revolutionäre. Diese Wohnform ist ihr allerdings dennoch sehr vertraut, denn ihre Großeltern leben als Bauern immer noch genauso. Sie selbst gehört zur ersten Generation, die studieren kann. Voller Stolz zeigt sie uns die moderne Mensa und das Studentenwohnheim ihrer Universität. Für sie eindeutig die größere Attraktion. Das Museum der Revolution in Yan'an allerdings kannte sie, hier werden alle Erstsemestrigen durchgeführt. Es hebt den patriotischen Geist, findet sie, und das sei gut so.

Xi Jinping ermöglichte erst die Rehabilitierung seines Vaters ein verspätetes Universitätsstudium und die Aufnahme in die Partei und damit den Beginn seiner kometenhaften Karriere, die ihn über Schlüsselpositionen in mehreren Provinzen und schließlich als Parteichef in Schanghai ganz nach oben führte.

Zum Karriereweg eines chinesischen Spitzenpolitikers gehören, anders als früher, auch internationale Kontakte. 1985 verbrachte Xi Jinping als Mitglied einer landwirtschaftlichen Delegation zwei Wochen im amerikanischen Bundesstaat Iowa. Geschlafen hat der spätere Präsident unter Star-Trek-Postern im Kinderzimmer der Farmer Eleanor und Thomas Dvorchak. »Er war bescheiden und hat sich nie beschwert«, erinnert sich die Gastgeberin fast 30 Jahre später.

Iowa liegt im Mittleren Westen der USA. Alles dreht sich um die Landwirtschaft, riesige Maisfelder beherrschen die

Landschaft. Die chinesischen Besucher in einer Zeit, in der der Kalte Krieg noch nicht beendet war, waren eine Sensation. Die lokalen Behörden zeigten den Gästen, wie in der industrialisierten Massenproduktion der Mais gepflanzt und verarbeitet wird. Zwei Wochen konnten die Chinesen am Alltag der amerikanischen Provinz teilnehmen. »Für mich sind Sie Amerika«, lobte Xi seine einstigen Gastgeber fast 30 Jahre später. Im Rahmen eines Staatsbesuches in den USA ließ der Präsident ein Zusammentreffen mit den amerikanischen Familien von damals organisieren. Für Iowa stellte sich die damalige Gastfreundschaft als Glücksfall heraus. Donald Trump hat Ex-Gouverneur Terry Branstad als US-Botschafter nach Peking geschickt, vor allem wegen der chinesischen Verbindung zu Iowa. Der Bundesstaat exportiert riesige Mengen von Soja und Sojaprodukten sowie Mais und andere landwirtschaftliche Produkte in das Reich der Mitte.

Bei einem Dinner in der amerikanischen Botschaft, die Kontakt zu zukünftigen Führungstalenten suchte, verriet Xi Jinping 2006, als er noch Provinzchef war, dass er eine Vorliebe für amerikanische Hollywood-Filme zum Zweiten Weltkrieg habe. Weil die »Guten siegen« und die »wahren Werte« der USA zum Ausdruck kommen, fasst der Peking-Korrespondent des »Standard«, Johnny Erling, das durch Wikileaks veröffentlichte Protokoll des vertraulichen Treffens zusammen. Von Geldgier und Korruption in der Parteielite sei Xi abgestoßen, urteilten die amerikanischen Diplomaten.

Persönliches Charisma hat in der Karriere des hart arbeitenden Spitzenfunktionärs nie eine Rolle gespielt. In der harten Welt der parteiinternen Rivalitäten sind Managementkompetenzen und Netzwerke wichtiger.

Eine Besonderheit in Xi Jinpings öffentlichem Erscheinungsbild ist für die Chinesen die Präsenz seiner zweiten Frau Peng Liyuan, die bei Staatsbesuchen häufig an seiner Seite steht. Peng war als Sängerin der Militärkapelle der Volksbefreiungsarmee ein Star. 2008, vor dem Politsprung ihres Mannes ganz nach oben, sang sie mit den Wiener Symphonikern in der Wiener Staatsoper die Titelrolle in der Peking-Oper »Mulan«. Noch heute sind die von der First Lady vorgetragenen revolutionären Songs weitverbreitet. Bei einem Besuch des ORF in Tibet im Sommer 2017 ertönen aus den Lautsprechern vor dem Potala-Palast, dem vakanten Sitz des Dalai Lama, patriotische Militärgesänge. Das Lied singt die Frau von Xi Jinping, sagt bedeutungsvoll eine Begleiterin.

Der breiten Öffentlichkeit war der Name von Peng Liyuan lange Zeit vertrauter als jener ihres Mannes, als der noch nicht in der ersten Reihe stand. Die Tochter des Präsidentenpaares, Mingze, hatte gerade ein Studium an der Universität Harvard abgeschlossen, als Xi Jinping am Beginn seiner ersten Amtszeit stand. Wo die Präsidententochter heute lebt und was sie tut, ist der chinesischen Öffentlichkeit nicht bekannt.

Die Antikorruptionskampagne

Während Familienmitglieder der obersten Parteiführung oft in der Wirtschaft auffällig erfolgreich sind und zu den Superreichen des Landes zählen, sind gegen Xi Jinping persönlich keine Vorwürfe bekannt. Fündig wurden internationale Medien allerdings im Verwandtenumfeld des Präsidenten. Es geht um riesige Beträge. Im Juni 2012 schrieb die Finanzagentur Bloomberg News, dass enge Verwandte des damaligen Vizepräsidenten über ein in Aktien angelegtes Vermögen in der Höhe von mehreren Hundert Millionen Dollar verfügen. Die Familie der älteren Schwester Qi Qiaoqiao des damaligen Vizepräsidenten besaß Luxusvillen in Hongkong. Die Panama Papers outeten Jahre später den Schwager des gegenwärtigen Parteichefs auf einer Liste von Familienmitgliedern chinesischer Spitzenpolitiker, die über die Rechtsanwaltskanzlei Mossack Fonseca ihr Geld in Briefkastenfirmen gesteckt haben. Mit dem Amtsantritt Xi Jinpings wurde das Investment beendet.

Enthüllungen über das Vermögen des familiären Umfelds von Spitzenpolitikern gelten in Peking als so sensibel, dass die Zensur mit aller Macht versucht, sie von der chinesischen Öffentlichkeit fernzuhalten. Der »New York Times« ist es 2012 gelungen, dem atemberaubenden Reichtum eines inzwischen pensionierten chinesischen Spitzenpolitikers nachzugehen. Das amerikanische Qualitätsblatt nahm den damaligen Regierungschef Wen Jiabao ins Visier. Auf 2,7 Milliarden Dollar bezifferte der »New York Times«-Reporter David Barboza das Vermögen von Mutter, Ehefrau, Sohn, Tochter, Bruder und Schwager des Politikers, der selbst noch in extremer Armut aufgewachsen ist. Banken, Touristenzentren, Telekommunikationsfirmen und Juwelierketten befanden sich, zum Teil über Offshorefirmen, im Eigentum des Clans. Auch eine Firma, die am Bau des weltberühmten Vogelnestes für die Olympischen Spiele in Peking beteiligt war, gehörte zum Besitz der Großfamilie. Seit der detaillierten Veröffentlichung der Recherchеergebnisse ist die »New York Times« im chinesischen Internet blockiert.

Mit seiner Antikorruptionskampagne will Parteichef Xi die Symbiose der kommunistischen Eliten mit der neuen Bourgeoisie vom Geruch des Illegitimen befreien. Das macht die Finanzspekulationen von Angehörigen besonders anrüchig. Seit seiner Wahl zum Generalsekretär der Kommunistischen Partei Chinas 2012 und zum Staatspräsidenten 2013 hat Xi den Kampf gegen die Korruption in Partei und Staat zum wichtigsten Merkmal seiner Politik gemacht. Das war aus Sicht der Parteiführung eine Notbremsung im allerletzten Augenblick. Ausufernde Korruption war in der Phase der marktwirtschaftlichen Reformen zum fixen Bestandteil des Wirtschaftslebens geworden. Überall in China war der rasant wachsende Reichtum privater Geschäftsleute an Genehmigungen der öffentlichen Hand gekoppelt. Die zuständigen Beamten wollten am neuen Reichtum mitschneiden. Die Korruption ging so weit, dass die Eltern bei Kindergärten und Schulen, die einen guten Ruf hatten, sich schon im Voraus erkundigen mussten, welcher Betrag direkt beim Schuldirektor zu bezahlen sei, wenn man einen sicheren Platz für den Sprössling haben wollte. Die Wut in der Bevölkerung über das System der allgegenwärtigen Bestechung bedrohte die gesamte Legitimität der Kommunistischen Partei. Die Antikorruptionskampagne wird seither mit unverminderter Heftigkeit geführt.

Kerstins Tagebuch

Am Freitag ein Abendessen mit dem chinesischen Manager einer europäischen Firma und seiner Frau in einem tollen Restaurant mit Blick auf den Tiananmen-Platz. Interessant war besonders die Meinung dieses chinesischen Paars der gut verdienenden Mittelklasse zu Präsident Xi. Sie schätzen ihn für seine Antikorruptionskampagne. Denn alles kostet extra: die Behandlung im Krankenhaus, der Wirtschaftsauftrag, die Position im Militär. Der Schulplatz in einer guten Pekinger Volksschule für ihre Tochter hat 100000 Yuan, ca. 14000 Euro, gekostet. Und so freuen sie sich, wenn auch SchuldirektorInnen angezeigt und entmachtet werden. Unser Luxusrestaurant war fast leer, auch eine Auswirkung der Antikorruptionskampagne.

Die Kampagne gegen Korruption hat diese Praktiken zwar nicht zum Verschwinden gebracht, aber deutlich eingeschränkt. Die offizielle Statistik spricht von fast 1,5 Millionen Funktionären, die wegen Korruption oder anderer Verstöße gegen die Parteidisziplin bestraft wurden. Eine riesige Zahl, die nur vermuten lässt, wie groß die Angst sein muss, die im chinesischen Beamtenapparat grassiert. Kein Bereich der Partei und des Staates ist ausgenommen: Gemeindefunktionäre und Abgeordnete des Volkskongresses, das Staatsfernsehen und die Bankenaufsicht, die Streitkräfte und die Nachrichtendienste sind betroffen. Hohe und niedrige Parteifunktionäre, Militärs, Geheimdienstleute und Vertreter der Hochfinanz sind der Säuberungswelle zum Opfer gefallen.

Die große Mehrheit der bestraften Funktionäre sind sogenannte »Fliegen«. Darunter werden kleine Fische verstanden, die sich in den Fängen der Ermittler verheddert haben. Aber mit großer propagandistischer Begleitmusik werden auch »Tiger« aus der Oberschicht gestürzt, über deren verbotenerweise angehäufte Reichtümer ausführlich in den Medien berichtet wird. Berge von Schmuck, teure Alkoholika und luxuriöse Damenkleider gehören zu den Funden der Korruptionsermittler, über die die Medien ausführlich berichten.

Unter den hundert sogenannten Tigern, die ganz oben in der Hackordnung der Macht standen und der Säuberungswelle zum Opfer fielen, sind Dutzende hohe Offiziere und Geheimdienstchefs, Provinzparteichefs und Finanzverantwortliche. Die in Hongkong erscheinende »South China Morning Post« wartet mit exotischen Namen für die feindlichen Gruppierungen innerhalb der Partei auf: Von einer Sekretärsbande ist die Rede, einer Petroleum-Gang und der Shanxi-Gang mit Wurzeln in der Provinz gleichen Namens.

Wichtigster »Tiger« war der landesweite Sicherheitschef Zhou Yongkang, der als Mitglied im Ständigen Ausschuss des Politbüros zur obersten Führungselite gehörte. Er soll gemeinsam mit dem bereits zuvor gestürzten Politbüromitglied Bo Xilai einen Putsch vorbereitet haben. Zhou Yongkang wurde aus der Partei ausgeschlossen. Dem einst drittmächtigsten Mann des Landes wurden Geheimnisverrat und die Annahme von Bestechungsgeldern in der Höhe von 129 Millionen Yuan, umgerechnet 18 Millionen Euro, vorgeworfen. Beim Geheimprozess 2015 zeigte er Reue und gestand seine Verbrechen, berichteten die Medien. Die Öffentlichkeit sah, dass der Mann, der einst Polizei, Gefängnisse und Geheimdienste befehligt hatte, plötzlich schlohweiß geworden war. Die Haarfarbe hat symbolische Bedeutung. Mächtige Männer tragen in China dunkle Haare. Das Gericht sah in dem Geständnis einen Milderungsgrund. Zhou Yongkang wurde nicht zum Tode verurteilt, was möglich gewesen wäre, sondern zu lebenslanger Haft. In der chinesischen Exilpresse wird spekuliert, dass hinter Geständnis und Urteil ein geheimer politischer Deal gestanden ist.

Bemerkenswert ist, wie viele »Tiger« aus dem Sicherheitsbereich gestürzt wurden, darunter der stellvertretende Minister für Staatssicherheit Ma Jian, einer der führenden Geheimdienstchefs des Landes. In China werden die meisten wegen Korruption verurteilten Spitzenpolitiker nicht nur entlassen und aus der Partei ausgeschlossen, sondern zu langjährigen Gefängnisstrafen und immer wieder auch zum Tode verurteilt.

Dass bei dieser Art von Säuberung der politische Machtkampf noch mehr im Zentrum steht als die Korruptionsbekämpfung, war beim 19. Parteitag der KP Chinas im Herbst 2017 nach einem Bericht der »South China Morning Post« kein Geheimnis. Das gut informierte Blatt beruft sich auf den Vorsitzenden der China Securities Regulatory Commission Sun Zhengcai, der die gefährlichsten Umsturzversuche der letzten fünf Jahre aufzählte. Er nannte den Fall von Bo Xilai, den ehemaligen obersten Sicherheitschef Zhou Yongkang, den früheren Chef des Parteisekretariats Ling Jihua, die beiden Vizevorsitzenden der Militärkommission Xu Caihou und Guo Boxiong. »Sie alle hatten hohe Positionen und viel Macht in der Partei«, zitiert das Hongkonger Blatt den Bericht des prominenten Vorsitzenden der Chinesischen Wertpapieraufsicht Liu Shiyu, »aber sie waren völlig korrupt und haben sich verschworen, um die Führung der Partei zu usurpieren und die Macht im Staat zu erobern.«

Ling Jihua, der in dem Bericht als einer der Putschisten bezeichnet wurde, hätte nach den ungeschriebenen Regeln der chinesischen Nomenklatura als enger persönlicher Mitarbeiter des früheren Staatspräsidenten Hu Jintao eigentlich tabu sein müssen. Dass der Mann trotzdem gestürzt wurde, hing mit einer persönlichen Tragödie zusammen, die in den sozialen Medien große Wellen schlug: 2012 war der 23-jährige Sohn des hohen Funktionärs bei einem Autounfall auf dem vierten Pekinger Außenring tödlich verunglückt. Der Sprössling war in einem Ferrari gemeinsam mit zwei unbekleideten jungen Frauen unterwegs gewesen. In den sozialen Medien wurde der Fall als typisches Beispiel für das Luxusleben der kommunistischen Oberschicht denunziert.

Umgesetzt wird die Antikorruptionskampagne von der Zentralen Disziplinarkommission der KP, die außerhalb der regulären Gerichtsbarkeit des Landes agiert. Den normalen Gerichten traut die Führung nicht. 2018 wird die Kompetenz dieser von Xi Jinping neu geschaffenen Institution unter der Bezeichnung Nationale Aufsichtsbehörde auf alle Staatsorgane ausgeweitet. Die Antikorruptionsbehörde ist das wichtigste Herrschaftsinstrument, mit dem sich die Führung unter Xi Jinping in Peking den Zentralstaat und die Provinzen gefügig macht. Aufgebaut wurde die neue Institution von einem der engsten Mitarbeiter des Präsidenten, dem heutigen Vizepräsidenten Wang Qishan, den Xi in seiner Jugend in der Verbannung auf dem Land kennengelernt hatte.

Als Europäer wird man durch die Vorgangsweise der chinesischen Antikorruptionsermittler manchmal an die Inquisition des Spätmittelalters erinnert, die sich zentral gesteuert ihre Opfer ebenfalls ohne Rücksicht auf kirchliche und weltliche Würdenträger aussuchte. In der Volksrepublik fehlen rechtsstaatliche Verfahren, bei denen Beschuldigte eine echte Chance hätten, vor einem unabhängigen Richter ihre Unschuld zu beweisen. Dementsprechend verdächtigt man in der chinesischen Exilpresse die Behörden, vor allem potenzielle Gegner des Parteichefs der Korruption zu überführen, während bei Xi Jinpings Verbündeten weggeschaut wird.

Immer wieder werden gestürzte Parteifunktionäre angehalten, ihre Schuld in peinlichen Selbstbezichtigungen im Fernsehen einzugestehen. Nach Recherchen des Wirtschaftsmagazins »Caijing« haben infolge von Korruptionsvorwürfen Hunderte Politiker und Funktionäre aus Scham und Angst vor dem Gesichtsverlust Selbstmord begangen.

2015 verschärfte die chinesische Führung auch die Moralvorschriften für Parteimitglieder. Golfspielen in exquisiten Klubs ist chinesischen Kommunisten von nun an verboten. Der neue Disziplinarkodex der Kommunistischen Partei Chinas gilt erstmals nicht nur für Spitzenpolitiker, sondern ausnahmslos für alle 89 Millionen Parteimitglieder. Verboten sind auch teure Geschäftsessen und extravagante Getränke, die früher in Strömen flossen. Kommunisten müssen einen untadeligen Lebenswandel pflegen, hieß es zu den neuen Vorschriften. Schon bisher war für chinesische Parteimitglieder auch Ehebruch verboten, Funktionäre dürfen keine Mätressen unterhalten. Der entsprechende Paragraf wurde ausgeweitet und untersagt chinesischen Kommunisten ganz allgemein und bewusst vage ungeziemende sexuelle Beziehungen.

Dank seines Antikorruptionskrieges ist Xi inzwischen als Person beliebter als die Partei. »Xi Dada«, »Onkel Xi« nennen ihn Bürger immer wieder. Dass auch Vertreter aus der Oberschicht über Misswirtschaft und Korruption stürzen, befriedigt das Gerechtigkeitsgefühl der Bürger.

Die Xi-Jinping-Ideen

Seit die Xi-Jinping-Ideen zur Staatsideologie erhoben wurden, entstehen an Chinas Universitäten Institute, die sich mit Erforschung und Verbreitung des Gedankenguts des Präsidenten beschäftigen. Grundlage sind die Reden Xi Jinpings, die studiert und diskutiert werden. Die Geschichte der Volksrepublik China ist demnach in drei Phasen unterteilt: Von der Staatsgründung 1949 bis zum Ende der Kulturrevolution 1976 dauerte die Ära Mao Zedongs, es folgten drei Dekaden Reformpolitik unter Deng Xiaoping bis in die Jahre Hu Jintaos, des Vorgängers Xi Jinpings. Mit Xi Jinping haben demnach die nächsten 30 Jahre einer neuen Ära begonnen.

Xi Jinping versucht das geistige Vakuum nach dem Ende des Maoismus durch eine Reideologisierung der Partei zu füllen. In allen gesellschaftlichen Bereichen, von den Streitkräften über die Wirtschaft bis zu den Institutionen und Schulen, wird die führende Rolle der Kommunistischen Partei betont. In der Verfassung der Volksrepublik China war diese Führungsrolle immer festgeschrieben. In Wirklichkeit konnten aber immer weniger Bürger mit dieser Bestimmung etwas anfangen. Die großen Visionen, die Xi den Bürgern unter dem Titel »Sozialismus chinesischer Prägung für eine neue Ära« präsentiert, sollen dieses Manko beheben.

Der Präsident sieht sein Land am Beginn eines neuen Zeitalters, in dem die extreme Armut der Vergangenheit überwunden ist. Die alte Größe Chinas kann wieder Wirklichkeit werden. Rund 150 Jahre nach den Opiumkriegen, mit denen der Niedergang Chinas unter der Qing-Dynastie und die Erniedrigung durch die aggressiven Westmächte begannen, ist das Reich der Mitte auf dem Weg zur Weltmacht. Xi hat den Begriff eines »chinesischen Traums« eingeführt, bei dem, im Gegensatz zum amerikanischen Traum von den unbegrenzten Möglichkeiten des

Einzelnen, die nationale Wiederauferstehung im Zentrum steht. Je nach Anlass werden unter dem Schlagwort des chinesischen Traums alle großen Ziele, von der Abschaffung der Armut bis zum funktionierenden Umweltschutz, subsumiert.

Symbolische Daten sind wichtig in dieser propagandistischen Konzeption. Der hundertste Jahrestag der Proklamation des neuen Chinas, der 1. Oktober 2049, wäre der geeignete Zeitpunkt. Bis 2049 soll das Ziel eines starken und wohlhabenden Weltreiches erreicht sein, in dem die drängenden Probleme der Gegenwart bewältigt sind. China wird dann technologisch Weltmarktführer sein. Xi Jinping verspreche allgemeinen Wohlstand, blühende Landschaften, reine Luft, saubere Böden und Flüsse, ironisiert der langjährige China-Korrespondent Johnny Erling. In seiner Marathonrede vor den Delegierten des 19. Parteitages unterteilt Xi Jinping die Zeit bis dahin in verschiedene Etappen. Bis 2020 soll China ein »Land mittleren Wohlstands« sein, in dem die Armut beseitigt ist und die Mehrheit der Bürger zur Mittelschicht gehört. Bis 2025 dauert die Zwischenetappe zum allgemeinen Wohlstand. 2035 ist die Modernisierung der Volksbefreiungsarmee so weit fortgeschritten, dass sie als eine Streitkraft von Weltklasse bezeichnet werden kann, die bereit ist, Kriege zu führen und zu gewinnen. 2050 ist dann die große nationale Renaissance des Reichs der Mitte abgeschlossen.

Europäer, die schon lange im Reich der Mitte unterwegs sind, registrieren das wachsende Selbstbewusstsein ihrer chinesischen Gegenüber. Souverän, professionell und selbstbewusst empfindet AT&S-Chef Andreas Gerstenmayer das Auftreten Xi Jinpings beim Staatsbesuch des österreichischen Bundespräsidenten Van der Bellen in Peking 2018. »Man spürt: Dahinter steht eine Weltmacht. Früher waren die Chinesen bemüht, uns etwas zu bieten, damit wir Europäer ins Geschäft kommen. Jetzt müssen umgekehrt wir uns anstrengen, um in Peking wahrgenommen zu werden.« Kaum ist das Galadinner für die österreichische Regierungsdelegation in der Großen Halle des Volkes vorbei, werden schon die Fähnchen für die nachfolgende Delegation aufgestellt.

Karl Marx hatte einst die Vision, dass im Sozialismus das Prinzip »jeder nach seinen Fähigkeiten, jedem nach seinen Bedürfnissen« herrschen würde. »Die freie Entwicklung eines jeden« würde »die Bedingung für die freie Entwicklung aller« sein. Befreit vom Zwang der Lohnarbeit und der kapitalistischen Entfremdung würden die Menschen in der fortgeschrittenen Phase des Kommunismus keinen Staat mehr benötigen. Lenin machte, den Anforderungen der revolutionären Machtpolitik entsprechend, die Diktatur des Proletariats zur unvermeidlichen Vorstufe zur klassenlosen Gesellschaft. Mao Zedong wollte ein China, in dem Machtverhältnisse permanent in Frage gestellt werden und revolutionäre Kampagnen das Leben der Menschen bestimmen. Unter Xi Jinping stellt die Kommunistische Partei Chinas den nationalen Wiederaufstieg ins Zentrum der Vision. Damit reiht sich Xi in eine lange nationale Tradition ein: Seit den Opiumkriegen des 19. Jahrhunderts und dem Ende der Qing-Dynastie 1911 ist »Wiederaufstieg« ein zentrales Motiv der chinesischen Politik.

Klassenkämpfe, die für Marx die Triebkraft der Geschichte waren, spielen in der chinesischen Herrschaftsideologie keine Rolle mehr. Dafür nennt die maoistische Tradition dominierende Widersprüche für jede gesellschaftliche Etappe. Der Widerspruch zwischen den Bedürfnissen des Volkes und den schwach entwickelten Produktionsmitteln der vorangegangenen Ära ist laut Xi überwunden. Der von Xi ausgemachte neue Widerspruch, den er auflösen will, besteht zwischen »unausgewogener und unangemessener Entwicklung und den weiter steigenden Bedürfnissen der Menschen nach besserem Leben«. Die Formulierung klingt hölzern, signalisiert jedoch eine Abkehr von den bisher geltenden quantitativen Zielen. Die Partei stellt nicht mehr Wachstumszahlen alleine ins Zentrum, sondern betont die Bedeutung der Lebensqualität, die durch saubere Umwelt, bessere Gesundheitsversorgung und erschwingliche Wohnungen erreicht wird. Es sind die wichtigsten Anliegen der städtischen Mittelschicht.

Für das Reich der Mitte ist es eine neue Situation. Unter Mao war die Weltrevolution das weltpolitische Ziel. Xi Jinping will dagegen das internationale Kräfteverhältnis auf sanfte Weise verschieben und China zu einer führenden Macht in der Weltpolitik machen. Den Parteitagsdelegierten verkündete Xi Jinping im Herbst 2017, dass China eine »Großmacht in der Welt« geworden sei. Es sei jetzt an der Zeit, »ins Zentrum der Welt zu rücken und einen größeren Beitrag für die Menschheit zu leisten«. Richtig populär geworden ist China auf diese Weise im Westen, aber auch bei vielen Nachbarn nicht. Turbokapitalismus in der Wirtschaft und Repression gegen Andersdenkende im Inneren sind kein Zeichen von Soft Power. Aber im Nahen Osten führte der arabische Frühling zu blutigen Bürgerkriegen. Die rechtspopulistische Welle destabilisiert die liberalen Demokratien in Europa. Chinas Kommunisten weisen gerne auf die Professionalität der eigenen Elitenbildung hin, die nicht wie im Westen von unberechenbaren Wahlvorgängen gestört wird. Auf dem 19. Parteitag hat Xi Jinping die Rückkehr zu einem monolithischen sozialistischen Staat als beispielhaft auch für andere Länder bezeichnet, die ihre Unabhängigkeit bewahren wollen. Der Seitenhieb gilt dem System der westlichen Demokratien. Das Mercator Institute for China Studies (MERICS) in Berlin sieht am Horizont eine »Rückkehr des Systemwettbewerbs«, der nach dem Zusammenbruch der Sowjetunion für überwunden gehalten wurde.

Schreckgespenst Demokratie

Tatsächlich war der Kollaps der Sowjetunion für die Generation der Führungspersönlichkeiten um Xi Jinping ein tiefer Schock. In internen Beratungen versuchten die chinesischen Kommunisten zu ergründen, was so katastrophal schiefgelaufen war im Nachbarland. Zu den wichtigsten Schlussfolgerungen gehörte die unbedingte Entschlossenheit, auf Wirtschaftswachstum zu setzen. Aber gleichzeitig sah man auch die Einheit der Führung und die Führungsrolle der Kommunistischen Partei als Schlüsselfrage für das Überleben des Systems. Auf diesen Schlussfolgerungen baut Xi Jinping auf, wenn er die KP wieder ins Zentrum rückt.

Ermöglicht wird die autoritäre Wende, weil die Erinnerung an die chinesische Demokratiebewegung von 1989 in der Volksrepublik weitgehend verschwunden ist. Während die KPdSU in Moskau unterging, walzten auf Befehl des Reformers Deng Xiaoping Panzer der Chinesischen Volksarmee auf dem Tiananmen-Platz in Peking die Demonstration protestierender Studenten nieder, die auf dem Platz des Himmlischen Friedens eine der amerikanischen Freiheitsstatue nachempfundene Göttin der Demokratie aufgestellt hatten. Weniger bekannt ist, dass es nicht nur in Peking, sondern in den Städten im ganzen Land Proteste und Tote gab. Die Demonstranten wollten eine Öffnung wie in der Sowjetunion unter Gorbatschow. Es gab Hunderte, möglicherweise sogar Tausende Tote. Die genaue Zahl ist auch heute nicht bekannt. Manchmal ist in westlichen Berichten von mehr als tausend Toten oder sogar »einigen Tausend« die Rede, aber dafür gibt es keine überprüfbaren Beweise. Chinas Regierung selbst sprach direkt nach dem Massaker von »fast 300« oder »mehr als 200« Toten. Die »Mütter von Tiananmen« haben bisher den Tod von mindestens 202 Menschen einzeln dokumentiert. Viele Opfer dürften aber bis heute unbekannt sein, weil ihre Familien Repressionen befürchten.

Eine offene Diskussion darüber, was damals genau passiert ist, ist in China nach wie vor verboten. Die strenge Zensur hat nur wenige Lücken. Am Jahrestag, dem 4. Juni, säumen noch mehr Aufpasser mit roten Armbinden als sonst die Straßen im Zentrum der chinesischen Hauptstadt. Wer rund um das Datum der Tragödie in den chinesischen Internetmedien in der Suchfunktion auch nur den Namen Tiananmen oder das Datum 4. Juni eingibt, bekommt die Nachricht der Internet-Zensurbehörde, dass das Gesetz eine solche Suche nicht erlaube. Aber es gibt auch Überraschungen. Auf einer chinesischen Foto-Webseite fanden wir 2016 unerwartet spektakuläre Bilder von 1989, auch der unbekannte Demonstrant, der sich einem Panzer entgegenstellt, ist zu sehen. Genauso wie die Statue der Göttin der Demokratie, die Studenten vor dem Mao-Mausoleum errichtet hatten. Der dazugehörige Text ist unverfänglich, das hat geholfen, die Internet-Zensur zu umgehen.

In einem von der Menschenrechtsorganisation Human Rights in China (HRiC) veröffentlichten, offenen Brief an Premierminister Li Keqiang forderte 2016 ein »Die Mütter von Tiananmen«

genanntes Netzwerk der Familien der Opfer die Regierung auf, sich der Vergangenheit zu stellen und das Diskussionsverbot über den 4. Juni aufzuheben. Gefordert wird von den 131 Angehörigen eine Liste der Getöteten, Entschädigung für die Familien und eine Bestrafung der Verantwortlichen. Sie hätten damals Söhne und Töchter verloren, aber ein Totengedenken sei ihnen verwehrt. Sogar bei privaten Feiern sei die Polizei eingeschritten. Die heutigen Führer Chinas trügen auch Verantwortung für die Verbrechen ihrer Vorgänger, heißt es in dem Brief. China verlange im Zusammenhang mit dem Zweiten Weltkrieg von Japan Reue für die vergangenen Verbrechen des japanischen Kaiserreichs. Genauso sollte auch die kommunistische Regierungspartei aufhören, die eigenen Verbrechen zu verdrängen.

In Hongkong und Taiwan, wo der lange Arm der chinesischen Behörden nicht hinreicht, gibt es Fackelzüge und Veranstaltungen. Zehntausende zünden Kerzen an, um an die Toten des 4. Juni zu erinnern. Taiwan, das in den letzten Jahrzehnten ein lebendiges Mehrparteiensystem entwickelt hat, versteht sich als demokratischer Gegenpol zum autoritären Peking. Hongkong ist zwar Teil der Volksrepublik China, konnte seine Freiheiten jedoch trotz mancher Beschränkungen bewahren.

Aus Sicht der Pekinger Führung hat die Niederschlagung der Demokratiebewegung 1989 verhindert, dass China einen Niedergang wie die Sowjetunion erlebt hat. Die wirtschaftlichen Erfolge bewiesen, dass das der richtige Weg gewesen sei, argumentiert regelmäßig die Sprecherin des Außenministeriums in Peking.

Tatsächlich ist die Diskussion über politische Reformen unter Xi Jinping völlig verschwunden. Bei heiklen Themen wie den Toten des Jahres 1989 sind Polizei und Zensur sehr rasch zur Stelle. In den chinesischen Eliten hat sich inzwischen die Meinung durchgesetzt, dass die Niederschlagung der Proteste die unvermeidliche Voraussetzung für den wirtschaftlichen Aufstieg der folgenden Jahrzehnte war. Die Autorin Louisa Lim, die über die verdrängte Vergangenheit gearbeitet hat, kommt zum Schluss, dass die meisten Angehörigen der chinesischen Mittelschicht überzeugt seien, dass die Panzer von 1989 in Peking ein Chaos wie in Russland unter Jelzin verhindert hätten. Die brennenden

Fragen der Demonstranten nach Bürgerrechten und Meinungsfreiheit im aufsteigenden China bleiben unbeantwortet.

Unter Xi hat die Verfolgung von Dissidenten und unbequemen NGOs zugenommen. Es kommt vermehrt zu Verhaftungen kritischer Intellektueller an Universitäten und zu Repressionen gegen Aktivisten unabhängiger Arbeitergruppen. Mit der Massenrepression früherer Zeiten ist das jedoch nicht zu vergleichen.

Kommunistische Intrigen

Grundsätzlich ist die führende Rolle der Kommunistischen Partei für die Volksrepublik keine neue Entwicklung. Das Einparteiensystem ist in der Verfassung verankert. Formell existieren in China auch noch andere Parteien, die ähnlich wie früher in der DDR als Systemparteien ein Schattendasein führen und die Unterordnung unter die KP akzeptieren. Seit dem Beginn der Reformpolitik haben sich die Parteiorganisationen darauf beschränkt, allgemeine Prinzipien aufzustellen. Die Umsetzung oblag den staatlichen Behörden, analysiert das Mercator-Institut in Berlin. Xi will das ändern. Die KP ist aus seiner Sicht vom Makel der Korruption befreit und soll überall organisatorisch und politisch präsent sein.

Schon bisher war der Parteisekretär in staatlichen Unternehmen wichtiger als der Direktor. Vertreter der Partei sollen in Zukunft auch in privaten Unternehmen präsent sein und bei Wirtschaftsentscheidungen mitreden, »ohne Rücksicht auf formale Besitzverhältnisse oder Managementstrukturen«, analysieren die Experten des Mercator-Instituts.

Das Bild des Kommunisten als leuchtendes Vorbild für das Volk stammt aus der Anfangszeit des Maoismus. Ob ein eiserner Besen, wie ihn Xi Jinping einsetzt, im modernen China von heute funktionieren kann, bezweifeln auch chinesische Experten. Die verschärften Disziplinvorschriften verbieten den Parteimitgliedern auch die leiseste Abweichung von der offiziellen Linie oder gar Kritik an einzelnen Parteiführern. Das bedeute genau genommen, dass weder liberale Reformkommunisten noch orthodoxe Maoisten etwas sagen dürfen, kritisiert ein skeptischer Kommentator. In der vielfältigen Gesellschaft von heute müsste eine Regierungspartei eigentlich Meinungsfreiheit zulassen, heißt es hinter vorgehaltener Hand an den stets aufmüpfigen Pekinger Universitäten.

Zu den Konstanten der Regierungszeit Xis gehört das Bild von hartnäckigen Gegnern innerhalb von Staat und Partei, die angeblich verhindern wollen, dass diese großen Ziele erreicht werden. Dass Xi Jinping Feinde hat, ist nicht verwunderlich. Die Antikorruptionskampagne trifft die Säulen der Gesellschaft. Die in Hongkong erscheinende »South China Morning Post« berichtete im Oktober 2017, gestützt auf seriöse Quellen, dass die Delegierten des 19. Parteitages über wiederholte Umsturzversuche gegen Xi Jinping informiert wurden. Der letzte Coup sei nur wenige Wochen vor der Konferenz vereitelt worden.

An die internationale Öffentlichkeit war bereits zu Ende der ersten Amtszeit des Präsidenten eine merkwürdige Affäre gelangt. In einem anonymen Schreiben angeblicher treuer Parteimitglieder wurde er 2017 zum Rücktritt aufgefordert. Seine persönliche Machtfülle sei eine Gefahr. Die verbale Attacke hätte als übliche Polemik regierungsfeindlicher Exilpublizisten abgetan werden können, wäre der Brief nicht auf der Onlineplattform einer parteinahen Zeitung gelandet. Die sonst allgegenwärtige Internet-Zensur hatte geschlafen. Es gab Rücktritte und Festnahmen. Die Obrigkeit nahm den Aufruf offenbar ernst. Die ominöse Rücktrittsaufforderung beinhaltete die kaum verhüllte Drohung, dass auch die persönliche Sicherheit des Vorsitzenden und seiner Familie auf dem Spiel stehe.

In Hongkong erzählt mir als ausländischem Korrespondenten eine hohe Funktionärin, dass die Spannungen in der Pekinger Führung so weit gegangen seien, dass man sogar im abgeschirmten Regierungsviertel von Zhongnanhai Anschläge befürchtet habe. Das sei gar nicht ausgeschlossen, schließlich sei ja auch der oberste Sicherheitschef in eine Verschwörung gegen den Präsidenten involviert gewesen, erklärt man mir auf meine skeptischen Einwände im Legislative Council, dem Parlamentsgebäude der ehemaligen britischen Kronkolonie. Die Behauptungen lassen sich nicht verifizieren. Bei so wenig Offenheit blühen Gerüchte und Verschwörungstheorien. Aber mit Sicherheit gibt es mehr Widerstand gegen die Amtsführung des Präsidenten, als die offizielle Einstimmigkeit erahnen lässt.

Das Politbüro: die sieben Herrscher Chinas

Das gesamte Führungspersonal des Riesenreiches ist auf den Präsidenten orientiert. 2017 wurden 70 Prozent des 400-köpfigen Zentralkomitees aus Altersgründen oder wegen Korruptionsvorwürfen ausgewechselt. Es war die größte personelle Rochade in der Führung seit der Kulturrevolution 1969. Im siebenköpfigen Ständigen Ausschuss des Politbüros, dem höchsten Gremium der Partei, sind ausschließlich loyale Anhänger des Kurses von Xi Jinping vertreten. Die sieben sind die Herrscher Chinas unter Xi. Es sind ausschließlich Männer. Sie sind alle ungefähr gleich alt. Ein Vertreter der jüngeren Generation wäre in der Tradition der letzten Jahrzehnte automatisch als Kronprinz angesehen worden. Weil Xi offensichtlich über die üblichen zwei Amtszeiten hinaus regieren will, umgibt er sich mit Gleichaltrigen.

Premierminister Li Keqiang, 63, ist der einzige Politiker, der in dem erlauchten Gremium nicht neu ist. Li kommt aus einfachen Verhältnissen. Er gehört nicht zu den roten Prinzlingen, sondern stützt sich auf eine aus der Kommunistischen Jugendorganisation gewachsene Seilschaft.

Li Zhanshu, 68, ist Vorsitzender des Nationalen Volkskongresses, der die von der Parteiführung gewünschten Gesetze ausarbeitet und formell beschließt. Er war Xis Stabschef und ist einer der engsten Mitarbeiter des Präsidenten.

Wang Yang, 63, ist Vorsitzender der Politischen Konsultativkonferenz des chinesischen Volkes, die zweite und beratende Kammer des Volkskongresses. Er war als Regionalchef der Provinz Guangdong beliebt und gilt als reformfreudiger und weniger orthodox als seine Kollegen.

Wang Huning, 63, ist Chefideologe der KP Chinas und Boss des ZK-Sekretariats, der wichtigsten Schaltstelle im Parteiapparat. Er hat die Aufgabe, das ideologische Fundament der neuen Ära zu festigen. Wang spricht Französisch und Englisch, er hat in Kalifornien an der Universität Berkeley unterrichtet. Als junger Professor an der Fudan-Universität in Schanghai war er bereits in den 1980er-Jahren mit der These aufgefallen, dass China einen starken Führer benötige. »Neo-Authoritarianism« nannte man die von ihm mitbegründete Denkschule.

Zhao Leji, 61, ist für den Kampf gegen Korruption verantwortlich. Mit der Antikorruptionsbehörde befehligt er eine Art Staat im Staat, der in Militär, Wirtschaft und Verwaltung hineinregiert.

Han Zheng, 64, der als ehemaliger Parteichef von Schanghai mit dem Glanz der Wirtschaftsmetropole verbunden wird, ist Stellvertretender Premierminister.

In der chinesischen KP gelten Xi Jinping und seine Mitstreiter als Vertreter der Fraktion der »roten Prinzlinge«, die aus den angesehensten revolutionären Familien kommen. Die Väter hatten mit Mao gekämpft und gesiegt. Eine zweite Fraktion hat ihre Wurzeln in der Kommunistischen Jugendorganisation. Sie ist durch den langjährigen Premierminister Li Keqiang vertreten, der von Xi-Vorgänger und Ex-Präsident Hu Jintao unterstützt wird. Die Parteigranden früherer Jahre spielen in der obersten Führung nach wie vor eine große Rolle. Der Vorgänger Hu Jintaos und älteste noch lebende Ex-Präsident, Jiang Zemin, war der Vertreter einer dritten Gruppierung in der KP Chinas, die üblicherweise als Schanghai-Fraktion bezeichnet wird.

Bei besonders wichtigen Ereignissen sind neben Xi auch die beiden noch lebenden Staatsführer Hu Jintao und Jiang Zemin zu sehen. Ein Zeichen der Kontinuität. Bei der dreieinhalbstündigen Marathonrede Xis auf »seinem« Parteitag 2017 saßen die beiden Präsidenten im Ruhestand neben dem Parteichef. Aber just als Xi über die nicht näher beschriebenen Feinde seines Erneuerungsprozesses zu sprechen begann, fing der 91-jährige Vorvorgänger Jiang Zemin demonstrativ zu gähnen an. Hunderte Millionen Bürger sahen zu. Noch bevor das lange Referat zu Ende war, blickte er demonstrativ auf seine Uhr. Nachdem über die internen Diskussionen in der Parteiführung nichts nach außen dringt, geben solche Gesten Anlass für Spekulationen über die

Spannungen in der obersten Führung. Jiang Zemin hatte erleben müssen, wie enge Vertraute unter die Mühlen der Antikorruptionskampagne gekommen waren und entmachtet wurden. Ob die Gesten des Veteranen in der opaken Machtwelt der obersten Führung etwas zu bedeuten haben, wird seither hinter vorgehaltener Hand diskutiert.

Die Einteilung der chinesischen Parteigranden in drei Fraktionen stammt von internationalen China-Experten, sie wird mangels anderer Anhaltspunkte aber auch in China selbst verwendet. Mit dem neuen Politbüro der KP Chinas unter Xi Jinping hat die Fraktion der Prinzlinge jedenfalls die nahezu ungeteilte Macht.

Risiken der Alleinherrschaft

China befindet sich mit der Konzentration der Macht auf Xi Jinping auf dem riskanten Weg zum kommunistischen Absolutismus. Der Generalsekretär steht, von der Zentralen Militärkommission bis zum Führungsausschuss für Cybersicherheit, so vielen Gremien vor, dass ihn die »New York Times« ironisch als »Vorsitzenden von allem und jedem« tituliert. In der Kommunistischen Partei ist er allerdings offiziell nach wie vor Generalsekretär und nicht Vorsitzender wie einst Mao Zedong. Nur manchmal wagen sich Provinzzeitungen vor und adeln Xi mit einer Bezeichnung, die eigentlich Mao vorbehalten ist: Großer Steuermann. Auch der Titel des Staatspräsidenten ist nicht ganz richtig. Die wörtliche Übersetzung der offiziellen Bezeichnung »guojia zhuxi« ist Staatsvorsitzender. Nur für den internationalen Gebrauch verwendet China den im Westen üblichen Titel Präsident.

Die Krönung Xi Jinpings zum Mao Zedong unserer Zeit ist kein ungefährliches Unterfangen. Mao hat einen Jahrzehnte dauernden Bürgerkrieg gewonnen. Er personifizierte die Revolution, die zum heutigen Staatsgebilde geführt hat. Xi Jinping hat sich durch bürokratische Manöver an die Spitze katapultiert. Es fehlt ihm die historische Dimension des Revolutionsführers. Die chinesische Gesellschaft im 21. Jahrhundert ist vielfältig, modern und dynamisch. Es ist eine Realität, die mit der verarmten Agrarwelt der 1950er- oder 1960er-Jahre wenig zu tun hat. Mao hatte das Land über die Partei unter Kontrolle. Die Partei beherrschte er durch Massenkampagnen, mit denen Rivalen ausgebootet wurden. Ein Herrschaftsmodell, das zur heutigen Wirklichkeit mit ihren zahlreichen Interessengegensätzen nicht passt. 70 Prozent des wirtschaftlichen Outputs sind in China heute in privater Hand.

Xi Jinping als »Kaiser« zu bezeichnen, wie das aus Gründen des Effekts im Westen gerne getan wird (auch wir konnten nicht widerstehen), ist in China völlig verpönt. Das neue China versteht sich als aufgeklärtes Gegenmodell zu Verfall und Despotismus im Kaiserreich. Wortspiele, die im Zusammenhang mit Xi Jinping an den gescheiterten Möchtegern-Kaiser Yuan Shikai 1915 erinnern, werden von der Zensur systematisch entfernt.

Wie Meinungsbildungsprozesse in der Kommunistischen Partei Chinas verlaufen, wissen nicht einmal die 89 Millionen Parteimitglieder. Die Regierungspartei funktioniert wie eine Geheimorganisation, deren innere Dynamik sich auch den Mitgliedern erst erschließt, wenn die Sieger eines Machtkampfes feststehen. Die Bürger sind völlig ausgeschlossen. Ein Mechanismus, wie die in der modernen chinesischen Gesellschaft virulenten Interessengegensätze in das politische System eingebaut werden können, fehlt. China strahlt nach außen zwar Stabilität und Zuversicht aus. Gleichzeitig weiß aber niemand, wie groß die Gefahren eines Meltdowns im Machtzentrum sind. Mit den sozialen Gegensätzen umzugehen, die der staatlich kontrollierte Kapitalismus in China geschaffen hat, wird schwieriger sein, als unangenehme Nachrichten über die Finanzgeschäfte der führenden KP-Familien zu unterdrücken.

Kerstins Tagebuch

Claire aus meinem Peking-Buchklub hat genug von China. Seit 30 Jahren lebt die Amerikanerin mit ihrem Mann in China, sie haben hier alte chinesische Bauten renoviert. Ständig gibt es neue bürokratische Hindernisse, erzählt sie frustriert, und der Visastatus ist immer noch befristet und unsicher. Im Gegensatz dazu, so Claire empört, sammeln Chinesen, nur die mit Geld natürlich, ausländische Staatsbürgerschaften.

Im »New Yorker« habe ich gerade einen Artikel über junge, reiche ChinesInnen gelesen, sogenannte »fuerdai« (wörtlich: reiche zweite Generation), die in Vancouver, Kanada, leben, während die Eltern das Geld in China verdienen, und zwar genug, um die Staatsbürgerschaft für die Angehörigen sowie Immobilien zu kaufen.

In unserem Bekanntenkreis gab es eine dazu passende Geschichte einer schwangeren, erfolgreichen chinesischen Geschäftsfrau: Sie hat ihre Schwangerschaft so geplant, dass sie sich zum errechneten Geburtszeitpunkt in den USA befand. Dort gibt es anscheinend eine ganze chinesische Infrastruktur, die hilft, dass der Nachwuchs - durch Geburt - amerikanisch wird. Dazu gehören ein Arzt, das vorbereitete Apartment und die chinesische Vor-Ort-Betreuung. Das ist irgendwo im legalen Graubereich angesiedelt. Als AmerikanerInnen haben diese Babys dann später alle mit der Staatsbürgerschaft verbundenen Vorteile, sie können etwa das Schulsystem nutzen. Diese Kinder werden auch »Anker-Kids« genannt, weil sie als Erwachsene ihre Eltern in die USA nachholen könnten. Das bedeutet eine Absicherung für die ganze Familie, falls unsichere Zeiten, politische Umstürze oder eine überbordende Antikorruptionskampagne eine Auswanderung angeraten erscheinen lassen.

4
Mao light

Andy Warhol hat Mao gemalt. Studenten in Berlin und Paris trugen 1968 das Porträt des Großen Vorsitzenden. Das kleine Rote Büchlein mit Maos revolutionären Sprüchen gelangte bis in Wiener Wohngemeinschaften und in die letzten Winkel Asiens, Afrikas und Lateinamerikas, wenn junge Leute an Revolte dachten. In China steht Mao für den starken Zentralstaat, den die im Bürgerkrieg siegreiche Kommunistische Partei errichtet hat.

Die Vergangenheit teilt sich nicht in die Jahrhunderte der westlichen Zeitrechnung, sondern in die Herrscherdynastien mit ihren Kaisern. Die Kaiser der Han-Dynastie 200 Jahre vor unserer Zeitrechnung gaben dem Volk seinen Namen. Die Ming-Dynastie schuf das bürokratische Fundament des Staates. 1911 musste Puyi, der letzte Sohn des Himmels aus der Qing-Dynastie, der demokratischen Revolution Sun Yat-sens weichen. Mit der Proklamation der Volksrepublik China am 1. Oktober 1949 vom Tor des Himmlischen Friedens hat Mao Zedong so etwas wie eine kommunistische Dynastie begründet. Das offizielle China wird die dynastische Interpretation der jüngeren Geschichte von sich weisen. Tatsächlich wird die Macht im Staat nicht nach einer durch Blutsverwandtschaft bestimmten Erbfolge weitergegeben. Aber ihre Legitimität beziehen Chinas Politiker durch die von ihnen garantierte Kontinuität seit der erfolgreichen Machtübernahme durch die Kommunistische Partei. Staatspräsident Xi Jinping gilt als Vertreter der fünften Führergeneration seit den Staatsgründern um Mao Zedong, Zhou Enlai und Liu Shaoqi.

Mao stand am Anfang. Unübersehbar überblickt sein Porträt den Tiananmen-Platz, das Symbol des neuen China. Vor dem

Mao-Mausoleum im Zentrum des riesigen Platzes bilden sich unverändert tagtäglich riesige Menschenschlangen mit Besuchern aus allen Teilen des Landes, leicht erkennbar, weil sie durchwegs weniger schick gekleidet sind als die Pekinger. Der Große Vorsitzende prangt auf allen Geldscheinen und hängt in unzähligen Büroräumen, Amtsgebäuden und Privatwohnungen. Mao-Statuen muss man in Peking oder Schanghai suchen. In der Provinz stehen Denkmäler des Revolutionärs häufig auf dem Hauptplatz, als Symbol der Staatstreue der Region.

Mit der verordneten Verehrung zu Lebzeiten ist der heutige Status Maos nicht zu vergleichen. Der Reformer Deng Xiaoping hat gemeint, dass Mao zu 30 Prozent unrecht und zu 70 Prozent recht hatte. Eine praktische Formel, die es möglich macht, sich von den Exzessen des Maoismus zu distanzieren, ohne eine ernsthafte Auseinandersetzung zu erzwingen. Was mit den 30 Prozent Fehlentscheidungen gemeint ist, hat Deng nie im Detail ausgeführt. Die Mao-Zedong-Ideen, die bis zu Maos Tod Staatsideologie waren, erwähnt die Staatsführung in allen offiziellen Erklärungen in ritueller Weise noch heute.

Der Widerspruch zwischen kommunistischer Ideologie und der sehr kapitalistisch aussehenden Realität der heutigen Zeit macht Mao nicht nur zum Symbol des Staates, sondern manchmal auch zum Kristallisationspunkt der Unzufriedenheit mit den Schwierigkeiten des modernen Lebens.

Mehrmals in der Woche kommt der 63-jährige Zhao Shunli auf den Hauptplatz seiner Heimatstadt Luoyang in der zentralchinesischen Provinz Henan, um mit Gleichgesinnten revolutionäre Lieder aus der Mao-Zeit zum Besten zu geben. »Die 30 Jahre Reformpolitik waren total falsch«, sagt der Demonstrant in die ausländischen Fernsehkameras. »Die Reformen haben unserem Land und unserem Leben gar nichts gebracht. Es hat überhaupt keine echte Entwicklung unserer Wirtschaft und unserer Industrie gegeben.«

Die boomenden Städte Chinas mit ihren Hochhäusern, den Autobahnen und dem beeindruckenden Netz an Hochgeschwindigkeitszügen beweisen zwar das Gegenteil. Aber es gibt auch die Verlierer des Reformprozesses, die mit den rasanten Entwicklungen der letzten Jahrzehnte nicht mitgekommen sind. Pensionisten im unterentwickelten Westen des Landes und Arbeitslose, die früher in ineffizienten Staatsbetrieben gearbeitet haben, sind die Mao-Nostalgiker auf dem Hauptplatz der Industriestadt Luoyang. Das Leben war einfacher, hört man, die Einkommen waren klein, aber sicher. Die Menschen waren nicht nur auf Geld aus wie heute, man hat sich überall sicher gefühlt und es hat einen größeren Zusammenhalt gegeben.

Es ist eine Minderheit, die die alte Zeit unter Mao idealisiert. Aber bei Älteren in armen Familien, die sich überrollt fühlen von der modernen Welt, ist Mao-Nostalgie nicht selten. Mit der historischen Wirklichkeit der chaotischen Regierungszeit des Großen Vorsitzenden hat sie wenig zu tun.

Wallfahrten zu Maos Geburtsort

Shaoshan, der Geburtsort des Staatsgründers in der zentralchinesischen Provinz Hunan, ist durch die Mao-Nostalgie zu einem richtiggehenden Wallfahrtsort geworden. Schon in der Provinzhauptstadt Changsha ist eine Riesenstatue des jungen Mao, der hier seine politische Laufbahn begann, die große Attraktion. Zahlreiche Amtsgebäude ziert die Kalligrafie Maos, deren Reiz den der chinesischen Schriftzeichen Unkundigen allerdings entgeht.

Der Gedenkpark im Dorf Shaoshan ist Pilgerstätte und Rummelplatz zugleich. Den Familiennamen Mao trugen hier einst so gut wie alle Dorfbewohner. Lange Schlangen bilden sich vor dem restaurierten Bauernhaus, in dem Mao aufgewachsen ist. Es ist geräumig und mit Stroh gedeckt. Der Besucherstrom führt durch das Kinderzimmer des kleinen Zedong. Ein eigenes Zimmer für den ältesten Sohn, das galt als Luxus in einem ärmlichen Dorf in Hunan. Maos Vater war ein gut situierter Bauer, der Reis anbaute, Haustiere hielt und sich sogar zwei Landarbeiter leisten konnte. Ehrfürchtig blicken die Besucher in den Teich direkt gegenüber, in dem Klein Mao herumgeplanscht hat. In der Dorfschule lernte der Sprössling Schriftzeichen und die Grundzüge des konfuzianischen Denkens. Früh revoltierte der Jüngling gegen den autoritären Vater, der die Mutter missachtete und zuschlug, wenn der Sohn lieber Bücher las, als Reiskörbe zu schleppen.

Die Liebe zu den scharfen Speisen von Hunan und den lokalen Akzent hat Mao Zedong bis an sein Lebensende bewahrt. Ex-Botschafter Mei Zhaorong, der bei Treffen auf höchster Ebene mit Willi Stoph und anderen Führern der DDR als Übersetzer im Einsatz war, erzählt, dass es immer einen zweiten Dolmetscher gab, der aus dem von Mao gesprochenen Hunan-Dialekt ins Hochchinesische übersetzte, bevor die Aussagen des Staatsführers in einem zweiten Durchgang ins Deutsche übertragen wurden. Dass Mao Zedong mehr auf die bäuerlichen Massen setzte als auf das städtische Proletariat, rettete die Kommunisten in schwierigen Zeiten und ermöglichte den Sieg der chinesischen Revolution. In guten wie in schlechten Zeiten waren die bäuerlichen Wurzeln in seinem Heimatdorf in der Provinz Hunan prägend für die politische Identität des Revolutionärs.

Aus allen Teilen Chinas kommen die Bewunderer in das Dorf Shaoshan. Restaurants und Hotels machen mit dem roten Tourismus blendende Geschäfte. Den Bussen entsteigen angegraute Veteranen, die ihre grünen Mao-Uniformen ausgegraben haben und Transparente mit alten Losungen tragen. Wer die alten Klamotten weggeworfen hat, besorgt sich in einem der zahlreichen Andenkengeschäfte Ersatz. Schauspieler im Mao-Look stehen bereit, um der Zeremonie einen würdigen Rahmen zu verleihen. Auch ein Mao-Imitator mit hoher Stirn, rundem Gesicht und majestätischen Gesten darf nicht fehlen. Er sieht dem Großen Vorsitzenden zum Verwechseln ähnlich und grüßt huldvoll mit der rechten Hand. Kioske bieten ein Besuchsprogramm im Paket an. Bis zu 1000 Yuan, umgerechnet 130 Euro, kann es kosten, wenn man das revolutionäre Gedenken aufwendig gestalten will. Der falsche Mao posiert für 30 Yuan, umgerechnet vier Euro, auch gerne mit westlichen Besuchern. An einem Wallfahrtsort, selbst wenn er kommunistisch ist, darf Geschäftssinn nicht fehlen.

Nahezu religiös ist hier die Verehrung des Revolutionärs. »Mao Zedong wohnt im Herzen des chinesischen Volkes«, versichert eine Besucherin dem ausländischen Reporter. »Er wüsste ganz genau, was heute zu tun ist.« Was gemeint ist, bleibt offen. Wie Mao das China von heute gefallen würde, will ich von einem ehemaligen Rotgardisten wissen. »Mao hätte sich nie träumen lassen, dass es einmal so viele reiche Menschen geben wird wie heute«, antwortet der Besucher, der eine grüne Mütze mit rotem Stern trägt, »aber China ist ein sehr starkes Land geworden, das haben wir ihm zu verdanken.« Nationaler Stolz und Maoismus passen gut zusammen.

Shaoshan ist das Herzstück des »roten Tourismus«, der an für die Revolution symbolisch wichtigen Orten aufblüht. Es geht um das Geschäft mit Hunderten Millionen Bürgern, die sich erstmals eine touristische Vergnügungsreise leisten wollen. Gleichzeitig vermitteln die politischen Touristenzentren das von der Führung erwünschte Geschichtsbewusstsein. Die große Mao-Statue in der Mitte des Ortes ist in den 1980er-Jahren als implizite Kritik am Reformkurs Deng Xiaopings errichtet worden. Selbst die leiseste Kritik an Mao, die theoretisch erlaubt ist, ist in Shaoshan verpönt. An die Opfer von Maos Willkürherrschaft will das offizielle China heute nicht mehr erinnern.

Mao wollte nach seinem Tod kremiert werden. Die Partei entschied sich für ein Mausoleum. Von einer ehrlichen Auseinandersetzung mit dem Erbe des Großen Steuermannes ist China weit entfernt. Das Land ist ein anderes geworden, aber das Regierungssystem ist geblieben.

Mao selbst verglich sich einmal ironisch mit einem »wilden Tiger und einem trickreichen Affen«. Er war als Revolutionsführer pragmatisch, schlau und machtbewusst. In Extremsituationen schrieb er Gedichte. Mit der Gedankenwelt der chinesischen Geschichte war Mao Zedong stärker verbunden als mit dem europäischen Marxismus. Hätte seine politische Karriere in den ersten Jahren nach der Errichtung der Volksrepublik China als Revolutionär ein Ende gefunden, die Welt würde sich an ihn als genialen Einiger des Riesenreiches erinnern.

Für den Staatsmann Mao Zedong zahlte China dagegen bis zum bitteren Ende einen hohen Preis. Nach Revolution, Krieg und Bürgerkrieg verunmöglichte der permanente Aufruhr, in dem das Land unter seiner Führung stand, die dringend nötige

Erholung. Das Leben der Menschen war geprägt von permanenten Massenkampagnen. Der Wahnsinn des ständigen Zwangs zur Denunziation anderer als Staatsfeinde zerstörte alle Ansätze selbstständiger politischer Aktivitäten.

Aus der Sicht der antikommunistischen Kritik ist Mao einer der größten Massenmörder des 20. Jahrhunderts. Anfang der 1950er-Jahre wurden Millionen unter der Beschuldigung, sie seien Kapitalisten, Großgrundbesitzer oder Kuomintang-Funktionäre, liquidiert. Auch in den 1960er- und 1970er-Jahren gab es solche Repressionswellen. Hohe kommunistische Funktionäre ließ Mao aber, anders als Stalin in den Säuberungen in der Sowjetunion, nicht hinrichten. Er zog es vor, besiegte Feinde einzusperren und durch erzwungene Selbstkritik zu erniedrigen. Die Hungersnot infolge des »Großen Sprungs« nach vorne ab 1959 kostete Schätzungen zufolge 15 bis 45 Millionen Menschen das Leben. Die radikalen Kollektivierungen in der Landwirtschaft, verbunden mit Millionen lokal betriebener Schmelzöfen, die alles Eiserne, bis hin zu den Kochtöpfen der Bevölkerung, für Waffen einschmolzen, endeten in einem Desaster, das der Sinologe Felix Wemheuer als »Maos größten Fehler und das größte Verbrechen seines Lebens« bezeichnet.

Das Erbe der Roten Garden

Näher als die Opfer des »Großen Sprungs« sind dem heutigen China die Wirren der Kulturrevolution. Der alternde Mao forderte in der »Großen Proletarischen Kulturrevolution« die Jugend Chinas zur Revolte gegen das Establishment auf. Millionen junger Rotgardisten folgten seinem Ruf und attackierten Lehrer, Politiker und Funktionäre. Zehn Jahre lang waren Schulen und Universitäten geschlossen. Was viele Jugendliche anfangs als Aufbruch erlebten, führte zu Willkür, massenhaften Folterungen und Erniedrigungen, die Hunderttausende das Leben kosteten und Millionen traumatisierten. Seine innerparteilichen Rivalen um Staatspräsident Liu Shaoqi, die einen gemäßigten Kurs verfolgen wollten, wurden besiegt. Aber das Land hatte zehn Jahre seiner Entwicklung verloren. Erst nach dem Tod des greisen Revolutionärs 1976 konnte der Reformer Deng Xiaoping, der die Kulturrevolution überlebt hatte, zum Neuanfang mit Marktwirtschaft und Öffnung nach außen schreiten.

Die Kommunistische Partei hat die Kulturrevolution als Irrweg verurteilt, der sich nicht wiederholen darf. Auf den Märkten der Städte gehören Gedenkartikel aus der wilden Zeit trotzdem zum fixen Teil des Angebots. Auf dem Pekinger Antiquitätenmarkt Panjiayuan gibt es einen ganzen Gang mit alten Plakaten, kleinen Mao-Bibeln und Broschüren aus der Kulturrevolution. Die Keramikabteilung zeigt Mao in allen Posen. Folterszenen, wie Rotgardisten in der Kulturrevolution am Boden kniende, angebliche Kapitalisten peinigen, verkaufen sich vor allem an westliche Touristen gut. Sie sind alten Modellen nachgebaut.

Kerstins Tagebuch

Wir haben ein neues Sonntagsvergnügen, nämlich den Besuch des Panjiayuan, Pekings Trödel- und Antiquitätenmarkt. Seit Raimund aus Hongkong drei kleine gläserne, von innen mit Landschaftsszenen bemalte Schnupftabak-Fläschchen mitgebracht hat, sind diese »Snuffbottles« unsere neuesten Sammelobjekte. Snuffbottles waren am Ende der Qing-Dynastie, also vor 100 bis 150 Jahren, populär und existieren in allen Farben, Formen und Materialien, Glas, Porzellan, Koralle, Jade, Holz … Nicht, dass alle Fläschchen tatsächlich aus dieser Zeit stammen, richtig kennen wir uns nicht aus. Unsere Sammlung umfasst aber schon 16 Fläschchen und es werden immer mehr.

An diesem Sonntag hat uns Niny begleitet, meine chinesisch-malaysische Freundin, und damit haben wir einen ungewohnten Einblick erhalten, wie Chinesen uns wahrnehmen. Ein Händler hat sich, als wir uns für ein handbemaltes dreieckiges Fläschchen interessierten, gleich an Niny gewandt, das sei nichts für uns als Ausländer - weil Ausländer nämlich nicht den wahren Wert erkennen, sondern immer nur billig kaufen wollen. Und recht hat er gehabt, 1000 Euro waren uns wirklich weit zu viel. Wir haben uns für das gelbe Fläschchen mit den Vogelmotiven entschieden. Für 200 Yuan, 30 Euro.

Der Politfolklore Chinas wenig abgewinnen kann der Pekinger Historiker Zhang Lifan. Der großgewachsene Mann ist 68, sein Blick ist gleichzeitig furchtlos und verschmitzt. Er ist einer der wenigen Sozialwissenschaftler in Peking, die sich nicht scheuen, auch mit ausländischen Journalisten offen zu sprechen. Immer wieder sind die Einschätzungen des liberalen Historikers in der »New York Times« oder der »South China Morning Post« zu lesen. Zum Interview mit dem ORF über die Kulturrevolution kommt Zhang Lifan in das österreichische Korrespondentenbüro.

Zhang Lifans Vater, Zhang Naiqi, war unter Mao Zedong Ernährungsminister, fiel aber schon in den 1950er-Jahren in Ungnade und war eine der Feindfiguren in der bewegten Zeit der Kulturrevolution.

»Mein Vater galt als Rechtsabweichler. Mao hat einmal drei Personen so bezeichnet und mein Vater war einer der drei. Für die Rotgardisten war er ein Feind.« Als Mitbegründer der Chinesischen Nationaldemokratischen Assoziation war Zhang Naiqi einer der nichtkommunistischen Verbündeten Maos nach dem Sieg der Revolution gewesen.

»Mein Vater ist festgenommen worden und die Rotgardisten haben ihn fast totgeprügelt. Er hat nur überlebt, weil er Erfahrung mit Kung-Fu hatte und sich wehren konnte, so hat er mir das später erzählt. Ein lokaler Polizist hat ihn gerettet. Er ist dann in das Xiehe-Krankenhaus gebracht worden, wo ihn aber niemand behandeln wollte. Erst eine Botschaft von Zhou Enlai, Maos um Schadensbegrenzung bemühten Premierminister, hat bewirkt, dass mein Vater schließlich doch in die Notaufnahme gekommen ist. Nur deshalb hat er überlebt.«

Als Sohn eines Staatsfeindes hat es Zhang Lifan in der Schule schwer gehabt. »Ich war damals Mittelschüler. Da war ich bei den Kritiksitzungen gegen Lehrer und die Schulleitung dabei. Die Rotgardisten waren am Ruder«, erinnert er sich. »Aber bald bin ich wegen meines ›schlechten Familienhintergrundes‹ ein

Außenseiter geworden. Ich habe persönlich erlebt, wie Nachbarn in unserem Hutong zu Tode geprügelt wurden. Mitschüler wurden geschlagen und man hat ihnen die Haare geschoren.«

Der Historiker Zhang Lifan erzählt, dass er als Schüler wie alle Gleichaltrigen an Mao geglaubt hat, sogar noch, als sein Vater in Ungnade gefallen war. »Am Anfang haben alle geglaubt, dass Mao recht hat, denn wir Kinder sind alle durch die Gehirnwäsche gegangen. Als Mao meinen Vater attackiert hat, habe auch ich geglaubt, dass Mao recht hat und mein Vater unrecht. Aber dann hat sich meine Haltung verändert. Ich hatte das Gefühl, dass Mao uns alle benützt, und ich begann mir Gedanken über Mao und sein System zu machen.«

Die Blogs des angesehenen Historikers im chinesischen Internet sind blockiert. »Obwohl China mit der Reformbewegung den Weg der Planwirtschaft verlassen hat, hat die Kommunistische Partei den Stalinismus nie überwunden«, urteilt Zhang Lifan. »Für die roten Führer ist Mao Zedong so etwas wie ein Pate in der Mafia. Der Pate bleibt für alle der Pate, auch wenn er die eigenen Verwandten getötet oder gequält hat.« Mao ist für die Führungsschicht ein Faktor der Stabilität in turbulenten Zeiten, argumentiert er. »Viele Chinesen finden es schwer, Mao Zedong zu verurteilen. Die gesamte Legitimität der Regierung könnte ins Rutschen kommen. Was mich betrifft, bin ich bis heute der Meinung, dass die Partei dem Volk eine Entschuldigung schuldet.«

Seine ketzerischen Ideen hat Zhang Lifan nicht aufgegeben. »Der berühmte chinesische Schriftsteller Ba Jin wollte schon in den 1980er-Jahren ein Denkmal für die Opfer der Kulturrevolution errichten. Vor ein paar Jahren habe ich gemeinsam mit dem Anwalt Pu Zhiqiang den Vorschlag gemacht, dass der Leichnam Maos aus dem gegenwärtigen Mausoleum entfernt und kremiert werden soll, wie er selbst das wollte. Das frühere Mao-Mausoleum könnte dann in ein Museum über die Kulturrevolution umgewandelt werden. Wir wurden danach von vielen Maoisten attackiert.«

1981, fünf Jahre nach Maos Tod, hat die Partei den von ihm losgetretenen Aufstand der Jugend gegen das Establishment in aller Form verurteilt. Zum 50. Jahrestag 2016 wiederholt die offizielle »Volkszeitung« das Urteil, etwas verschämt versteckt auf Seite vier. »Die Kulturrevolution ist vom Führer der Nation ausgegangen und von Reaktionären ausgenützt worden. Sie schuf Chaos im Inneren und war ein Desaster für die Partei, das Land und das Volk. Die Geschichte hat bewiesen, dass die Kulturrevolution in Theorie und Praxis total falsch war. […] Nach 30 Jahren der Reformen und der Öffnung ist China eine starke Macht mit besseren Lebensbedingungen und einem ausgeweiteten Rechtssystem geworden. Im Sinn einer hellen Zukunft wird eine Wiederholung der Kulturrevolution niemals erlaubt werden.«

Echte Vergangenheitsbewältigung gibt es keine. Der italienische Sinologe und China-Kenner Francesco Sisci erklärt die Lücke mit der chinesischen Tradition im Umgang mit tragischen Fehlentwicklungen. »In China ist es Tradition, das Leiden der Vergangenheit zu begraben. Unsere christliche Methode oder auch der Weg der Psychoanalyse besteht darin, darüber zu sprechen.« Nach einer kurzen Phase in den 1980er-Jahren, in denen es viele Veröffentlichungen über die Kulturrevolution gab, will jetzt niemand mehr diese schlimmen Erinnerungen anrühren.

Der Sinologe Francesco Sisci sieht aber auch noch einen anderen Grund, warum der Umgang mit der Kulturrevolution für China so schwierig ist. »Die Kulturrevolution kann man nicht schwarz-weiß sehen. Sie hat viele Nuancen. Sie ist der Ruf der Jugend nach Freiheit gegen eine erdrückende Funktionärsherrschaft. Sie bedeutet, dass die Partei gegen die Partei kämpft, die alte Generation steht gegen die neue Generation. Mao hat die jungen Leute manipuliert. Für die Propagandamaschinerie ist es schwer, daraus eine klare Botschaft zu zimmern.« Viele ehemalige Rotgardisten waren in den 1980er-Jahren in der Demokratiebewegung in China aktiv. Die Hoffnungen wurden beim Massaker auf dem Tiananmen-Platz 1989 zerstört.

Zu den exponiertesten Persönlichkeiten der Kulturrevolution gehörte Maos vierte Frau Jiang Qing. Mit der Autorität der First Lady setzte die ehemalige Schauspielerin einen radikalen Kurs in der Kulturpolitik durch. Alles, was nicht revolutionäre Propaganda im Stil der von ihr geförderten revolutionären Opern war, wurde in die Illegalität gedrängt. Nach dem Tod Maos wurde

Jiang Qing als Teil der sogenannten »Viererbande« radikaler Politiker verhaftet und in einem Schauprozess zum Tode verurteilt. Das Urteil wurde in lebenslange Haft umgewandelt. 1991 beging sie Selbstmord. Jiang Qing gilt in China als der böse Geist Maos, sie ist verhasst wie kaum jemand anderer im engen Umkreis des Großen Vorsitzenden.

Jiang Qings bescheidenes Grab auf dem Futian-Friedhof im Westen Pekings ist gepflegt und mit einem Berg von Blumen geschmückt. Auf der Suche nach den Spuren der Kulturrevolution in Peking konnten wir uns selbst davon überzeugen. Unser Friedhofsbesuch verlief interessant. Als Westler erkennbar, wurden wir gleich beim Eingang in die Direktion gebeten. Man wisse genau, warum wir hier sind, sagte uns der Friedhofsbeamte, und es gebe kein Gesetz, dass es Ausländern verbietet, das Gelände zu betreten. Aber wo genau das Grab liegt, das wir suchen, werde man uns nicht verraten. Die Familie der Verstorbenen wünsche keine Aufmerksamkeit. Nach einigem Suchen werden wir schließlich fündig. Ein kleiner Löwe schmückt das Grab der Frau, vor der einst Millionen erzitterten. Li Yunhe, der Name, den Jiang Qing vor ihrer Schauspielerkarriere trug, ist auf dem schlichten Grabstein eingraviert. »Mutter, Großmutter, Schwiegermutter«, steht daneben. Nur das Meer von Blumen und ein paar Äpfel, die traditionelle Grabbeigabe, sind der Hinweis, dass hier eine der einst mächtigsten Frauen Chinas begraben ist.

Das Museum der Kulturrevolution

Das einzige Museum Chinas, das an die chaotischen Jahre der Kulturrevolution erinnert, steht in der südwestlichen Provinz Sichuan. Es gehört zum Museumscluster des privaten Sammlers Fan Jianchuan. Der zeitgeschichtlich interessierte Multimillionär begann auf einem riesigen Areal, eine Autostunde von der Provinzhauptstadt Chengdu entfernt, ein Museum neben das andere zu stellen. Der Cluster beginnt patriotisch beim chinesisch-japanischen Krieg, dokumentiert die rote Ära des sozialistischen Aufbaus unter Mao und endet beim verheerenden Erdbeben in

Sichuan, das 2008 Zehntausende Opfer gefordert hat. Unter den insgesamt 15 Museumshallen nimmt die »Große Proletarische Kulturrevolution« einen prominenten Platz ein. Die Platzanweiser tragen Uniformen der früheren Rotgardisten. Zu sehen sind Berge von Mao-Knöpfen, die damals jeder tragen musste, kleine Rote Bücher in allen Ausführungen, Mao-Statuen in Porzellan und die Ausstattung der sogenannten Barfußdoktoren, die damals ohne viel Ausbildung durch das Land zogen. An die Opfer der Kulturrevolution darf auch hier nur in Andeutungen erinnert werden. Die Gemeinden registrierten einen sprunghaften Anstieg sogenannter ungewöhnlicher Todesfälle. Ein ganzer Saal ist mit Todesanzeigen aus der kritischen Zeit ausgestattet.

Während unseres Besuchs sind die Ausstellungshallen ziemlich leer. Museumsgründer Fan Jianchuan spricht uns Ausländer in der Kantine an. Der Multimillionär tritt bescheiden auf, das T-Shirt trägt die Spuren der bekannt scharfen Küche von Sichuan. Der 60-jährige Fan Jianchuan hat sein riesiges Vermögen mit Immobilien und Tankstellen gemacht. Dann wurde ihm das viele Geld langweilig und er begann, ein Museum nach dem anderen zu errichten. Wir begleiten ihn in seine luxuriösen Arbeitsräume. Vor der Kamera erklärt er uns seine Philosophie: »Beim Beginn der Kulturrevolution war ich neun Jahre und am Ende neunzehn. Man hat mich aufs Land geschickt, zweimal bin ich vor Hunger in Ohnmacht gefallen. Die vergangenen harten Zeiten dürfen wir nicht vergessen. Selbst wenn man wieder gesund ist, soll man sich an Schmerzen erinnern. Aber die Führung und die Massen sind den Weg der Reform gegangen. Die Bevölkerung hat heute genug zu essen. Sogar Privatleute können sich Autos leisten.«

Fan Jianchuan drängt uns, den von ihm produzierten hochprozentigen Baijiu zu kosten. Mit chinesischen Alkoholika haben Westler so ihre Schwierigkeiten. Seine Luxusvariante des chinesischen Schnapses kostet mehr als 500 Euro pro Flasche. Über Probleme mit den Behörden, von denen wir gehört haben, will er nicht sprechen. In seiner Freizeit übt er Kalligrafie. Als Abschiedsgeschenk schreibt der Museumsgründer in schwungvollen Zeichen ein wehmütiges Gedicht des Dichters Li Shangyin aus dem neunten Jahrhundert für mich auf, in dem ein Krieger in einer regnerischen Herbstnacht seiner Frau Liebesgrüße sendet. Beim Verlassen des Museumsgeländes fahren wir an einer alten russischen MiG vorbei. Es ist der Ansatz zu einem zukünftigen Museum für Kampfflugzeuge.

Zwei Stunden später finden wir unseren Besuch ausführlich auf Fan Jianchuans Blog im chinesischen Internet dokumentiert. Es waren heute europäische Journalisten bei uns zu Gast, schreibt er. Sie wollten etwas über die Kulturrevolution wissen. Ich habe über den chinesisch-japanischen Krieg gesprochen. Dann haben sie weiter Fragen zur Kulturrevolution gestellt. Und ich habe patriotische Antworten zum antijapanischen Krieg gegeben, schreibt Fan Jianchuan. Dass die Besucher aus Österreich mit einem chinesischen Baijiu von über 70 Prozent so ihre Schwierigkeiten haben, löst bei den Fans im chinesischen Internet ein großes Hallo aus.

Maoismus im China von heute

Maoismus oder die »Mao-Zedong-Ideen«, wie die chinesische Version der kommunistischen Herrschaftsideologie offiziell genannt wurde, waren eine klar erkennbare Variante des Marxismus-Leninismus, die sich aus der stalinistischen Ideologie der Dreißigerjahre des letzten Jahrhunderts entwickelt hat. Heute ist in Peking der Sozialismus mit chinesischen Charakteristika die geltende Ideologie. Der Begriff wurde vom Reformer Deng Xiaoping erfunden. Der Kern seiner Idee war, dass die Produktivkräfte auch um den Preis wachsender Ungleichheit entwickelt werden müssen, wie Wirtschaftswachstum in marxistischer Terminologie heißt, dass aber die Kommunistische Partei als Vorhut der Arbeiterklasse ihre Macht behalten muss. Inzwischen regiert die KP Chinas über ein Land, in dessen Hauptstadt mehr Milliardäre zu Hause sind als in New York. Wie Marxismus als Staatsideologie mit der höchst kapitalistischen Realität des heutigen China vereinbart werden kann, ist nicht ganz leicht verständlich.

Auf der Suche nach einer Antwort besuchen wir Cheng Enfu, den führenden Marx-Forscher in der chinesischen Akademie der Sozialwissenschaften, die in einem Hochhaus in der Nähe des Tiananmen-Platzes angesiedelt ist. Im kleinen Arbeitsraum des 68-jährigen Brillenträgers stehen Büsten von Karl Marx und Mao Zedong und Kisten mit unverkauften Zeitschriften. Die einzigen wirklichen Marxisten Chinas befinden sich in seiner Abteilung, scherzt der Wirtschaftsexperte.

Die Mao-Zedong-Ideen sind unverändert der Leitgedanke für Staat und Partei, beteuert Cheng Enfu. »Wo es in China Marktwirtschaft gibt, passen manche Theorien Maos nicht. Aber nach wie vor ist die Planwirtschaft wichtig, dort macht Mao Sinn.«

Cheng Enfu will den Meinungsaustausch mit linken Sozialwissenschaftlern im Westen fördern. Er nennt den slowenischen Philosophen Zlavoj Žižek und den französischen Ökonomen Thomas Piketty als relevante Vordenker. Und sogar Leo Trotzki, der Gegner Stalins in der kommunistischen Bewegung, ist für ihn kein Tabu. »Stalin hat unrecht gehabt, aber Trotzki hat auch unrecht gehabt, da legen wir uns nicht fest. Die Fragen der Vergangenheit spielen keine große Rolle bei uns. Aber viele Forscher haben Angst vor Trotzki, weil sie überzeugt sind, dass seine Anhänger Antikommunisten sind. Dabei befürworten sie doch die Planwirtschaft.« Ich interessiere mich für den Umgang der chinesischen Sozialwissenschaftler mit antistalinistischen Linken. Wenn man vorsichtig formuliert, aber wirklich ganz vorsichtig und indirekt, dann könnte über Trotzki auch in China publiziert werden, meint Cheng Enfu.

An den chinesischen Universitäten wurden in den letzten Jahren viele Marxismus-Institute errichtet, parallel zu anderen Studienrichtungen. Auch die Xi-Jinping-Ideen werden unterrichtet. Die Vorlesungen sind für alle Studierenden verpflichtend, es handelt sich um eine Art Staatsbürgerkunde.

Das politische Klima hat sich in der Regierungszeit Xi Jinpings verhärtet und das spüren auch die Universitäten. Unterrichtsminister Yuan Guiren verlangt von ihnen, dass sie westliches Gedankengut aus ihren Lehrbüchern entfernen und die Verbreitung westlicher Werte unterbinden. Welchen Spielraum die akademische Welt hat, sich gegen den wachsenden Druck der Zentralregierung zur Wehr zu setzen, hängt von den Chefs der Universitäten und den lokalen Gegebenheiten ab.

Unter den Studierenden der Peking-Universität gehen die Meinungen über den obligatorischen Marxismus-Unterricht weit auseinander. Die Kurse sind Teil des universitären Systems, mit dem man pragmatisch umgeht. Wir fragen beim Eingangstor zum Universitätscampus Studierende nach ihren Erfahrungen. Eine Forstwirtschaft-Studentin sagt, sie halte den Marxismus-Unterricht für reine Zeitverschwendung, weil man nichts Brauchbares lerne. Ein Informatik-Student findet den Marxismus-Kurs nützlich, weil nirgendwo sonst etwas ausführlicher über die Modernisierung der Gesellschaft gesprochen werde.

Von den hehren marxistischen Zielen ist in den Einkaufstempeln der aufstrebenden Mittelschicht Chinas wenig zu spüren. In den Shoppingmalls der großen Städte geht es einzig und allein um das Konsumieren. Der Bekanntheitsgrad von Karl Marx ist in der beliebten Pekinger Einkaufsstraße von Sanlitun begrenzt, wie wir bei einer spontanen Befragung feststellen müssen. »Tut mir leid, den kenne ich nicht«, sagt eine junge Frau mit schicker Handtasche. Am Straßenrand sind mobile Kochstände aufgebaut, die Teigwaren und Suppe anbieten. »Das ist doch der Chef des Kommunismus«, weiß ein älterer Herr, der für seine Bürokollegen gefüllte Teigtaschen abholt. »Das war ein Deutscher, ein Jude und der Begründer der marxistischen Theorie.« »Marx … das ist der Deutsche, der den Kommu … wie heißt das?, den Kommunismus erfunden hat«, bemüht sich eine Studentin, die Freundinnen in einer Starbucks-Filiale trifft. Ein paar Schritte entfernt steht die größte Apple-Filiale Chinas. Vor dem Eingang warten fliegende Händler, die ganze Geräte, einzelne Bestandteile oder Zubehör zu günstigen Preisen anbieten. Der Schwarzmarkt reicht von den Produktionsstätten im Süden bis in die Hauptstadt. »Nein, den kennen wir nicht, nie von ihm gehört«, lautet unisono die Antwort der jungen Dealer auf unsere Frage nach einem gewissen Karl Marx.

5
Ein-Kind-Politik ade

Chinas Bevölkerung wird rascher alt als reich, warnen seit Jahren die Experten. Im Vergleich zu den jüngeren Jahrgängen nimmt die Zahl der Älteren überproportional zu. Ab 2033, prognostizierte das staatliche Nationalkomitee für Altersfragen, werde es 400 Millionen Bürger über 60 geben. Schon seit 2012 sinkt der Anteil der arbeitsfähigen Bevölkerung der 16- bis 59-Jährigen, gleichzeitig stieg die Lebenserwartung auf jetzt 76 Jahre. Das wird schon in wenigen Jahrzehnten dazu führen, dass sehr viele Pensionisten einer schrumpfenden Zahl von Erwerbstätigen gegenüberstehen.

Kerstins Tagebuch

Blumen, blühende Bäume - Frühling in Peking, der, wie mir gesagt wurde, nur kurz ist. Vor unseren Sanlitun-Soho-Hochhaustürmen gibt es ein kleines Tulpenbeet, das in den vier Tagen der Hochblüte umringt von fotografierenden Passanten war. Die flüchtige Schönheit festhalten.

Alle streben hinaus. Vor dem Arbeiterstadion sehen wir jeden Morgen, wenn wir aus dem Fenster schauen, eine Gruppe bei Tai-Chi-Übungen. Zwischen den Wohngebäuden sind kleine Freiflächen, auf denen Frauen über 55 Jahre - das Pensionsalter für angestellte Frauen, bei Arbeiterinnen liegt es bei 50 Jahren - gemeinsam zu chinesischer Musik tanzen. Und das, was ich für Kinderspielplätze gehalten habe, sind, wie man jetzt sieht, Geräte, an denen Oldies ihre Fitness-Übungen machen und dabei miteinander plaudern. Schaut sehr entspannt und heiter aus, irgendwie netter als unsere PensionistInnen, die allein auf Parkbänken sitzen.

Für das gemeinsame Tanzen im Park gibt es sogar einen eigenen Namen: guangchang wu.

Überhaupt liebe ich dieses entspannte öffentliche Leben in den Parks. Da gibt es Gruppen, die mit Spielsteinen Mahjong spielen, und andere, die zusammen musizieren. Ältere Männer malen mit an langen Stäben befestigten Schwämmen, die in Wasser getaucht werden, kalligrafische Kunstwerke auf die Gehsteige. Und man kann Tee trinken oder einen köstlichen gekühlten Joghurtdrink.

Die düstere Prognose hat mit dem Stichtag 1. Januar 2016 zu einem dramatischen Kurswechsel geführt. 35 Jahre lang war die chinesische Ein-Kind-Politik das strengste Beispiel von harter Familienplanung der Welt. Die neue staatliche Regel erlaubt verheirateten Paaren jetzt zwei Kinder.

Wir besuchen die mächtige Familienbehörde in einem gesichtslosen Amtsgebäude in der Hauptstadt Peking. Hier sind jahrzehntelang Schicksale entschieden worden. Wir wollen wissen, wie die dramatische Kehrtwende zur Zwei-Kind-Politik in der Praxis abläuft. Die Familienplanungsbehörden, die von jeder bevorstehenden Geburt zu informieren sind, geben inzwischen automatisch ihr Okay zum zweiten Kind, versichert uns der stellvertretende Leiter Kuang Haitao. »Seit das Gesetz ein zweites Kind erlaubt, sind alle Provinzen und Gemeinden dabei, die Definition einer illegalen Schwangerschaft zu verändern und allfällige Strafen anzupassen. Ein Kind außerhalb einer gültigen Ehe zu bekommen, das ist zum Beispiel nicht legal.« Nach wie vor gibt es Strafen für »illegale Geburten«. In Peking macht die Buße ein durchschnittliches lokales Jahreseinkommen aus, das sind 43 900 Yuan, umgerechnet etwa 6000 Euro. Auf dem Land ist der Betrag halb so groß. »Aber Ratenzahlungen sind möglich«, beteuert Kuang Haitao. »Unsere Informationen über schwangere Frauen oder Geburten bekommen wir von den Krankenhäusern und Geburtskliniken. Kontrollen auf den Straßen oder an anderen öffentlichen Orten gibt es keine.«

30 Millionen zusätzliche aktive Bürger im arbeitsfähigen Alter erwartet die Regierung bis 2050 durch die neue Zwei-Kind-Poli-

tik. Der Trend in Richtung größerer Familien hält sich trotzdem in Grenzen. Die hohen Kosten für eine größere Wohnung, teure Schulen und Kindergärten sind die wichtigsten Gründe für die Zurückhaltung. Immerhin sind im ersten Halbjahr 2017 mehr als die Hälfte der 11,6 Millionen Babys Zweitkinder.

Einen Boom verzeichnen aufgrund der neuen Regeln die Fruchtbarkeitskliniken im ganzen Land. Besonders populär bei unerfülltem Kinderwunsch: die Behandlung mit den Kräutermischungen der Traditionellen Chinesischen Medizin.

Kerstins Tagebuch

Da ich immer noch huste, hat Yoyo, die Assistentin im ORF-Büro, für mich einen Termin beim TCM-Arzt (Traditionelle Chinesische Medizin) im renommierten Beijing Hospital vereinbart - TCM ist dort eine Abteilung neben vielen anderen. Zunächst muss man sich in der Früh 40 Minuten in die Warteschlange für eine Behandlungsnummer stellen - so ist das üblich in den Krankenhäusern. Mit dieser Nummer bin ich dann am Nachmittag sofort drangekommen. Der Arzt hat meinen Puls gefühlt, die Zunge angeschaut, mich mithilfe von Yoyos Übersetzung befragt und dann ausführlich in mein Behandlungsheft geschrieben. In seinem Behandlungszimmer warten auch alle weiteren PatientInnen, hören interessiert zu und geben auch manchmal einen Kommentar zum Gespräch mit dem Arzt ab. Nix mit Privatsphäre. Kostenpunkt der Behandlung: 5 Yuan, das sind 70 Cent. Zum Vergleich: In unserem Ausländer-Krankenhaus kostet eine Konsultation 150 Dollar. Chinesische Medikamente habe ich auch verschrieben bekommen: Süßholzsaft, Tee und Kügelchen mit Lakritzengeschmack. Seitdem bin ich intensiv mit dem Einnehmen beschäftigt und trinke heißes Wasser, damit ich innerlich wieder warm werde.

Beim zweiten Besuch hat der Arzt »zu wenig Qi« bei mir festgestellt, wobei Qi im medizinischen Zusammenhang die Lebensenergie bezeichnet. Jetzt wird mir eine Kräutersuppe gekocht, die ich morgen in Beuteln abholen kann, und ich mache eine einwöchige Qi-Kur, Lebensenergie kann man ja nie genug haben.

Aktualisierung: Seit 2017 haben sich die Kosten erhöht. Ein Arztbesuch kostet jetzt zwischen 50 und 100 Yuan, also 7 bis 14 Euro. Anstellen für eine Behandlungsnummer braucht man sich auch nicht mehr, es geht auch online, mit einer Krankenhaus-App.

Wir besuchen im Pekinger Bezirk Haidian die Bo-Ai-Tang-Klinik für Traditionelle Chinesische Medizin. An den Wänden sind große Glasbehälter mit den Dutzenden Kräutern zu sehen, die nach genauen Vorschriften für Patienten individuell zusammengestellt werden. Den bitteren Tee mit der heilenden Wirkung nimmt man eingeschweißt in Plastikbeuteln mit nach Hause.

Frau Professor Wu Yuning ist eine international anerkannte Koryphäe und strahlt mit ihren 65 Jahren große Vitalität aus. Sie hilft mit Kräutermischungen bei unerfülltem Kinderwunsch. Da sie jahrelang in den USA geforscht hat, spricht sie ausgezeichnet Englisch und ist auch mit den westlichen Standards der Gynäkologie vertraut. Die Patientinnen kommen oft über Hunderte Kilometer in die Praxis, berichtet die Professorin stolz: »Es geht um das Gleichgewicht, das Verhältnis zwischen Ying und Yang, zwischen der Lebenskraft Qi und dem Blut und um den Zustand der Organe. Unsere Behandlungsmethode ist immer sehr erfolgreich. Aber wir machen auch alle Tests nach westlicher Medizin, wir messen die Körpertemperatur und machen Ultraschalltests, um draufzukommen, warum eine Patientin nicht schwanger werden kann.«

Im Wartesaal fragen wir eine junge Frau namens Zao Shang, die von weit her angereist ist, um die berühmte Professorin zu konsultieren. »Mein Mann und ich, wir lieben Kinder, wir wollten immer schon ein zweites Kind, ganz egal ob Bub oder Mädchen.« Eine Lehrerin namens Chang aus Peking erzählt, dass sie bereits eine achtjährige Tochter hat. Lange hatte sie keinen ordentlichen Job, jetzt geht es ihr finanziell besser und sie bemüht sich, mithilfe der traditionellen Therapie wieder schwanger zu werden. Das Geschlecht des Wunschkindes ist ihr egal. »Ob das wieder ein Mädchen wird oder ein Bub, das ist egal, beeinflussen kann ich das sowieso nicht. Aber alle in unserer Familie, mein Mann genauso wie die Tochter, wir alle wollen noch ein Kind.

Ein Kind ist zu wenig, drei Kinder sind zu viel, zwei Kinder, das wäre genau richtig.«

Einen Run auf Zweitkinder kann die Gynäkologin Wu Yuning trotzdem nicht feststellen. Ein Comeback der alten chinesischen Großfamilie hält sie für unwahrscheinlich. »Daran glaube ich nicht. Besonders in Städten nicht. Ich habe viele berufstätige Frauen getroffen, die sind an einem zweiten Kind nicht sehr interessiert. Sie sind zu müde und zu angestrengt, es gibt einfach zu viel Druck. Auf dem Land ist das vielleicht etwas anders. Da sind manchmal jetzt schon drei Kinder möglich. Da muss man zwar Strafe zahlen, aber das ist nicht so schlimm.«

Immer wieder berichten die chinesischen Medien von einem unerwarteten Hindernis für eine größere Kinderschar: dem Protest der Einzelkinder gegen mögliche Geschwister. In der vierten Klasse einer Volksschule hat sich unter den Schülern eine richtiggehende Allianz gegen Geschwister gebildet, berichtet eine Zeitung in Qingdao. In der Stadt Wuhan in der chinesischen Provinz Hubei droht ein 13-jähriges Mädchen mit Selbstmord, wenn die Mutter ernst mache mit einem Geschwister. Schließlich gibt die Mutter nach und treibt ab.

Ganz anders ist die Stimmung in einem kleinen Park im Bezirk Fenghai im Süden Pekings, wo die Kinder nach Schulschluss toben dürfen. Geschwister als Spielgefährten wünschen sich die Schülerinnen und Schüler der Grundschule Nummer 1 von Pu Huang Yu so gut wie alle. Der achtjährige Wang Yifan zeigt gleich auch, wie gut er Englisch kann, und versichert: »Ja, ein Geschwister hätte ich gerne zum Spielen mit den Spielsachen, und zum Fernsehen.«

Mit der Gesetzesänderung zur Zwei-Kind-Politik hat eine große Diskussion im Freundeskreis begonnen, berichtet eine der Mütter, die sich Jenny nennt: »Immer, wenn ich mich mit Freunden treffe, fragen sie mich, ob ich jetzt ein zweites Kind bekommen will. Viele Eltern denken, dass Geschwister einander helfen, auch wenn sie groß sind. Einzelkinder sind oft alleine.«

»Aber manche Eltern haben einfach Angst, ob sie es schaffen, ein zweites Kind gut zu betreuen, wenn Oma und Opa nicht so zur Verfügung stehen«, wirft eine andere Mutter ein.

Noch steht das Einzelkind im Mittelpunkt in Chinas Familien. Die allumfassende Fürsorge für das einzige Kind, oft auch das einzige Enkelkind, ist weitverbreitet. »Die Kleinen Kaiser« wird diese erste Wohlstandsgeneration genannt. Immer wieder sieht man bei Sonntagsausflügen diese Familienkonstellation: In der Mitte das Kind, dann zwei Eltern und bis zu vier Großeltern.

Als China vor 35 Jahren die strenge Ein-Kind-Politik eingeführt hat, war Mao Zedong bereits einige Jahre tot. Der Große Steuermann hatte die riesige Bevölkerungszahl Chinas als Stärke angesehen. Auch bei einem Atomkrieg würden damit immer noch genügend Menschen übrig sein, so Maos wenig menschenfreundliches Kalkül. Der Reformpolitiker Deng Xiaoping, der ihm folgte, war anderer Meinung. Er sah mittleren Wohlstand für jeden als Ziel. Die Vereinten Nationen und der Club of Rome warnten damals vor den verheerenden Gefahren der Bevölkerungsexplosion. China mit seiner umfassenden staatlichen Kontrolle zog radikale Konsequenzen. Regelmäßige Schwangerschaftstests in den Betrieben und der Zwang zur Abtreibung bei unerlaubten Schwangerschaften waren die Folgen der Ein-Kind-Politik. Es gab aber immer auch viele Ausnahmen. Für nationale Minderheiten wie Tibeter oder Uiguren hat die Ein-Kind-Politik nie gegolten. In vielen ländlichen Regionen, wo männliche Nachkommen als besonders wichtig gelten, gab es Ausnahmen, wenn das erste Kind ein Mädchen war.

Eine unerwartete Konsequenz der Ein-Kind-Politik ist ein massiver Männerüberschuss in der chinesischen Bevölkerung, weil Mädchen vor allem auf dem Land weniger erwünscht sind als Söhne. Traditionell wird die Fortführung der Familienlinie von den männlichen Nachkommen erwartet. Dazu gehört auch, dass sie sich um die alten Eltern kümmern. Vorgeburtliche Geschlechtsbestimmung, die jetzt zwar verboten ist, aber immer noch praktiziert wird, hat zur Abtreibung weiblicher Föten oder früher sogar zur Tötung neugeborener Mädchen geführt, damit das erlaubte Einzelkind ein Sohn werden konnte. Auf 100 neugeborene Mädchen kommen in China 116 Buben. Schon jetzt haben 20 Millionen junge Männer statistisch gesehen keine Chance auf eine Frau, das hat das Verhältnis zwischen den Geschlechtern kräftig durcheinandergebracht. Und das Ungleichgewicht wird sich in den nächsten 20 Jahren noch vergrößern, geschätzte 44 Millionen mehr Männer als Frauen wird es 2040 geben. Das trifft eine Generation, die bereits in relativem Wohlstand aufgewachsen ist und hohe Erwartungen an die Zukunft hat. Junge Frauen sind gefragt in China, sie können wählen und mit einer Heirat ihren sozioökonomischen Status verbessern. Es sind die ärmsten Männer in den ländlichen Gebieten, die frauenlos und oft einsam und isoliert bleiben. Gesamtgesellschaftlich betrachtet ist dieses Ungleichgewicht ein gefährliches Potenzial für Unzufriedenheit in der Bevölkerung.

Kerstins Tagebuch

Raimunds Recherchen über die Auswirkungen der Ein-Kind-Politik überschneiden sich mit den Büchern, die ich gerade für meinen Buchklub lese. Eric Fish, ein amerikanischer Autor, beschreibt die Millenniums-Generation, ebenso wie Xinran, eine chinesische Journalistin, in »Buy me the sky«. Es geht um die behüteten Einzelkinder, auf denen der enorme Druck der familiären Erwartungen ruht. Erwartungen, die nur begrenzt erfüllbar sein können, denn längst nicht alle bestehen das »gaokao«, die große, landesweite Aufnahmeprüfung für die Universitäten. Nicht für alle gibt es gut bezahlte Jobs und nicht alle Männer werden eine Partnerin finden. Niny, meine malaysisch-chinesische Freundin, hat mir von einer Studie erzählt, die den Zusammenhang zwischen dem männlichen Überhang in der Geschlechterverteilung und den rasant steigenden Immobilienpreisen aufzeigt: Weil junge Männer, um auf dem Heiratsmarkt attraktiv zu sein, eine Wohnung besitzen sollten, investieren die Eltern, wenn sie können, bereits frühzeitig in so ein Objekt. Mehr als einen Sohn können sie sich daher kaum leisten, habe ich bereits in einem Vortrag zur neuen Zwei-Kind-Politik gehört.

Jedenfalls hat der einseitig männliche Besitz von Immobilien zu einem neuen Genderungleichgewicht beim Geld geführt, so ein Artikel im »Guardian«. Dramatisch wird es für Frauen bei einer Scheidung, weil da nach Besitznachweis aufgeteilt wird. Besonders schlimm ist es in so einem Fall auf dem Land, wo Frauen dann gar nichts besitzen und nicht wissen, wo sie hinsollen.

Verdichtet hat sich bei mir das Frauenthema auch noch durch zwei Veranstaltungen, auf denen ich war: Es beschließt nämlich der Volkskongress ein neues Gesetz gegen häusliche Gewalt. Und das ist eine schöne Aktivistinnen-Geschichte im Bereich der Menschenrechte. Begonnen hat es auf der Weltfrauenkonferenz in Peking vor 20 Jahren, auf der sich viele Tausend Frauen aus der ganzen Welt getroffen haben. Für die Chinesinnen war das - so haben es jedenfalls einige damalige Teilnehmerinnen mit Begeisterung beschrieben - ein katalysierendes Erlebnis, erstmalig haben sie vom Begriff der häuslichen Gewalt gehört. Frauengruppen haben sich gegründet, die sich 2000 zu einem Netzwerk gegen häusliche Gewalt zusammengeschlossen und immer wieder versucht haben, auf die Gesetzgebung Einfluss zu nehmen. Der erste Versuch 2003 ist gescheitert. Der jetzige Entwurf ist nach langen Verhandlungen mit den Ministerien zustande gekommen, ist daher auch für die Aktivistinnen nur begrenzt zufriedenstellend, aber es wird ein Gesetz geben und damit haben Frauen dann mehr Möglichkeiten, sich im Gewaltfall zu wehren. Frauenhäuser gibt es hier kaum (oder nur in Verbindung mit Obdachlosenheimen), die Sensibilität für das Thema ist bisher gering. Umfragen zeigen aber, dass China natürlich kein Sonderfall ist, die Zahl der Frauen, die häusliche Gewalt erleben, liegt nach offiziellen Zahlen bei 25 Prozent. Und es gibt einen signifikanten Zusammenhang zwischen ausgeübter Gewalt und Wohnungseigentumsbesitz von Männern. Siehe oben.

Heiraten auf Chinesisch

Am Wochenende findet beim Himmelstempel in Peking der Heiratsmarkt statt, den es in ähnlicher Form auch in Schanghai, Chongqing und vielen anderen chinesischen Städten gibt. In langen Reihen stellen sich Mütter und Väter auf, um ihre Sprösslinge möglichen Interessenten, das sind meist andere Eltern, anzupreisen. In den Steckbriefen sind Alter und Beruf, Größe und materielle Verhältnisse festgehalten. Dabei lauten die Anforderungen an die jungen Männer, möglichst »groß, reich und gut aussehend« (gaofushuai) zu sein, das Ideal bei Frauen ist »schön, weiße Haut und dünn«. Auf größeren oder kleineren Plakaten sind Fotos zu sehen.

Von den Eltern vorarrangierte Ehen sind häufig in Asien, zumindest die Zustimmung der Eltern zur Partnerwahl wird als Voraussetzung einer guten ehelichen Verbindung gesehen.

Herr Li hat einen vielbeschäftigten 28-jährigen Sohn, dem er helfen will, eine Frau zu finden. »Der Druck am Arbeitsplatz ist so groß, dass es schwierig ist, zu heiraten. Der Heiratsmarkt hilft, aber natürlich gibt es auch noch immer ein persönliches Kennenlernen.«

Eine Wohnung und ein Auto werden in der Mittelschicht in den wohlhabenden Städten des Ostens von einem Bräutigam schon erwartet. Auch auf dem Land ist ein eigenes Haus die Voraussetzung dafür, dass junge Männer überhaupt eine Partnerin finden. Um die Zustimmung der potenziellen Schwiegereltern zu gewinnen, werden immer höhere »Brautpreise« gezahlt, eine alte chinesische Tradition, die speziell im ländlichen Raum überlebt hat. In der ärmlichen Provinz Gansu im Nordwesten muss ein Ehemann bereit sein, 150 000 Yuan für eine Frau auf den Tisch zu legen. Umgerechnet sind das mehr als 20 000 Euro – mehr als das Siebenfache des Jahreseinkommens auf dem Land. Auch Heiratsvermittlungsagenturen, die Frauen aus Laos, Vietnam, Kambodscha oder Myanmar nach China bringen, boomen. Eine Transaktion für eine Frau aus einem Nachbarstaat kann dann schon für den relativ günstigen Tarif von umgerechnet 6000 Euro gelingen. Diese jungen Frauen wiederum kommen, weil sie mit einer solchen Heirat ihre Familien finanziell unterstützen können. Als ausländische Schwiegertöchter sind sie in den traditionellen chinesischen Familien allerdings in einer schwachen Position. Letztlich wird das chinesische Geschlechterungleichgewicht in die ärmeren Nachbarländer exportiert.

Ob sich das Geschlechterverhältnis mit der Zwei-Kind-Politik ändert, muss sich erst weisen. Selbst wenn die neue Linie so angenommen wird, wie die staatlichen Planungsbehörden das wünschen, wird die für eine gleichbleibende Bevölkerungszahl erforderliche durchschnittliche Geburtenrate von 2,1 Kindern pro Frau nicht erreicht werden. Prognosen rechnen mit einer Steigerung von statistisch durchschnittlich 1,5 Kindern auf 1,8 Kinder pro Frau. Da es, anders als in den USA und in Europa, keine Einwanderung gibt, wird damit Chinas Bevölkerung älter werden und schrumpfen.

2018 lässt daher die Zentralregierung untersuchen, ob staatliche Begrenzungen nicht überhaupt aufgehoben werden sollten. Es wäre ein Schritt von historischer Bedeutung für die chinesischen Familien, wenn nicht mehr der Staat, sondern sie selbst über die Kinderzahl entscheiden könnten.

6
Chinas Umweltsünden

Jedes Mal im Winter kommen die bösen Smog-Tage in Peking. Ein dichter Nebel liegt über der Stadt. Die Wolkenkratzer an der nächsten Kreuzung sind nur mehr in Umrissen zu erkennen oder verschwinden ganz. Die Behörden geben schon Tage zuvor Warnungen heraus. Wenn es lange nicht geregnet hat und windstill ist, sitzt die Wolke schädlicher Partikel über ganz Nordost-China fest. An schlimmen Tagen breitet sie sich über eine Fläche aus, die dreimal so groß ist wie Deutschland. Bei Alarmstufe Rot dürfen nur abwechselnd Autos mit gerader und ungerader Nummerntafel fahren. Aber der Verkehr hat nur einen kleinen Anteil an dem Desaster. Hauptverursacher des Feinstaubes sind Tausende Kohlekraftwerke in den angrenzenden Provinzen.

An den ersten Smog-Tagen mit höchster Alarmstufe, die wir erleben, fällt uns auf, dass es weniger Staus auf den Straßen gibt, weil zwei Millionen Pkws in der Hauptstadt Fahrverbot haben. Dafür ist das Gedränge in der U-Bahn umso größer. Die Waggons sind so voll, dass man zwei, drei Züge abwarten muss, um einsteigen zu können. Über der Stadt liegt eine Art gelbe Suppe, die es kaum erlaubt, auf die andere Straßenseite zu sehen. Es ist eine ganz eigenartige Stimmung mit dieser dicken Nebeldecke, von der man weiß: Das ist giftiger Smog. Man sieht mehr Menschen mit Gesichtsmasken als sonst. Der Gesichtsschutz sagt einiges darüber aus, was sich eine Person leisten kann. Die qualitativ hochwertigen Gesichtsmasken sind teuer. In Arbeitervierteln sind um vieles weniger Masken zu sehen als im Stadtzentrum.

In den Büros und Wohnungen der wohlhabenden Chinesen und Ausländer stehen Luftreinigungsgeräte. Sogar in Autos kann man solche Geräte manchmal finden. Die Filter sammeln den Feinstaub und schützen die Lungen. Der Filterwechsel alle paar Monate ist immer ein Schock. Die pechschwarzen Filter werden entsorgt, die neuen sind blütenweiß. Jeder denkt: Der Ruß auf den Filtern könnte in meinen Lungen liegen.

Seit Jahren macht die schlechte Luft in Peking internationale Schlagzeilen. Die Korrespondenten schicken ihre Berichte in die Welt. Die Fernsehjournalisten zeigen bei ihren TV-Aufsagern die Schutzmasken. Unter dem Smog leiden nicht nur die Bürger. Das gesamte Image Chinas in der Welt wird durch die Berichte über die Luftverschmutzung verdunkelt. Die häufigste Frage, die uns alle bei unseren Besuchen in Europa stellen, ist, wie man eigentlich leben kann mit so viel Smog. Wir erklären dann immer, dass Tage extremer Belastung selten sind. Blauer Himmel und klare Sicht gibt es zwar auch nicht so häufig, aber an die üblichen, durchschnittlichen Belastungswerte gewöhnt man sich. Unser Nachbar, Arzt in einem internationalen Krankenhaus, geht sogar joggen, wenn nicht gerade eine besonders hohe Alarmstufe gilt.

So wie man in Europa in der Früh nachsieht, wie kalt es ist, schaut man in Peking auf sein Handy, um den Smog-Index des Tages zu erkunden. Der international übliche Luftqualitätsindex AQI (Air Quality Index) umfasst verschiedene Schadstoffe. Am gefährlichsten sind Feinstaubpartikel, die ungeschützt in die Lunge eindringen. Sie haben einen Durchmesser von 2,5 Mikrometer, das sind 2,5 Tausendstel eines Millimeters. Als Grenzwert für diese Minipartikel empfiehlt die Weltgesundheitsorganisation 25 Mikrogramm pro Kubikmeter. Wird dieser Grenzwert überschritten, schlagen in Europa und Nordamerika die Umweltbehörden Alarm. Als der AQI-Luftverschmutzungsindex in Paris im März 2014 den Wert 185 erreichte, war das ein Skandal. In Chinas Städten sind das Mittelwerte. Mehrmals haben wir Tage mit einem Smog-Index von 600 und mehr erlebt.

Kerstins Tagebuch

Es gibt hier in China einen Blogger, der 20 Millionen Follower hat, nur für die täglichen Fotos aus seinem Fenster, die die Pekinger Skyline mal mit und mal ohne Smog zeigen. Mir genügt in der Früh der Blick aus unserem Fenster. Dienstag, den 1.12., haben wir Luftwerte über 600. Grimmig sind diese Smog-Tage. Beklemmend. Ich habe das Privileg, die zwei Extrem-Smog-Tage mit dem Luftreinigungsgerät auf Höchststufe, einem Packen Zeitschriften, Tee und Schokolade im Schlafzimmer aussitzen zu können - das ist der kleinste abgeschlossene Raum in unserer Wohnung und daher besser zu reinigen als das Wohnzimmer. Von der Regierung wurde zwar empfohlen, in den Wohnungen zu bleiben, aber trotzdem waren die Schulen nicht geschlossen, wie hinterher kritisiert wurde. In der Nacht von Dienstag auf Mittwoch kam dann Wind auf und weg war der Spuk. Plötzlich haben wir Luftwerte von nur mehr 25. Die nächste Smog-Welle kündigt sich aber bereits an.

Das Bewusstsein in Sachen Smog hat sich in China deutlich zum Besseren verändert. Dass überhaupt Zahlen über die Luftverschmutzung veröffentlicht werden, ist eine Errungenschaft der letzten Jahre. Begonnen hat alles damit, dass die amerikanische Botschaft in Peking 2008 die am Botschaftsgelände gemessenen Luftwerte online gestellt hat. Gegen den Widerstand der chinesischen Behörden. Die Smog-Daten galten damals als Staatsgeheimnis. Die Veröffentlichungen wurden für illegal erklärt. Fünf Jahre später zogen die chinesischen Umweltbehörden nach. Misstrauische Bürger in Peking laden sich neben der App mit den offiziellen chinesischen Daten auch die Angaben der amerikanischen Botschaft auf ihr Handy. Große Unterschiede haben wir nicht festgestellt. Inzwischen gibt es Apps mit einer Weltkarte, auf der man die Luftqualität auf dem gesamten Globus überprüfen kann. Das Ergebnis ist frappierend. Europa, Nordamerika und Japan sind fast durchwegs grün, die Luft ist gut. Die Megastädte Asiens sind orange, rot und manchmal sogar schwarz eingezeichnet, die Grenzwerte werden zumeist weit überschritten. Der industrialisierte Nordosten Chinas sticht als flächenmäßig größter Problembereich heraus. Aber auch andere Regionen sind stark betroffen. Sogar in Chengdu, der Hauptstadt der südwestlichen Provinz Sichuan, gibt es immer wieder höhere Werte als in Peking.

Kerstins Tagebuch

Es gibt ein neues Gerät, über das alle reden: »the egg«, das Ei. Das ist ein mobiles Messgerät für die Luftqualität. Gerade steht es in unserem Wohnzimmer, in der Nähe des schwedischen Luftreinigungsgeräts, und gibt den Wert 4 an - das ist Alpenluftqualität, würde ich sagen. Der Außenwert ist allerdings grad auch nicht besonders hoch, nur bei ungefähr 100. Es gibt eine gewisse Ei-Obsession, Messungen und Werte werden intensiv diskutiert (und machen sich auch gut in Journalistenberichten). Ein deutscher Korrespondentenkollege hat überlegt, ob ein Wert von 150 im Büro an Smog-Tagen seinen Mitarbeitern gegenüber zu verantworten ist, von wegen Arbeitsschutzgesetz und so. Befreundete Eltern haben mit dem Ei jede Ecke des Kinderzimmers ausgemessen. Und ich messe auch: An Raimunds Schreibtisch war Wert 10, in unserem Schlafzimmer Wert 1!

Trotz der allgegenwärtigen Zensur im Internet wird in den sozialen Medien über Umweltprobleme ungeschminkt diskutiert. Viele Blogger sind empört, weil ungeachtet aller Versprechen der Regierung keine Verbesserung zu spüren ist. An Smog-Tagen ist Galgenhumor in den sozialen Medien Chinas allgegenwärtig. Ein Mopedfahrer scherzt, er sei mit dem Flugzeug zur Arbeit gekommen, weil er durch Wolken gefahren sei. Ein anderer User will an einem starken Smog-Tag auf Weibo, der Twitter ähnlichen Plattform, online wissen, wie viele Ziegel Kohlestaub die Follower denn zum Frühstück verzehrt hätten. In der südwestlichen Stadt Chengdu stellen sich junge Leute mit einer Tafel »Setzt Gesichtsmasken auf« vor den Eingang des beliebten Volksparks, bis sie von der Polizei in Gewahrsam genommen werden. Die Behörden, die gegen NGOs, die sich für Menschenrechte engagieren, hart vorgehen, zeigen im Umweltbereich aber normalerweise ungewöhnliche Nachsicht. Greenpeace betreibt ein großes Büro in Peking.

Smog und Volkskongress

Im März 2015 ist der Smog auch das beherrschende Thema der alljährlichen Tagung des chinesischen Volkskongresses. Vorgegeben hat es die mutige TV-Journalistin Chai Jing mit einer Dokumentation über die Gefahren der katastrophalen Luftqualität in weiten Teilen Chinas. Millionen Bürger haben in den vorangegangenen Tagen ihre Dokumentation »Under the Dome«, »Unter der Glocke«, online gesehen.

Chai Jing erzählt von einem Kind in der Provinz Hebei, das wegen des vielen Smogs in seinem ganzen Leben noch nie den blauen Himmel gesehen hat. Die sonst allgegenwärtige Zensur hat die bahnbrechende Dokumentation erlaubt. Zumindest einige Tage ist sie im Internet abrufbar. Die Parteiführung signalisiert: Die Lebensqualität, die der wachsenden Mittelschicht im boomenden China fehlt, ist auch uns ein Anliegen. Wenig später verschwindet die Video-Anklage »Unter der Glocke« wieder aus dem Internet. Viele Delegierte haben den Dokumentarfilm gesehen und erhoffen sich ein Signal von der Führung gegen die Umweltverschmutzung. Tatsächlich verspricht Premierminister Li Keqiang bei seinem Rechenschaftsbericht neue Anstrengungen, um den erstickenden Smog in den Industriegebieten zu verringern.

Leicht wird das nicht. Denn Filter kosten Geld. Alte Stahlproduktionen und Kohlekraftwerke müssten gesperrt werden, wenn strengere Umweltstandards gelten. Und das kostet Arbeitsplätze. Mit unabsehbaren Folgen für die soziale Stabilität Chinas.

Der Hauptgrund für den Smog sind Kohlekraftwerke, die die Energie für die chinesische Wirtschaft liefern. Man will den Anteil der Kohle senken und alte Kraftwerke durch neuere ersetzen, die mit modernen Filteranlagen ausgerüstet sind. Tatsächlich investiert China viele Milliarden in erneuerbare Energie. Man sieht das, wenn man durchs Land fährt: Viele Straßenleuchten sind mit Solarzellen betrieben und immer wieder tauchen riesige Windparks auf. Im internationalen Vergleich sind die Investitionen in erneuerbare Energie beachtlich.

Zum Kampf gegen die Luftverschmutzung gehört auch der Ausbau der Atomenergie. Zwölf chinesische AKWs mit insgesamt 38 Reaktoren sind in Betrieb, eine bescheidene Anzahl für eine derart riesige Volkswirtschaft. Allein Frankreich betreibt 58 Reaktoren. Die chinesischen Kernkraftwerke tragen weniger als vier Prozent zur Energiegewinnung bei, rund zwei Drittel des Stroms stammen aus Kohle. Zum Vergleich: Die USA produzieren 20 Prozent ihrer Elektrizität in Kernkraftwerken, Frankreich mehr als 70 Prozent. Nach dem Unfall von Fukushima 2011 gab es einen Baustopp, der inzwischen wieder aufgehoben wurde. Während in Europa und den USA jeder Neubau durch langwierige Genehmigungsverfahren verzögert wird, setzt die Regierung auf einen beschleunigten Ausbau der Atomenergie. Mit seiner Nukleartechnologie soll China eine führende Rolle spielen wie in anderen Bereichen auch. 2016 sieht der neue Fünfjahresplan den Bau von 110 zusätzlichen Reaktoren bis 2030 vor. China forciert eine internationale Renaissance der Atomkraft und plant von Pakistan bis Großbritannien neue Meiler.

Im Land selbst herrscht grundsätzlich großes Vertrauen in die Lösungskapazität moderner Technik. Aber die häufigen Industrieunfälle mit vielen Opfern nähren in der Bevölkerung Zweifel an der Sicherheit der Atomkraftwerke. Im August 2016 kommt es nördlich von Schanghai zu den ersten bekannten Protesten gegen Nuklearenergie. Tausende Stadtbewohner sind in der Provinz Jiangsu auf die Straße gegangen, um gegen eine geplante Wiederaufbereitungsanlage zu protestieren. »Boykottiert Atomabfall«, ist auf den Plakaten zu lesen. Bilder der Kundgebung auf dem Hauptplatz zirkulieren in den sozialen Medien, Zwischenfälle werden keine gemeldet. Die Stadtverwaltung der Gemeinde Lianyungang wiegelt ab und beteuert, das Projekt sei noch gar nicht fix. Die Betreiber lancieren die Idee von schwimmenden Atomkraftwerken, fern von menschlichen Siedlungen. Die erste Plattform für ein AKW auf hoher See will die chinesische Atomenergiebehörde 2019 im Südchinesischen Meer errichten. Die Region ist geopolitisch sensibel und zwischen den Anrainerstaaten umstritten. Aber Hunderte Kilometer von der Küste entfernt, wird sich für die Bürger zumindest nicht das Schreckgespenst der bösen Industrieunfälle aufdrängen, die China in den letzten Jahren immer wieder heimgesucht haben.

Risiko Industrieunfall

Der schlimmste Industrieunfall der letzten Jahre fand im August 2015 im Containerbereich der chinesischen Hafenstadt Tianjin statt. Eine Explosion vernichtete wichtige Teile der Hafenanlage. Der Feuerball war weit über die Stadt hinaus sichtbar. In der Nähe der Lagerstätte wurden ganze Wohnviertel verwüstet. Die Medien beschrieben anfangs einen verheerenden, aber normalen Industrieunfall, wie er überall auf der Welt vorkommt. Wenn da nicht die riesige Anzahl von Opfern gewesen wäre. Über die sozialen Medien verbreitete sich, dass mehr als hundert Feuerwehrleute vermisst wurden. 173 Tote hat es nach offizieller Zählung schließlich gegeben, mehrheitlich schlecht ausgebildete junge Männer der Hilfsfeuerwehr. Wieder über die sozialen Medien kam schließlich die Wahrheit zutage: In dem zerstörten Containerbereich hatte eine Firma namens Rui Hai International Logistics für teures Geld Chemieabfälle gelagert, darunter Hunderte Tonnen des hochgefährlichen Natriumcyanids. Im Kontakt mit Wasser explodiert Natriumcyanid. Die Feuerwehr war über das Chemiedepot aber nicht informiert. Der furchtbare Verdacht: Nach einem relativ harmlosen Brand hat erst die Löschaktion die Explosion ausgelöst. Die Chemikalien waren in der Nähe von Wohngebieten gelagert, entgegen den Vorschriften. Die Stadt Tianjin hatte die Regeln gelockert und weggesehen, als das Chemielager immer größer wurde. Die unklaren Eigentumsverhältnisse der Firma beschäftigten wochenlang das Wirtschaftsmagazin »Caijing« und andere Medien. Es stellte sich heraus, dass der Sohn des früheren Sicherheitschefs des Hafens einer der Eigentümer war. Es folgten Festnahmen und Anklagen. Der Chef der Staatlichen Arbeitssicherheitsbehörde, Yang Dongliang, wurde abgesetzt, wenige Tage nach der gemeinsamen Inspektion der Unglücksstelle mit Premierminister Li Keqiang.

Schlamperei, Korruption und missachtete Sicherheitsvorschriften bei gefährlichen Chemikalien gibt es überall auf der Welt. Ländern mit schwacher Staatsmacht fehlt die Kraft, die eigenen Gesetze gegen finanzstarke Unternehmen durchzusetzen.

Aber in China gibt sich die Führung selbstbewusst und stark. Der Staat ist allmächtig. Die kommunistische Staatspartei bestimmt jedes Detail des gesellschaftlichen Lebens. Auf ein System, das alles zentral regulieren will, fällt ein Unglück rasch zurück. Wütende Angehörige, die von den Stadtvätern wissen wollten, was mit ihren Söhnen oder Brüdern geschehen ist, blieben Tage ohne Antwort. Das Firmenregister von Tianjin war plötzlich offline. Lange war unklar, wer hinter der Speditionsfirma Rui Hai International Logistics steht, die die hochgefährlichen Güter wenige Hundert Meter neben einer Wohnsiedlung gelagert hatte.

Nach dem Unfall von Tianjin werden Stätten mit gefährlichen Chemikalien verstärkt überprüft, heißt es in Peking. Der Vorstoß kann leicht verpuffen, wenn hinter Wirtschaftsinteressen, staatlicher Aufsicht und Justiz weiter die gleichen Machthaber stehen.

Kerstins Tagebuch

Gestern haben wir einen Ausflug gemacht, und zwar nach Tianjin, eine der 15 Städte Chinas mit über zehn Millionen Einwohnern, die bei uns fast niemand kennt. Tianjin, 80 Kilometer von Peking entfernt und mit dem Hochgeschwindigkeitszug in 30 Minuten zu erreichen, war und ist als Hafen- und Handelsstadt wichtig. Ein besonderes Kennzeichen ist die europäische Architektur: deutsche Kirchen, französische Villen und britische Bankhäuser, denn die Europäer haben auch hier nach den für sie siegreichen Opiumkriegen ihre europäischen Handelsniederlassungen in eigenen Vierteln errichtet (sogenannte »Konzessionen«, wie es sie auch in Schanghai gibt). Uns erscheint diese europäische Architektur mitten in China reizvoll, aber es sind natürlich Gebäude aus einer Kolonialzeit und damit stellen sie auch eine Erinnerung an die Zeiten der »nationalen Erniedrigung« dar – wie diese geschichtliche Phase in China genannt wird. In Yuval Hararis Buch »Kurze Geschichte der Menschheit« – mein Lieblingsbuch der letzten Woche – habe ich gelesen, dass Ende des 19. Jahrhunderts 40 Millionen Chinesen, zehn Prozent der Bevölkerung, opiumsüchtig waren bzw. gemacht wurden.

Vorgefunden haben wir also ein paar renovierte Kolonialbauten und wieder eine chinesische Hochhauslandschaft. Und das ist wohl auch meine Haupterkenntnis von gestern, wie einschüchternd riesig alles ist, wie wenig ich die Dimension von Megacitys noch einschätzen kann. Schon der Riesenbahnhof in Tianjin erwies sich als unerwartetes Hindernis, wir sind fast eine Stunde und einige Kilometer herumgeirrt, bis wir auf der richtigen Seite des Bahnhofs herausgekommen sind. Englische Aufschriften sind spärlich, geholfen haben uns nur unsere zusammengelegten Basis-Chinesisch-Kenntnisse - »Südausgang wo?«.

Die grüne NGO des Umweltschützers Ma Jun

Die prominenteste nichtstaatliche Stimme zum Smog kommt vom ehemaligen Journalisten und Umweltschützer Ma Jun. Der 50-jährige Ma begann bei der »South China Morning Post« als investigativer Reporter zu Umweltthemen. Jetzt leitet er das von ihm mitgegründete Institut für Öffentliche und Umweltfragen / Institute for Public and Environmental Affairs (IPE), die bekannteste grüne NGO Chinas. Das Institut ist unabhängig, arbeitet aber mit offiziellen Stellen zusammen. Seine Expertise ist auch in Regierungskreisen anerkannt.

Mit ihrem Versprechen, dass die Umwelt für die Menschen gesünder werden muss, meint es die Regierung ernst, so der Umweltexperte. Aber es ist ein langwieriger Prozess, von der alten Industrie auf moderne und umweltfreundliche Energiegewinnung umzusteigen.

»Der Umweltschutz ist ein wichtiges Anliegen der Regierung, denn es geht nicht nur um Chinas internationale Verpflichtungen, sondern vor allem um die Gesundheit des chinesischen Volkes. Milliarden werden ausgegeben werden, um die Energiestruktur zu ändern. Anders als früher ist die chinesische Führung bei den Klimaverhandlungen in Paris aktiv als Befürworter einer internationalen Klimapolitik aufgetreten. Chinas Kurswechsel ist die wichtigste positive Veränderung beim Kampf gegen die Erderwärmung.«

Vor Auslandsjournalisten fasst der prominente Umweltschützer Ma Jun in der spanischen Botschaft in Peking im Frühjahr 2017 das Ergebnis seiner jahrelangen Untersuchungen zusammen. Die Umweltprobleme Chinas seien eine Folge der raschen Industrialisierung und Urbanisierung, argumentiert er. Innerhalb von 30 bis 50 Jahren hat das Land einen Prozess durchgemacht, der im Westen 100 bis 150 Jahre gedauert hat. »Wir haben für die rasche Industrialisierung einen hohen Preis im Wasser, im Boden und in der Luft bezahlt.« Ma Juns Institut arbeitet ausschließlich mit offiziellen Zahlen. Nach Angaben der Regierung verzeichnet China jedes Jahr 350 000 bis 500 000 verfrühte Todesfälle aufgrund der Luftverschmutzung. Die Unzufriedenheit mit der schlechten Umweltsituation sei so groß, dass die soziale Stabilität bedroht sei. Umweltfragen sind immer wieder Auslöser für Demonstrationen und Proteste, etwa wenn neue Chemiefabriken gebaut werden sollen oder bei anderen Infrastrukturprojekten.

Die chinesische Regierung hat seit 2013 drei Aktionspläne gegen die Verschmutzung des Wassers, des Bodens und der Luft verabschiedet. Aber Ma Jun sagt, eine Wende zum Besseren sei noch nicht zu sehen. Dabei fehle es weder an Geld noch an Technologie. Die Umweltschutzgesetze entsprechen westlichen Standards, aber sie werden nicht umgesetzt. Zu Gericht gehen, wenn Umweltregeln verletzt werden, wie in anderen Ländern üblich, ist in China mangels unabhängiger Justiz nicht zielführend. Ma Jun sieht als größtes Problem, dass lokale Behörden aufgrund ihrer Partikularinteressen die Umweltverschmutzer schützen. »Die Strafen bei einer Übertretung von Umweltgesetzen sind um vieles geringer als die wirtschaftlichen Vorteile, die Unternehmen daraus ziehen können, wenn sie Regeln nicht einhalten.«

Auch die große Macht der chinesischen Zentralregierung hat gegen diesen Mechanismus wenig ausrichten können, weil das entscheidende Erfolgskriterium für Bürgermeister und Provinzregierungen die Zahlen zum Wirtschaftswachstum sind. Bisher waren die lokalen Umweltbehörden von den Bürgermeistern abhängig, die ihrerseits jedoch umweltverschmutzende Fabriken schützen, um das Bruttonationalprodukt hinaufzuschrauben. Erst der gegenwärtig geltende 13. Fünfjahresplan bringt eine

Änderung und unterstellt die lokalen Umweltbehörden dem zentralen Umweltministerium in Peking. 6000 Beamte in den Provinzen seien 2016 gemaßregelt worden, weil sie ihre Umweltschutzpflichten verletzt hätten, erzählt Ma Jun. In China wächst unter Präsident Xi Jinping die Macht der zentralen Regierung in Peking. Eine Umweltkampagne, wie sie in seiner Regierungszeit angelaufen ist, hat es in diesem Umfang noch nie gegeben. Die verstärkte Zentralisierung soll nach den Vorstellungen der Führung die bisher fehlende Trendwende zum Besseren für die Umwelt herbeiführen.

Der unabhängige Ökologe Ma Jun und sein Institute of Public and Environmental Affairs (IPE) in Peking gehen einen anderen Weg: Sie erstellen mit öffentlich zugänglichen Daten einen Index über das Umweltverhalten von Firmen. Im Verbund mit 20 anderen NGOs veröffentlichen die Umweltschützer regelmäßig Daten über Unternehmen, die Umweltgesetze verletzen. 71 000 Umweltdelikte haben sie 2016 dokumentiert. Eine App zeigt die Luftverschmutzung für jeden Ort in China an und gibt Informationen über den Schadstoffausstoß von 15 000 Unternehmen. Das erzeugt öffentlichen Druck. 3000 Firmen haben nach Angaben des ehemaligen Journalisten Filter eingebaut oder andere umweltschützende Maßnahmen gesetzt.

An die Konsumenten appellieren die Umweltschützer, Produkte von Unternehmen zu kaufen, die grüne Regeln befolgen. 2014 haben die chinesischen NGOs einen Grünen Index für Zulieferfirmen erstellt, der vor allem im IT-Bereich mehr als 200 chinesische und internationale Marken danach bewertet, inwieweit die Firmen kontrollieren, ob die Zulieferer umweltverträglich produzieren. Apple wollte seine Zulieferer anfangs nicht bekannt geben. Die Umweltschützer mussten selbst Recherchen durchführen. Inzwischen hat der Weltkonzern erkannt, wie wichtig ein positives Umweltimage ist. Apple rangiert 2017 auf Platz 1 des chinesischen Green Supply Index, die wegen schlechter Arbeitsbedingungen umstrittene Zulieferfirma Foxconn brachte es auf den sehr guten Platz 7. Die chinesischen Umweltschützer des Institute of Public and Environmental Affairs (IPE) und der Partnerorganisation Natural Resources Defence Council (NRDC) haben es geschafft, durch den Druck der chinesischen Konsumenten die Geschäftspraxis von Weltmarken zu beeinflussen.

Zum Thema Smog rechnet Ma Jun vor, dass China so viel Kohle verbrennt wie der gesamte Rest der Erde. »50 Prozent des globalen Kohleverbrauchs auf zwei Prozent der Erdoberfläche, das erklärt die Smog-Probleme unserer Städte.« Dazu kommen die Ausstöße aus der Industrieproduktion.

»Vor 2012 wusste niemand, ob man es mit Nebel oder Smog zu tun hatte, wenn ein trüber Tag war«, erzählt Ma Jun. »Dann hat der damalige Vizepremierminister und heutige Regierungschef Li Keqiang ein Gesetz durchgebracht, das die Städte verpflichtet, den Luftverschmutzungsindex mit der Konzentration von Feinstaubpartikeln PM2,5 zu veröffentlichen. Seit 2014 müssen 380 Städte in China stündliche Luftwerte bekannt geben.« Im gleichen Jahr hat die Zentralregierung verfügt, dass alle registrierten Schadstoffausstöße der Großbetriebe veröffentlicht werden müssen. »China ist das einzige Land, in dem die Fabriken automatisch online bekannt geben müssen, welche Schadstoffe sie in die Luft abgeben«, berichtet Ma Jun. »Die Messgeräte geben ihre Daten direkt an die Umweltstellen der Regierung, weil die Behörden den Angaben der Unternehmen nicht vertrauen.« Ma Juns NGO veröffentlicht die aus den Fabriken direkt nach Peking geschickten Daten online. Alle können jetzt auf der Blue Sky Map sehen, welche Provinzen die meisten Luftverschmutzer beherbergen und welche Unternehmen die Grenzwerte für reine Luft verletzen. »Bis 2016 sahen sich 630 Firmen gezwungen, ihr Verhalten öffentlich zu rechtfertigen«, berichtet der Umweltschützer.

Als großen Erfolg nennen die Umweltschützer, dass große Immobilienkonzerne bereit waren, Hunderte Zulieferer für Eisen, Stahl und Zement bekannt zu geben. Ungebremst wachsen in den chinesischen Städten riesige Wolkenkratzer in den Himmel. Wenige Immobilienfirmen kontrollieren den Bauboom. Die Zulieferer von 17 Immobilienriesen werden jetzt nach Umweltkriterien untersucht. Der finanzielle Anreiz besteht darin, dass die Aktien der Firmen, die sich kontrollieren lassen, von grünen Fonds gekauft werden und als grüne Aktien gelten.

Das Echo der Konsumenten auf die grünen Initiativen ist groß. In einem Land, das sonst keine von der staatlichen Kontrolle unabhängige Öffentlichkeit kennt, suchen die Bürger nach neuen Wegen, um zu einer Luft zu kommen, die gesund zum Atmen ist.

Mit dem Smog fertigzuwerden, ist theoretisch einfach, sagt Ma Jun: »Wir wissen genau, wo die Schadstoffe herkommen.« Wie schnell man einen blauen Himmel schaffen kann, erleben die Pekinger regelmäßig bei Parteitagen und internationalen Gipfeltreffen der letzten Jahre. Tausende Betriebe der umliegenden Provinzen bekommen Betriebsferien verordnet und in der Hauptstadt muss nicht einmal der Verkehr begrenzt werden, trotzdem steht die Sonne klar am Himmel.

Der Winter 2017/2018 machte Schlagzeilen – diesmal, weil die Luft erstmals seit Jahren ungewöhnlich sauber für einen Pekinger Winter war. Wochenlang zeigte sich der blaue Himmel über der Hauptstadt. In einer zentral organisierten, massiven Kampagne gegen den Smog wurden Zehntausende Fabriken in den Provinzen rund um Peking gezwungen, sauberer zu produzieren oder ganz zu schließen. 5600 Umweltinspektoren aus anderen Teilen des Landes waren zur Kontrolle unterwegs. Gleichzeitig wurde massiv die Umstellung von Kohleheizung auf Gas betrieben: In mehreren Millionen Haushalten wurden die Kohleöfen entfernt – nicht immer friktionsfrei, denn durch die übereilte Umstellung gab es bei Weitem noch nicht überall eine funktionierende Gasversorgung. Berichte in den sozialen Medien von frierenden Schulkindern führten zu einer teilweisen Lockerung der strengen Regeln zur Komplettabschaffung der Kohleheizung. Das Resultat dieser Intensiv-Kampagne war messbar: Laut Greenpeace sank der PM2,5-Wert in Peking 2017 um 20 Prozent – in den letzten drei Monaten des Jahres sogar auf weniger als die Hälfte im Vergleich zum Vorjahr. Zwar half auch der Wind in Peking, und ein Teil der Industrie wurde weiter in den Süden verlagert. Dennoch, für Ma Jun ist in diesem Winter eine wichtige Schlacht im Kampf gegen die Luftverschmutzung gewonnen worden.

Schwieriger ist es, die verschmutzten Flüsse zu sanieren. Kläranlagen reichen nicht aus, weil sich so viele Schadstoffe aus den vergangenen Jahrzehnten angesammelt haben. Die schwierigste

Umweltaufgabe ist es nach Einschätzung Ma Juns, mit der weitverbreiteten Vergiftung der Böden fertigzuwerden. In China fehlen den Behörden vielfach die Informationen, welche Schadstoffe von verantwortungslosen Unternehmen einfach vergraben wurden. Es ist vorgekommen, dass ganze Schulkomplexe auf einem Terrain errichtet wurden, das so vergiftet war, dass die Gesundheit der Kinder gefährdet wurde. Die Aufarbeitung der Probleme hat erst begonnen. Unklar ist, wann Daten als Staatsgeheimnis gelten und welche Informationen publik gemacht werden können, ohne Panik bei der Bevölkerung auszulösen. Die Kosten jeder Sanierung sind hoch. Umweltschützer Ma Jun weist darauf hin, dass es auch technisch riesige Hürden gibt, die vergifteten Böden Chinas zu säubern. Nach offiziellen Schätzungen ist ein Fünftel des Ackerbodens so stark belastet, dass er nicht landwirtschaftlich genutzt werden kann. 60 Prozent des Grundwassers sind ungenießbar.

7
Zocken im Reich der Mitte

Während sich die internationalen Börsenkurse nach der Finanzkrise bis 2018 kontinuierlich nach oben entwickelten, erlebte China bereits 2015 als einzige große Volkswirtschaft eine Abfolge von Börsenboom und Börsenabsturz. Die regierende Kommunistische Partei musste erleben, welche enormen Risiken die volatilen Finanzströme dem ganzen Land bringen. Die chinesischen Märkte haben sich in den folgenden Jahren stabilisiert. Lange Zeit hatten internationale Finanzexperten die chinesischen Aktienbörsen als besseres Glücksspiel abgetan, bei dem der Staat durch seine massiven Interventionen automatisch am längeren Ast sitzt. Diese Zurückhaltung der Finanzwelt gegenüber den Finanzmärkten der Volksrepublik geht jedoch zurück. Die Börsen von Schanghai und Shenzhen kooperieren mit dem Finanzplatz Hongkong, der nach internationalen Standards operiert. 2018 nimmt der von den amerikanischen Finanzexperten von Morgan Stanley veröffentlichte Weltindex für Wertpapiere MSCI erstmals 234 chinesische Aktien in seine Indexberechnungen auf.

Eine Berg-und-Tal-Fahrt werden die chinesischen Aktien noch öfter erleben. 2015 war das noch eine Überraschung. Die chinesische Öffentlichkeit musste zur Kenntnis nehmen, dass mit Marktwirtschaft und Integration in den Weltmarkt nicht nur Wachstum, sondern auch Risiken einhergehen, die an den Börsen besonders stark zu spüren sind. Im Juni 2018 gab es wieder einen neuerlichen Einbruch der Aktien: In einer Woche verloren die chinesischen Aktienmärkte 514 Milliarden Dollar. Das ist so viel wie die gesamte Wirtschaftsleistung Schwedens.

Spekulieren als Volkssport

Vorangegangen war dem Absturz von 2015 ein einzigartiger Höhenflug. An der Börse von Schanghai waren sogar die Computer überfordert, weil der Aktienumsatz den Wert von einer Billion Yuan überschritt. Für so viele Nullen war das System nicht gebaut. Aber nicht nur die Umsätze waren in die Höhe geschnellt. Der Wert der Aktien selbst war seit Jahresanfang um 100 Prozent gestiegen. Jede Woche stiegen eineinhalb Millionen Bürger in China neu in den Aktienmarkt ein. Es waren längst nicht nur die Reichen, die an die Börse gingen. Viele Kleinanleger nahmen Kredite auf, um zu spekulieren. »In China kann man ein Aktiendepot mit 5000 Yuan eröffnen, das sind nicht einmal 1000 Euro«, erklärt der Pekinger Aktienexperte Charles Liu. »Auch Hausangestellte, Taxichauffeure und Straßenverkäufer kaufen Aktien. Es gibt mehr als 100 Millionen Aktionäre in China, mit 170 Millionen Wertpapierkonten. Das heißt, fast acht Prozent der Bevölkerung besitzen Aktien. Das ist viel mehr als in Europa.« Angebliche Börsengurus erklärten im Fernsehen, dass der Boom mit der im Westen gefürchteten Börsenblase nichts zu tun habe. Die Wirtschaft sei in den vorangegangenen Jahren um 14 oder gar 15 Prozent gewachsen, während die Börsen flau waren.

Die regierende Kommunistische Partei förderte in China ganz gezielt das kapitalistische Feuerwerk der Kurse. Man wollte eine finanzielle Wanderbewegung weg von Immobilien in Richtung Börse unterstützen und damit die ungesunde Wertsteigerung auf dem Immobilienmarkt stoppen. Dass es sich bei diesem Boom um eine Blase handeln könnte, die demnächst platzt, bestritt im April 2015 die »Volkszeitung«, das Zentralorgan der Kommunistischen Partei, in einem vielfach zitierten, online gestellten Artikel. Der Aktienboom sei »nur der Beginn eines Bull-Marktes«, weil »Chinas große Entwicklungsstrategie und die Wirtschaftsreformen« der Hintergrund seien. Für viele Bürger wurde die Kommunistische Partei die Schutzmacht für den fortgesetzten Höhenflug der Aktien. »Die politischen Verhältnisse sind stabil, die wirtschaftliche Entwicklung geht voran und es gibt ein klares

Ziel«, schrieb die »Volkszeitung«. »Sollten hochwertige Aktien, die Blue Chips, in einer derartigen Volkswirtschaft nicht auf normale Werte ansteigen? Wenn das eine Blase ist, welches Wertpapier ist das dann nicht?«

Dass auf einen spektakulären Höhenflug der Börsen im Kapitalismus auch ein Absturz folgen kann, hatten die kommunistischen Wirtschaftslenker nicht erwartet. Als im Frühsommer 2015 die ersten Verluste auftraten, setzte die Regierung alle Hebel in Bewegung, um einen stärkeren Niedergang zu verhindern. Die Banken wurden angehalten, wegen der fallenden Kurse um Milliardenwerte neue Aktien zu kaufen. Über einen staatlichen Fonds wurden riesige Summen in die Aktienmärkte gepumpt. 1400 Unternehmen wurden vom Handel ausgesetzt, ihre Aktien konnten nicht mehr gekauft und verkauft werden. Unermüdlich versuchten die staatlichen Börsenregulatoren Chinas, die Lage zu beruhigen. Die großen Zeitungen brachten auf der ersten Seite das Versprechen, der Staat werde seine schützende Hand über den Aktienbörsen nicht zurückziehen.

Im Juli 2015 platzte die Blase endgültig. An einem einzigen Tag fielen die Börsen in Schanghai und Shenzhen um 8,5 Prozent. Es war der größte Einbruch auf den Märkten seit acht Jahren und ein Schock nach dem vorherigen Höhenflug. Millionen Bürger hatten ihre Ersparnisse in Aktien investiert, im Vertrauen, dass der allmächtige Staat sie vor allfälligen Risiken schützt.

Auch in der internationalen Finanzwelt machte sich Unsicherheit breit. Die Sorge war groß, dass sich der Börsencrash auf die chinesische Realwirtschaft ausweiten würde, mit gefährlichen Folgen für die Weltwirtschaft. Die urkapitalistische Institution der Börse durch staatliche Kontrollmaßnahmen zu zähmen, ist der Regierung in Peking nicht gelungen. Die von vielen Anlegern erhoffte Erholung der Aktienkurse ist ausgeblieben. An der Realwirtschaft ging die Börsenflaute jedoch vorbei.

Dass in China relativ wenige Unternehmen an der Börse notiert sind, stellte sich während der Abwärtsbewegung als Segen heraus. Der Aktienmarkt ist in China für die Entwicklung der Realwirtschaft deutlich weniger wichtig als im Westen. Premierminister Li Keqiang konnte der Welt glaubwürdig versichern, dass die chinesische Währung und das Wirtschaftswachstum stabil bleiben würden.

Die ungewöhnliche Kombination von konsumorientiertem Kapitalismus und marxistischer Staatsideologie ist zunehmendem Stress ausgesetzt, seit das Wirtschaftswachstum nicht mehr zweistellige Zuwachsraten aufweist wie in der Vergangenheit, analysiert der Schanghaier Ökonom Zhu Ning. Der 40-jährige Professor unterrichtet Finanzwissenschaften an der amerikanischen Eliteuniversität Yale und am Shanghai Advanced Institute of Finance. Seine Untersuchung über »China's guaranteed Bubble«, »Chinas garantierte Blase«, ist in mehrere Sprachen übersetzt worden. Die These des Finanzwissenschaftlers besagt, dass die chinesischen Konsumenten glauben, der Staat könne einen andauernden Anstieg der Immobilienpreise, der Aktienkurse und des Wirtschaftswachstums garantieren. Auf die Dauer sei eine ununterbrochene Aufwärtsentwicklung ohne Schocks und Einbrüche jedoch eine Illusion. Werden die überoptimistischen Erwartungen enttäuscht, ist die Glaubwürdigkeit der Regierung bedroht.

Vor Auslandskorrespondenten in Peking erläutert der Professor seine These: »Wenn das Wachstum auf 1 oder 2 Prozent zurückgehen würde, wäre das völliges Neuland. Die Antwort auf die Frage, was dann passieren würde, kennen wir nicht. Die Glaubwürdigkeit der Regierung ist noch immer groß in China. Daher war auch das Fiasko an den Börsen ein Einschnitt. Die Menschen haben begonnen, sich zu fragen, ob die Regierung wirklich liefern kann, was sie verspricht.« Zhu Nings These erklärt, warum die hohen Wachstumsraten für die chinesische Führung lebenswichtig sind. Bleiben sie aus, würden die sozialen und politischen Spannungen, die durch den allseits erlebten Fortschritt verdeckt werden, schlagartig zunehmen.

Für die chinesische Führung hat Stabilität Toppriorität. Marktprozesse befeuern das Wachstum, lassen sich aber schwer beeinflussen. Besonders der Finanzbereich ist im Kapitalismus für Krisen mit hohem Tempo und großem Schadenspotenzial anfällig. Für die Führung rückt daher der Abbau von Finanzrisiken, das sogenannte »financial de-risking«, immer mehr ins Zentrum. Einige wenige staatliche Finanzfonds kontrollieren unter dem Titel »National Team« sieben Prozent der Börse und versuchen, die Börsenwerte zu stabilisieren. Das gelingt nicht immer, hat jedoch die destruktive Rolle, die Finanzmärkte immer wieder spielen, begrenzt.

Vom Fischerdorf zum Börsenplatz

Ein gutes Jahr nach dem Börsenkrach wagt die Regierung einen Schritt zur Integration der chinesischen Börsen in das internationale Finanzsystem. Nach der Finanzmetropole Schanghai eröffnet 2016 auch die zweite Börse des Landes in der südchinesischen Zwölf-Millionen-Stadt Shenzhen eine gemeinsame Handelsplattform mit Hongkong. Die ehemalige britische Kronkolonie ist Teil der Volksrepublik, hat als Sonderwirtschaftszone aber die rechtsstaatlichen Mechanismen der früheren Jahre behalten. Die Hongkonger Börse funktioniert nach den Regeln der kapitalistischen Weltwirtschaft, denen sich China erst annähern muss. Als einer der wichtigsten internationalen Finanzplätze war Hongkong lange das finanzpolitische Tor zu China. Diese Rolle ist mit dem Aufstieg Schanghais kleiner geworden. Gemeinsame Verkaufsplattformen, über die in Hongkong unter bestimmten Bedingungen auch Aktien aus Schanghai und Shenzhen gehandelt werden können und umgekehrt, eröffnen beiden Seiten neue Geschäftsfelder.

Shenzhen ist von Hongkong nur durch einen Kanal getrennt. Zwischen den beiden Städten gibt es einen schwer bewachten Stacheldraht, um unkontrollierte Bevölkerungsbewegungen zu verhindern. Aber Hunderttausende verfügen über einen Passierschein und wechseln von der U-Bahn in Shenzhen in das U-Bahn-System Hongkongs.

Shenzhen war ursprünglich eine arme Fischersiedlung. Alle Modernisierungsanstöße der Behörden waren gescheitert. Die Region galt als schwieriger Fall. In Peking hatte Deng Xiaoping gerade die Hardliner nach dem Tod Maos besiegt. Der Reformpolitiker machte den zögernden Granden der Partei einen ungewöhnlichen Vorschlag. Die unterentwickelte Nachbarregion von Hongkong sollte eine Sonderwirtschaftszone werden, in der die Marktwirtschaft den sozialistischen Plan ersetzt. Viel Schaden konnte in diesem ärmlichen Eck Südchinas nicht angerichtet werden. Sollte das Experiment dagegen einschlagen, so wäre das ein Beweis, dass marktwirtschaftliche Reformen auch in weniger entwickelten Gegenden greifen können. Nach der schon zuvor verfügten Abschaffung der Volkskommunen markierte die Einführung von Sonderwirtschaftszonen den Beginn der chinesischen Wirtschaftsreformen. Neben Shenzhen wurden 1979 auch Sonderwirtschaftszonen in Zhuhai und Shantou eingeführt.

Vom ursprünglichen Fischerhafen ist in Shenzhen nur ein kleiner Rest geblieben. Es reihen sich Wolkenkratzer an Wolkenkratzer. Die Einwohnerzahl ist von 30 000 auf über zwölf Millionen gewachsen. Shenzhen ist eine reine Einwandererstadt. Alle chinesischen Dialekte kann man hier hören. Die Stadt ist zu einem Symbol für den wirtschaftlichen Aufstieg Chinas geworden, die Wirtschaftsleistung Shenzhens pro Kopf der Bevölkerung übertrifft jene des EU-Staates Portugal. Nirgendwo sonst in China haben die Menschen ein so hohes Pro-Kopf-Einkommen wie im einstigen Fischerdorf.

Marc Tian ist ein Geschäftsmann, den der Import deutschen Biers nach Südchina reich gemacht hat. Kaum ein Straßenzug in Shenzhen ist heute noch so wie vor 20 Jahren, erzählt er, ein Ende der Bautätigkeit ist nicht in Sicht. »Wenn ich sechs Monate weg bin, werden in der Zeit nach wie vor so viele neue Gebäude errichtet, dass ich jedes Mal Gefahr laufe, die Orientierung zu verlieren. Nach kurzer Zeit ist so viel umgebaut, dass ich mich in meiner eigenen Stadt nicht mehr auskenne.«

Wir treffen den Geschäftsmann bei einem Oktoberfest-Anstich im Paulaner Bräuhaus des Vergnügungsparks Shekou Sea World. Die Hauptattraktion in der Mitte der Anlage ist ein zum Luxushotel umgebautes Schiff, das einst vom Reformer Deng Xiaoping als Zeichen dafür, was Geschäftssinn alles möglich macht, eröffnet wurde. Die Fotos erinnern an die graue Vorzeit, als Neubauten noch gefeiert wurden.

Der Import deutscher, belgischer oder anderer Biere aus Europa ist ein wachsendes Geschäft. Die Mittelklasse experimentiert mit fremden Geschmäckern. Längst ist China ein gefragter Markt für Importe aus Europa und Amerika und nicht mehr nur Exportland für Billigprodukte. Viele Konsumenten testen bereitwillig Neues.

Die Elektronik- und Telekommunikationsindustrie bewirkt, dass die Stadt Shenzhen noch immer wächst. Heute ist die Megacity das Silicon Valley Chinas, das Millionen Zuwanderer aus allen Teilen des Landes anzieht. Handys, Laptops und die modernsten Drohnen werden in die ganze Welt exportiert. Der Internetriese Tencent, die Autofirma BYD und der Elektronikkonzern Huawei haben in Shenzhen ihre Zentrale. Huawei ist Marktführer für Netzwerk-Infrastruktur in Europa und mit Smartphones und Tablets präsent.

Die Großunternehmen produzieren in weitläufigen Industrieparks am Rande des Stadtgebiets. Zulieferer und Verkäufer findet man auch dicht gedrängt in den auf Elektronik spezialisierten Geschäftsstraßen. Käufer mit Kartons auf den Schultern, Verkäufer, die ihre Waren anpreisen, und Spediteure mit vollbepackten Leiterwagen bevölkern die Gehsteige. Hinter den unscheinbaren Fassaden der Häuser erstrecken sich über mehrere Stockwerke riesige Markthallen für Elektronik jeder Art. Lautsprecher, Festplatten, Mikrofone und Computerteile werden an den Ständen angeboten. Die Käufer kommen aus allen Teilen Chinas. Es wird gehandelt und verhandelt.

Der letzte Schrei sind Drohnen, die von Shenzhen aus in die halbe Welt verschickt werden. Eine simple Minidrohne, die auf der Handfläche Platz hat, kann man um umgerechnet zwölf Euro erstehen. Das Gerät mit eingebauter Kamera kostet doppelt so viel. Ein Besucher von den Philippinen kauft 20 Stück. Er wird sie zu Hause um den zehnfachen Preis an Freunde verkaufen, sagt er. Neuester Hit sind die um vieles größeren und teureren Drohnen, die aus luftiger Höhe Videos in TV-Qualität schießen. Bereitwillig lassen die Händler die Luftfahrzeuge mit ihren vier Propellern für das ausländische Fernsehteam in luftige Höhen steigen.

Im Zentrum der Stadt steht das imposante Gebäude der Börse. Ein Bildhauer hat riesige Stiere auf das Eingangsplateau gestellt. In der Börsensprache stehen die Bullen für steigende Kurse. Sie sind in Shenzhen Symbol des anhaltenden Optimismus, dass der wirtschaftliche Aufstieg trotz aller Hürden und Rückschläge weitergehen wird.

Werkbank der Welt? Nein danke!

Der Drohnenboom passt zu den Wirtschaftsplänen der Regierung. Nach den Vorstellungen Pekings ist es hoch an der Zeit für China, von der Rolle als verlängerte Werkbank der Weltwirtschaft wegzukommen. Die Löhne steigen. An die Stelle von Billigproduktion für den Export soll die Herstellung von Konsumgütern hoher Qualität treten. Die Nachfrage der immer größer werdenden eigenen Mittelklasse soll die Triebkraft der neuen Wachstumsphase sein, nicht mehr der Hunger europäischer und amerikanischer Konsumenten nach preisgünstigen Waren »Made in China«.

Der Slogan für die Umstellung lautet »Made in China 2025«. Unter diesem Titel beschloss 2015 der Staatsrat, das heißt, die chinesische Zentralregierung unter Premierminister Li Keqiang, eine industriepolitische Strategie für die nächsten zehn Jahre. Der Plan führt zehn Schlüsselbereiche an, die aufgrund ihrer Bedeutung für die Zukunft staatlich besonders gefördert werden sollen. Alles, was mit Informationstechnologie und Künstlicher Intelligenz zu tun hat, soll ausgebaut werden. Die Raumfahrt, mit Hightech ausgestattete Schiffe, computergesteuerte Industrieroboter, Hochgeschwindigkeitszüge und selbstfahrende Autos, energiesparende Technologien, Medizin und medizinische Geräte gelten als besonders wichtig. Technologie, falls nötig, im Ausland zu erwerben, ist Teil des Konzepts. Auf diese erste Zehnjahresstrategie sollen weitere strategische Pläne folgen, die in ein großes Ziel münden: 2049, 100 Jahre nach der Gründung der Volksrepublik durch Mao Zedong, soll China in allen technologisch wichtigen Bereichen ganz vorne stehen und eine führende Wirtschaftsmacht der Welt sein.

»Made in China 2025« ist eine Chiffre geworden, die sich im Fünfjahresplan von 2016 und in anderen Zukunftsvisionen wiederfindet. Auf dem Weltmarkt müssen chinesische Produkte in Zukunft reüssieren, weil sie der Konkurrenz technologisch überlegen sind und nicht, weil sie billig produziert werden, lautet die Grundidee der Regierung.

Der Plan klingt für einen Staat sinnvoll, der in der Entwicklung vom armen Agrarland zur Industrienation nicht stecken bleiben will. Im Westen hat die Langzeitplanung der chinesischen Regierung jedoch Verunsicherung ausgelöst. Deutschland versucht mit dem Konzept »Industrie 4.0« zwar über die Tagesaktualität hinauszudenken. Die Europäische Union gibt Kernziele für »Europa 2020« aus. Aber es handelt sich um technokratische Vorstellungen, zu deren Umsetzung die Mittel fehlen. Regierungen in Washington, Berlin oder Paris sind gewohnt, bis zum nächsten Wahltermin zu denken. Der chinesischen Zentralregierung traut man dagegen zu, eine einmal beschlossene Vorwärtsstrategie auch tatsächlich umzusetzen. Der Westen befürchtet, zurückzubleiben.

Auf den ersten Blick erinnern die hochtrabenden Pläne an die Ankündigungen kommunistischer Parteitage in der Sowjetunion, dass die sozialistischen Staaten das kapitalistische Amerika einholen und überholen würden. Aber China kombiniert die Dynamik der Marktwirtschaft, die in der Sowjetunion gefehlt hat, mit der Lenkungskraft des Staates. Die Privatwirtschaft macht 70 Prozent der Volkswirtschaft aus. Die Kommandohöhen der Wirtschaft im Energiebereich, bei den Banken und in der Luftfahrt sind jedoch in staatlicher Hand geblieben. Das Zusammenspiel hat sich bewährt. Chinas Erfolg ist nicht einfach ein Triumph des Kapitalismus, wie oft behauptet wird, sondern das Ergebnis eines gemischten Wirtschaftssystems, das als Staatskapitalismus bezeichnet werden kann. Die Weltbank zählt 120 staatliche Großkonzerne, deren Modernisierung Premierminister Li Keqiang bei jedem Volkskongress neu verspricht. An Privatisierung ist nicht gedacht. Über milliardenschwere Fonds stellt die Zentralregierung in Peking den Unternehmen riesige Geldmittel zur Verfügung, damit die geplanten Innovationsschritte umgesetzt werden.

Das deutsche Mercator Institute for China Studies (MERICS) sieht die Strategie »Made in China 2025« als Gefahr für Europa, weil die westliche Technologie gezielt durch chinesische Produkte ersetzt wird. 2025 sollen 40 Prozent der Chips in Smartphones, 70 Prozent der Industrieroboter und 80 Prozent der Ausrüstung für erneuerbare Energie auf dem chinesischen Markt chinesischen Ursprungs sein. Firmen aus Europa und den USA, Japan und Südkorea sollen verdrängt werden und in einer nächsten Phase auch auf dem Weltmarkt in die Defensive kommen, so die Interpretation der deutschen Chinaforscher.

Gelernte Bürger der Volksrepublik wissen jedoch, wie leicht die schönsten Pläne an unerwarteten Hürden zerschellen können. Von chinesischer Weltherrschaft in der Hochtechnologie ist man in der Realität weit entfernt. Die besten Ideen kommen immer noch aus Kalifornien. Anders als in den autoritär von oben nach unten strukturierten chinesischen Unternehmen kann man in Silicon Valley mit Widerspruch und rebellischem Geist erfolgreich sein. Aber eine Verschiebung der wirtschaftlichen Machtverhältnisse in der Welt ist nicht zu bestreiten. Der chinesische Onlineversand-Gigant Alibaba und der Internetriese Tencent spielen in der gleichen Liga wie die amerikanischen Pendants Amazon und Facebook, konstatiert der britische »Economist« im Februar 2018. Demnächst könnte die Online-Taxifirma Didi Chuxing mit dem kalifornischen Mietwagenmulti Uber im Umsatz gleichziehen. In den USA und in Europa sind die chinesischen Firmen allerdings völlige Außenseiter. Chinesische Produkte werden im Westen vielleicht in Zukunft so mitmischen wie japanische Autos und koreanische Elektrogeräte. Die Herausforderung durch einen neuen Konkurrenten kann für die etablierten Industrienationen auch belebend wirken, statt eine Bedrohung zu sein.

Den Westen tatsächlich weit überholt hat China beim bargeldlosen Geldverkehr. Die Chinesen überweisen über ihre Smartphones elfmal mehr Geldbeträge als die Amerikaner. Das Online-Geschäftsvolumen in China ist doppelt so groß wie in den USA. Dass die chinesischen Konsumenten neue Technologien mit offenen Armen aufnehmen, zahlt sich aus.

Eine echte Aufholjagd Chinas gegenüber den USA sieht die britische Wochenzeitschrift »Economist« in der Entwicklung von Artificial Intelligence, der Künstlichen Intelligenz, und bei der computergesteuerten Gesichtserkennung. Die Kombination von Künstlicher Intelligenz und Big Data in der Gesichtserkennung wird bereits von einigen Firmen benützt, wie dem Didi-Taxidienst oder dem Bezahlsystem Alipay, das zum Online-Verkaufsriesen Alibaba gehört. Alipay wird von mehr als 500 Millionen Menschen verwendet. Es ist ein riesiges Geschäftsfeld, in dem China eine führende Rolle einnehmen will. Die Technologie liegt angesichts zahlreicher Überwachungsprogramme im staatlichen Interesse. Die riesigen Datenmengen, die den chinesischen Forschern zur Verfügung stehen, machen sich technisch bezahlt. Ein Gleichziehen der chinesischen Hightechindustrie mit Amerika sei trotz milliardenschwerer staatlicher Fördermaßnahmen dennoch nicht früher als in zehn bis 15 Jahren zu erwarten, urteilt der »Economist«.

Der Staatssektor ist für die chinesischen Wirtschaftsplaner nicht nur ein Vorteil. Die Regierung klagt regelmäßig über sogenannte »Zombie-Firmen«, die gewaltige Schuldenberge anhäufen und von den Provinzregierungen künstlich am Leben gehalten werden. Arbeitsminister Yin Weimin spricht im Februar 2016 davon, dass wegen Überproduktion demnächst wahrscheinlich 1,3 Millionen Kohlearbeiter und 500 000 Stahlarbeiter ihre Jobs verlieren werden. Inoffiziell wird von bis zu sechs Millionen Arbeitern gesprochen, deren Arbeitsplätze nicht mehr zu halten sind. Die chinesische Umstrukturierung wird Opfer fordern. Wirtschaftstreibende berichten von der gähnenden Leere in den Fabrikhallen vieler staatlicher Unternehmen. In Stahlbetrieben, bei Zement, in der Bauwirtschaft und in manchen Regionen auch bei Immobilien herrscht Überproduktion. Aber die Produktion herunterfahren heißt, Arbeitslose zu schaffen. Dagegen wehren sich die politischen Verantwortlichen. Rationalisierungsmaßnahmen sind in China schwerer durchzusetzen als im Westen, weil die Behörden unmittelbar verantwortlich gemacht werden, wenn ein Betrieb zusperren muss. Wenn Regierungschef Li Keqiang kritisiert, dass Zombie-Firmen am Leben gehalten werden, verspricht er gleichzeitig immer Millionen neuer Arbeitsplätze in Zukunftsbranchen. Die Arbeitslosenquote in Chinas Städten beträgt niedrige 4,5 Prozent. Die Zahlen sind seit Jahren konstant und gelten bei internationalen Experten als wenig glaubwürdig. Das gute Wachstum hat die sozialen Kosten der Modernisierung auf jeden Fall in Grenzen gehalten.

Der Gestaltungswille der chinesischen Führung bleibt ungebrochen: Präsident Xi Jinping lässt 100 km südlich von Peking auf dem Reißbrett eine neue Großstadt, Xiong'an, bauen, die grün, sauber und voller Hightech sein wird, verspricht die Regierung. 2035 soll die neue Stadt Xiong'an fünf Millionen Einwohner haben. Die urbane Neugründung wird gemeinsam mit Peking und Tianjin einen Städte-Cluster mit Vorbildwirkung für das ganze Land bilden, so steht es im Plan der Zentralregierung. Alles, was mit dem Hochgeschwindigkeitszug innerhalb von einer Stunde zu erreichen ist, soll einmal zum Cluster gehören. Auch rund um Schanghai im Jangtse-Delta und im Perlfluss-Delta um Shenzhen und Hongkong sieht das Langzeitprogramm riesige Städteverbindungen vor. Der Cluster um Peking wird laut Plan 112 Millionen Einwohner haben.

Hightech an Handy und Fahrrad

In China ist keiner der großen internationalen Internet-Dienstleister wie Amazon, Ebay, Facebook oder Google zugelassen. Die Barriere ermöglichte es heimischen Unternehmen, zu wachsen. Scharfe Konkurrenz besteht zwischen den verschiedenen chinesischen Unternehmen trotzdem. Aber vor der überwältigenden Übermacht der etablierten kalifornischen Konzerne sind die chinesischen Internet-Firmen geschützt. Dazu kommt ein sicherheitspolitischer Vorteil für die Zentralregierung in Peking: Die Behörden verschafften sich unbegrenzten Zugang zu allen Daten der chinesischen Konzerne. Die chinesischen Internet-Firmen haben die anfängliche Phase des Kopierens amerikanischer Vorgänger längst hinter sich gelassen. Der Onlinedienst WeChat, den zwei von drei Bürgern am Handy nutzen, wird für mehr Funktionen eingesetzt als das amerikanische Pendant Facebook im Westen. Über WeChat zahlt man die Mittagssuppe, bestellt das Taxi, tauscht Fotos, verschickt eine Sprachnachricht und überweist Geldbeträge. Es gibt kaum eine Tätigkeit im Internet, die sich nicht mithilfe von WeChat am Handy erledigen lässt.

Kerstins Tagebuch

Auch ich habe jetzt einen technologischen Sprung gemacht und WeChat installiert. Denn alle, die ich neu kennenlerne, haben eine WeChat-Adresse. Statt Telefonnummern oder E-Mail-Adressen auszutauschen, scannt man nur den QR-Code und ist schon ein »friend«. Und kommen ein paar chinesische Zeichen, dann kann man darüber auch gleich ein Übersetzungsfeld anklicken und hat die Botschaft auf Englisch. Sehr praktisch.

Meine Freundin Sara, die in ihrem Sabbatical als Physikerin an der renommierten Beijing Language and Culture University Chinesisch studiert, hat WeChat auf meinem Handy installiert und dazu auch gleich ein Forum, das Jobs für Fremdsprachige anbietet. Und so habe ich dann mein erstes chinesisches Geld verdient. Gesucht wurden muttersprachlich Deutsche für Tonaufnahmen. In der kleinen, versteckten Wohnung im Univiertel Wudaokou saßen in den umfunktionierten Räumen lauter junge Chinesen an den Computerbildschirmen. Ich musste einige aufgeschriebene Sätze nachsprechen, etwa: »Hey Cortana, wie komme ich am schnellsten nach Pforzheim?«. Auftraggeber war vermutlich Microsoft für das neue Spracherkennungsprogramm »Cortana«, und, outgesourct nach China, wurden für Sprachproben Europäer rekrutiert. Außer Sara und mir waren lauter junge Studierende dort, nicht einfach, damit alle Altersstufen abzudecken. Mit mir hatten sie dann den Glücksfall einer richtigen 54-Jährigen. Und ich bekam nach 20 Minuten einen chinesischen Hunderter auf die Hand.

Abgeschirmt von der amerikanischen Konkurrenz sind in China die Geschäfte im Internet explodiert. Die amerikanischen Weltkonzerne hoffen sehnlich, dass diese Beschränkungen einmal aufgehoben werden und sie Zugang zu dem am raschesten wachsenden Markt des Globus erhalten. Facebook-Gründer Mark

Zuckerberg hat Chinesisch gelernt und präsentiert seine Sprachkünste bei jeder sich bietenden Gelegenheit. Sogar Präsident Xi Jinping hat er schon auf Chinesisch angesprochen. Eine Hürde war bisher nicht zu überwinden: Nach den Vorstellungen der Volksrepublik müssen sich die Internet-Firmen strikt an nationale Gesetze halten. Dazu gehören die Zensurbestimmungen Pekings und der Zugang der Behörden zu allen Daten. Setzt sich diese Vorstellung international durch, dann wäre das das Ende des globalen Internets, wie wir es kennen. Aus Sorge vor einem öffentlichen Protest in den USA haben sich die US-Internet-Giganten dem Druck der chinesischen Behörden bisher nicht gebeugt.

International erfolgreicher als im Internet-Dienstleistungsbereich sind innovative chinesische Firmen beim Fahrradverleih. Auch auf den Straßen europäischer Städte sind inzwischen die knallgelben Leihfahrräder der Pekinger Firma Ofo zu sehen. Ofo ist nur eine von einer Handvoll Großfirmen, die in Chinas Städten für ein Comeback der Fahrräder sorgen, nach vielen Jahren, in denen Autos und elektrische Motorräder den Straßenverkehr völlig beherrscht haben. Geschätzte 16 Millionen Fahrräder sind in kürzester Zeit in Hunderten chinesischen Städten aufgestellt worden. Ofo ist hinter dem Marktführer Mobike die zweitgrößte Bikesharing-Firma der Welt. Das drittgrößte Unternehmen, Bluegogo, ging 2017 in Konkurs. Um die Welt gingen Bilder von riesigen Fahrradfriedhöfen am Rande der Städte, Anzeichen, dass möglicherweise gerade eine Blase platzt.

Den Leihfahrrad-Boom erleben wir hautnah in Peking. Innerhalb weniger Wochen sind die Gehsteige um das ORF-Büro in Sanlitun mit Bikes so übersät, dass man sich kaum mehr fortbewegen kann. Vor den U-Bahn-Stationen stehen dicht gedrängt die gelben, blauen und orangen Fahrräder. Durch die Autokolonnen im Dauerstau schlängeln sich plötzlich in großer Zahl die bunten Zweiräder. Es ist ein bemerkenswertes Comeback. Lange war das Fahrrad das am weitesten verbreitete Fortbewegungsmittel in China. Alte Fotos aus den 1970er-Jahren zeigen am Tiananmen-Platz, wo heute Busse und Autos durchgewinkt werden, ein Meer von Fahrrädern. Schwarze Dienstwagen der Parteiführung oder Lastwagen mit Soldaten waren der einzige Kontrast. Der materielle Aufstieg brachte erstmals Privatautos auf die Straßen, aber noch dominierten Fahrräder und Mopeds. Inzwischen sind 6,5 Millionen Pkws in der chinesischen Hauptstadt zugelassen. Stundenlange Staus gehören zum Alltag. Da war das Comeback des Fahrrads eine kleine Revolution.

Das System des chinesischen Bikesharing ist genial und einfach zugleich. Es kombiniert die Technikaffinität mit dem alltäglichen Bedarf an Mobilität. Mit Hilfe einer App am Handy kann man die Fahrräder überall und zu jeder Zeit verwenden. Standplatz muss man keinen suchen, das Fahrrad kann überall abgestellt werden. Ein eingebautes GPS sorgt für die Verbindung zur Zentrale und zu den anderen Benützern. Diebstahl zahlt sich nicht aus, sagen die Betreiber, weil die Fahrräder außerhalb des Onlinesystems nicht betrieben werden können. Die Freude über das neue Fortbewegungsmittel, das vor allem für kurze Strecken schnell populär wurde, ist in chinesischen Städten rasch der Klage gewichen, dass Gehsteige vor lauter Fahrrädern kaum mehr passierbar seien. Die engen Gassen, die die abgestellten Leihfahrräder vor dem ORF-Büro in Sanlitun gelassen haben, mussten sich Fußgänger, Fahrradfahrer und die zahlreichen Elektromotorräder teilen. Schließlich stoppte die Stadtverwaltung die weitere Expansion, über 2,2 Millionen Leihräder in Peking sind mehr als genug.

Kein Problem ist in China die Tatsache, dass Ofo und Mobike dank ihrer Fahrräder riesige Mengen ortsbezogener Nutzerdaten sammeln. Die Informationen, welche Wege zu welcher Tageszeit von Fahrradfahrern benützt werden, sind für die Stadtplanung wertvoll. Auch Investoren, die Shoppingmalls, Wohnanlagen und Vergnügungszentren bauen, sind an detaillierten Informationen über den Verkehrsfluss interessiert. Die Bikesharing-Firmen hoffen, durch den Verkauf der Daten Geld zu machen. Noch hautnaher als bisher kann mit den neuen Leihfahrrädern auch die Bewegung jedes einzelnen Bürgers verfolgt werden. Datenschutz ist in China kein Thema. In Europa und den USA versprechen die chinesischen Fahrradleihfirmen, dass sie sich an alle dort geltenden Regeln halten. In Peking hat die Dynamik des Bikesharing den dröge vor sich hin dümpeln-

Freilichtmuseum Liangjiahe in der Provinz Shaanxi: Die Autoren besuchen die Wohnhöhle, in der Präsident Xi Jinping mit fünf anderen Jugendlichen die bitteren Jahre der Kulturrevolution verbracht hat.

Mao-Imitatoren machen in Yan'an gute Geschäfte. Nach dem langen Marsch hat der Große Vorsitzende von hier aus die Machtübernahme in ganz China vorbereitet.

Das Grab von Jiang Qing, Maos letzter Frau, auf dem Futian-Friedhof im Westen Pekings. Nur das Meer von Blumen zeigt, dass hier die einst mächtigste Frau Chinas begraben liegt.

Tibetische Feier in 4300 Meter Höhe im Larung-Tal, Provinz Sichuan. Tausende Mönche und Nonnen meditieren unter Anleitung der Äbtissin des Instituts für Höhere Buddhistische Studien.

Peking, 1. Dezember 2015: Blick in den Smog aus dem Wohnzimmer vom 23. Stock in Sanlitun.

Peking, 2. Dezember 2015: Der Smog hat sich verzogen und man kann bis zu den Westbergen am Stadtrand von Peking sehen.

China Daily am 15. 3. 2015: Eine nicht im Voraus genehmigte Frage des Autors zur Krim bei der Pressekonferenz von Premierminister Li Keqiang wird zur Sensation in den chinesischen Medien.

Gehsteig im Bezirk Chaoyang in Peking:
Das Comeback des Fahrrads ist nicht zu übersehen.

Kerstin Witt-Löw und Anna Waldhör bei den Ming-Gräbern unweit von Peking: Zwei blonde Frauen aus dem Westen erregen Aufsehen.

Grenzstadt Dandong: Die Brücke über den Yalu-Fluss führt zum schwierigen Nachbarn Nordkorea.

In der Unruheprovinz Xinjiang gehören Antiterrorschilder
zur Grundausstattung in jedem Geschäft.

Der prächtige Potala-Palast in Lhasa ist durch das Exil des 14. Dalai Lama
verwaist. Am Abend erschallen patriotische chinesische Gesänge.

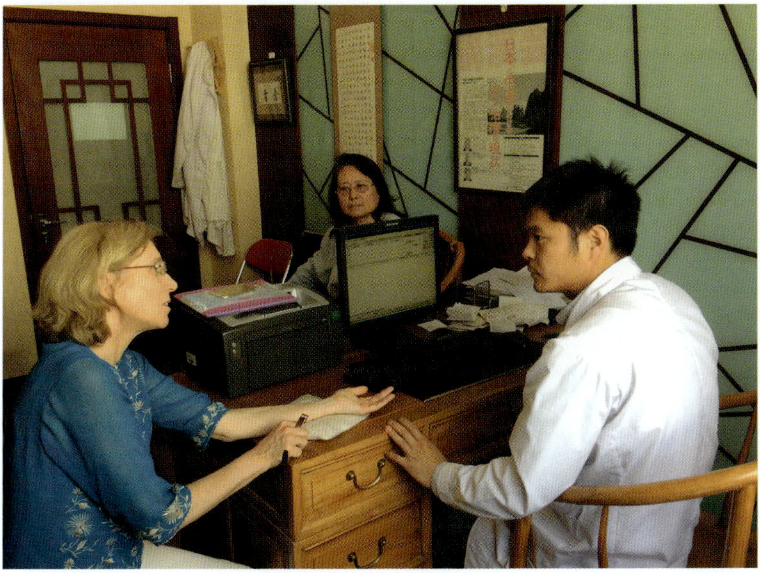

Der TCM-Arzt Dr. Huang im Pekinger Beijing Hospital diagnostiziert bei der Autorin ein schwaches Qi, das laut Traditioneller Chinesischer Medizin den Energiehaushalt regelt.

Im weltberühmten Kloster Shaolin weist Direktor Shi Yanlin gegenüber dem Autor und ORF-Producer Alessandro Detoni die Kritik an den Geschäften mit Kung-Fu zurück.

Große Halle des Volkes am Tiananmen-Platz in Peking:
Alleine fühlt man sich nie.

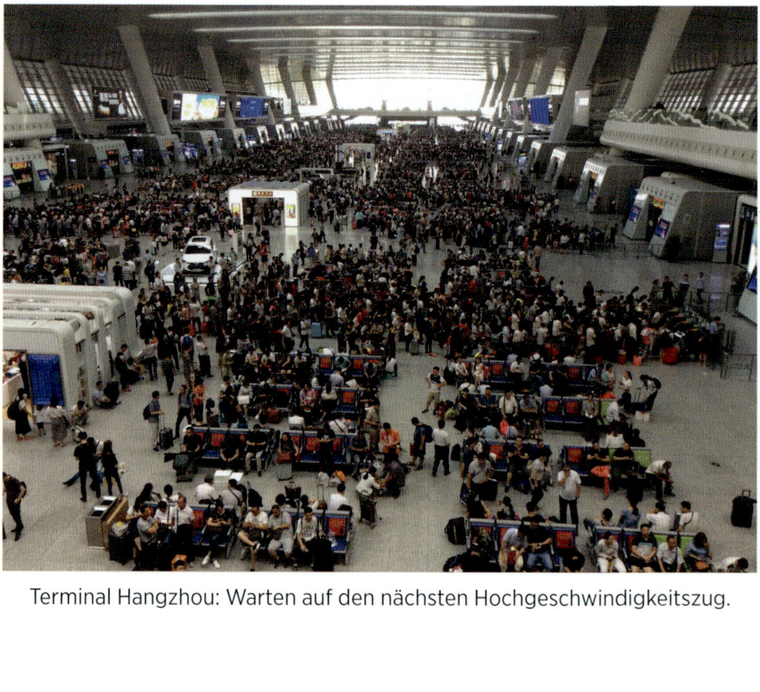

Terminal Hangzhou: Warten auf den nächsten Hochgeschwindigkeitszug.

Revolutionäre Symbolik beim Volkskongress in Peking: Kommunismus und kapitalistische Marktwirtschaft gehören in China zusammen.

Antiquitätenmarkt Panjiayuan in Peking: »Reaktionäre akademische Autorität« steht auf dem Schild der gedemütigten Person. Quälereien in der Kulturrevolution sind beliebte Motive für Keramikfiguren.

Sichuan: Tanz im Volksgarten der Hauptstadt Chengdu

Peking, Sanlitun, November 2016: Das neue Intercontinental
in unserer Nachbarschaft ist eröffnet.

Guilin, Autonomes Gebiet Guangxi: Im Stadtzentrum ist der Shanhu-See die Touristenattraktion. Fische sind in China ein Glückssymbol.

Chongqing: Von den alten Vierteln der boomenden Stadt am Jangtsekiang ist nur mehr wenig übrig.

G20-Gipfel in Hangzhou, September 2016: Für die Live-Schaltung in die ZiB sind so manche Hürden zu nehmen.

Peking, Dritter Außenring, Februar 2017: Unablässig wachsen neue Wolkenkratzer in den Himmel.

Peking: Tiananmen-Platz ganz besonders feierlich

Der Künstler Zhang Xiaotao hat seiner Heimatstadt Chongqing mit dem Video »The Spring of Huangjueping« ein Denkmal gesetzt.

Tianjin, August 2015: Proteste nach der katastrophalen Explosion im Containerhafen. »Wir lieben die Partei, vertrauen der Regierung und fordern den Rückkauf der beschädigten Wohnungen«, ist auf den Transparenten zu lesen.

Multimillionär und Museumsbauer Fan Jianchuan, der in Sichuan ein Museum zur Kulturrevolution betreibt, beim Baijiu-Test mit dem Autor und ORF-Producer Alessandro Detoni.

Peking, Wohnanlage Sanlitun Soho. Die sozialistischen Grundwerte der KP Chinas: Wohlstand-Demokratie-Kultur-Harmonie-Freiheit-Gleichheit-Gerechtigkeit-Rechtsstaatlichkeit-Patriotismus-Hingabe-Aufrichtigkeit-Freundlichkeit

Peking, Tiananmen-Platz, März 2017: Während des jährlichen Volkskongresses geht es martialisch zu.

Peking, September 2015: Mit der Militärparade zum Jahrestag des Sieges über Japan im Zweiten Weltkrieg unterstreicht China seinenFührungsanspruch in Asien.

Die Stadt Chongqing am Zusammenfluss von Jangtsekiang und Jialing gehört zu den rasch wachsenden Riesenstädten im südwestlichen Landesinneren Chinas.

den Fahrradmarkt mit seinen fixen Standplätzen schon jetzt revolutioniert.

Der Sozialkredit

Nicht anders als entsprechende Firmen im Westen sammeln die Bikesharing-Firmen genauso wie WeChat am Handy oder Alibaba beim Einkauf online Daten über die Kunden. Die chinesische Datensammelwut hat einen kommerziellen Hintergrund. Die Unternehmen sind bemüht, Kunden durch Belohnungen bei der Stange zu halten, sie verschicken gezielt Werbung. Umgekehrt trachten sie danach, jene Personen auszuscheiden, die mit Zahlungen im Verzug sind oder sonstige Probleme verursachen. Auch die Banken sammeln Daten, um die Kreditwürdigkeit von Kunden zu beurteilen. In der Zeit des Maoismus waren alle Bürger Teil eines Arbeitskollektivs. Auf dem Land gehörten sie zu Volkskommunen, in der Stadt zu sogenannten Danweis. Das Kollektiv kontrollierte den Einzelnen und vergab Pluspunkte für Wohlverhalten. Für jeden Mitarbeiter gab es eine Personalakte. Bis heute hängen in vielen Betrieben die Fotos preisgekrönter Arbeiter, die eine bestimmte Norm besonders gut erfüllt haben. Mit dem Beginn der Wanderbewegung in die Städte ist dieses Kontrollsystem zusammengebrochen.

Bis 2020 will die Zentralregierung diese Lücke füllen, indem im ganzen Land ein Sozialkreditsystem eingeführt wird. Vorbild ist das System des Creditrating in den USA. Landesweite Aufpasser zeichnen dort auf, ob ein Kreditnehmer brav alle erforderlichen Zahlungen leistet oder ob jemand je in Verzug gekommen ist. Ein kompliziertes System entscheidet über die Kreditwürdigkeit eines Kunden und sagt der Bank, wie hoch das Risiko bei jedem Einzelnen zu bewerten ist. Sogar um eine einfache Kreditkarte zu bekommen, muss man als Konsument in den USA über ein Creditrating verfügen. Für Europäer, die in ihrer Hausbank persönlich bekannt sind, scheint das ein strenges System zu sein. Bei großen Volkswirtschaften mit hoher Mobilität sind Kundendaten jedoch ein wertvolles Gut. Sowohl in San Francisco als auch in Hongkong gab es Firmen, die bei Kreditvergaben soziale Faktoren in die Bewertung mit einbezogen, lange bevor in China jemand auf die Idee kam. Was in China passiert, folgt einem globalen Trend, der im Reich der Mitte schneller und weitreichender umgesetzt wird als anderswo.

Aus der rein kommerziellen Datensammlung von Banken und Onlinefirmen möchte die Regierung in Peking ein umfassendes System des Kreditmanagements durch Zusammenführung aller Datenbanken machen. Vereinzelte Warnungen vor einem Modell der totalen Überwachung Orwell'scher Dimensionen nimmt man nicht ernst. Allerdings bezweifeln viele Experten, dass ein Sozialkreditsystem für eine so riesige Bevölkerung wie in China überhaupt machbar ist.

In mehr als 40 Pilotprojekten wird seit Jahren getestet, wie digitale Überwachung funktionieren kann. Das bekannteste Experiment läuft in der Hafenstadt Rongcheng. Jeder Bürger wird mit 1000 Punkten ausgestattet und erhält die Note A. Bei einem Strafmandat verliert man Punkte und rutscht auf die Note B. Wer unter 600 Punkte kommt, landet bei der Note D und muss Schwierigkeiten beim Job befürchten. Pluspunkte gibt es für ehrenamtliche Hilfeleistungen bei NGOs oder unentgeltliche Unterstützung der Gemeinde. Fürs Schneeschaufeln gibt es fünf Punkte, erklären die Verantwortlichen dem Korrespondenten des »Standard«, Johnny Erling. »Wer mit einem A ausgezeichnet ist, darf kostenlos Bücher in den Leihbüchereien entleihen«, hat der Reporter recherchiert. »Für ein A+ werden ihm die Gebühren beim Stromverbrauch reduziert, für ein A+++ liefern die Wasserwerke 30 Kubikmeter Wasser umsonst im Jahr.« Das Ratingsystem in Rongcheng wird von einer Propagandakampagne für Tugend, Ordnungsliebe und Patriotismus begleitet, in der Harmonie und Kreditwürdigkeit im Zentrum stehen, berichtet der Korrespondent Erling. Riesige Plakate an Bushaltestellen und am Straßenrand von Rongcheng mit dem dick aufgetragenen Slogan »Vertrauenswürdigkeit ist Glück« erinnern den Reporter an George Orwells »1984«.

Was genau in dem geplanten Bewertungssystem für ganz China enthalten sein soll, ist unklar. Die Horrorvision für Kritiker ist, dass auch religiöses Engagement oder die Unterzeichnung einer Petition Eingang in das Sozialkreditsystem finden könnte. Denn über eine App sollen Behörden, Banken, Arbeitgeber und Online-Plattformen Zugang zum Punktestand jedes Bürgers bekommen, so lautet der Plan. Dem China-Korrespondenten der »Presse«, Felix Lee, berichtet ein Pekinger Netzaktivist, dass es in Rongcheng Extrapunkte für einen regelmäßigen Bezug des Parteiorgans »Volkszeitung« gebe. Wer Missstände in den sozialen Medien anprangert, verliert dagegen Punkte.

Eine öffentliche Diskussion über die Gefahren eines digitalen Abgleitens in ein totalitäres System fehlt in China. Viele Menschen sehen es als eine Aufgabe des Staates an, die Bürger zu sozialem Verhalten zu erziehen. Im chaotischen Alltag gilt häufig das Recht des Stärkeren. Strenge Kontrolle von oben ist für viele Menschen der Rücksichtslosigkeit der Mitbürger vorzuziehen. Als Beispiel für die Notwendigkeit der Disziplinierung werden in den Medien randalierende Passagiere in Flugzeugen angeführt. Wer häufig negativ auffällt, soll endlich auf eine NoFly-Liste kommen, liest man in der Presse. Dagegen tritt die Frage, wer solche Listen kontrolliert und welche Berufungsmöglichkeiten es gibt, in den Hintergrund.

Offene Kritik am sozialen Kreditsystem wird nur in Hongkong laut. Für den unabhängigen Gewerkschaftler Lee Cheuk-yan, den wir in seinen vollgestopften Büroräumlichkeiten der Hongkong Confederation of Trade Unions treffen, ist die Fusion von Totalüberwachung mit hoch entwickelter Technologie ein Albtraum. Jeder Aspekt des Lebens wird kontrollierbar, und das, so meint er, zwingt die Menschen dazu, zu schweigen, zu lügen und nach außen Gehorsam gegenüber der Kommunistischen Partei zu demonstrieren.

Völkerwanderung

Mit neuartigen Methoden der sozialen Kontrolle reagiert der Staat auf das gesellschaftliche Chaos, das die wirtschaftliche Öffnung vor 40 Jahren begleitet hat. Mit dem Ende des klassischen Maoismus haben die Volkskommunen auf dem Land ihre Tore geschlossen. In einer beispiellosen Völkerwanderung machten sich Hunderte Millionen auf den Weg aus den verarmten Dörfern in die aufstrebenden Industriestädte an den Küsten, im Osten und im Süden. Wanderarbeiter waren die wichtigste Stütze des dynamischen Wirtschaftsaufschwungs.

Kerstins Tagebuch

Mit Freundin Niny war ich auf einem Blumenmarkt und jetzt ist unser Wohnzimmer voll mit Orchideen, Pfingstrosen und hohen Grüngewächsen, eine biologisch-ökologische Ergänzung zum Luftreinigungsgerät.

Die Pflanzen habe ich bei einem der Stände auf dem Markt ausgesucht und bezahlt. Zwei Stunden später wurden sie kostenlos auf einem Rollwagen in die Wohnung geliefert. China ist bei all diesen Dienstleistungen großartig: Geschäfte liefern sofort und meist ohne Zusatzkosten. Dies ist besonders beim Wasser wichtig, denn wir verbrauchen drei Liter Trinkwasser am Tag. Auch die bestellten Taxis sind immer verlässlich und pünktlich da. Das war an unseren früheren Wohnorten Brüssel und Washington viel unsicherer. Unsere Freundin Anna bekam letzte Woche sogar eine Ikea-Lieferung samt Montage am Sonntagabend.

Ermöglicht wird all das von den vielen WanderarbeiterInnen, die für wenig Geld Dienstleistungen für die Großstädter anbieten.

Für Landbewohner aus einer entfernten Provinz Chinas ist es so schwer, legal in Peking Fuß zu fassen, wie für Bürger aus einem Nicht-EU-Staat in Wien oder London. Es gibt in der Praxis häufig keine Sozialversicherung, obwohl die Arbeitgeber rechtlich dazu verpflichtet wären. In manchen Städten sind die Kinder in öffentlichen Schulen nicht zugelassen. Obwohl der Unterricht in den Dörfern notorisch schlecht ist, lassen viele Arbeitsmigranten die Kinder bei Verwandten auf dem Land zurück, weil sie sich Privatschulen nicht leisten können und ihnen in der Stadt, in der sie leben, öffentliche Schulen verwehrt sind. Die chinesische Zentralregierung schätzt, dass 280 Millionen Arbeiter von diesem Zweiklassensystem betroffen sind, das nur sehr langsam abgebaut wird. Ein Drittel der Arbeitskräfte Chinas verfügt über keinen sogenannten »Hukou«, die begehrte Aufenthaltsgenehmigung für den Ort, an dem sie leben und arbeiten.

Die 23-Millionen-Stadt Peking beherbergt acht Millionen Wanderarbeiter. Die strengen Aufenthaltsbestimmungen verhindern, dass die Megastädte durch zu rasche Zuwanderung überfordert werden. Die Wanderbewegung soll in die kleineren Städte in der Provinz umgeleitet werden. Anders als in Indien und anderen Ländern Asiens gibt es in China tatsächlich auch keine Slums, trotz der rapiden Urbanisierung.

Als kritischer Europäer darf man nie vergessen: Für die Wanderarbeiter bedeutet der Weg in die Stadt die Hoffnung auf einen sozialen und finanziellen Aufstieg aus der Armut im Dorf und einen Ausbruch aus der strengen Kontrolle durch die ältere Generation. Es sind die Jungen, die sich auf den Weg machen, junge Frauen genauso wie junge Männer. Wenn junge Frauen eigenes Geld verdienen und damit die Familie im Dorf unterstützen, dann verschieben sich auch die Kräfteverhältnisse zwischen den Geschlechtern und Generationen. Allerdings bleiben ihre Kinder oft im Dorf zurück und werden dort nur notdürftig betreut, was neue soziale Probleme schafft. »Left behind children«, »zurückgelassene Kinder«, ist der Fachausdruck der chinesischen Soziologen. Diese geschätzt 70 Millionen Kinder der Wanderarbeiter, die nicht bei ihren Eltern aufwachsen können und Mutter und Vater nur einmal im Jahr, bei der Feier zum chinesischen Neujahr, sehen, sind seit Langem ein Thema der öffentlichen Diskussion. Immer wieder berichten die chinesischen Medien über Selbstmorde verlassener Kinder.

Die Zentralregierung verspricht, dass in Zukunft Bürger, die mehr als sechs Monate außerhalb ihrer Heimatgemeinde wohnen, elementare Dienstleistungen wie den Pflichtschulbesuch der Kinder in Anspruch nehmen können. Auch städtische Krankenhäuser sollen sie in Zukunft aufsuchen können und nicht mehr auf die oft sehr schlecht ausgerüsteten Krankenhäuser auf dem Land angewiesen sein. Nach fünf Jahren Arbeit soll Wanderarbeitern der Weg zu einem regulären Aufenthaltstitel in der Stadt, in der sie arbeiten, geöffnet werden, so lautet das Versprechen aus Peking. Allerdings: Die konkrete Umsetzung der Migrationspolitik ist Sache der jeweiligen Stadtregierung. In den Metropolen Peking oder Schanghai sind die Hürden für die soziale Integration um vieles höher als in kleineren Städten. Die Zentralregierung möchte die Urbanisierung durch die Entwicklung von Provinzstädten fördern, gleichzeitig soll die Bevölkerung der Megastädte begrenzt werden. Ein Widerspruch, der unterschiedliche Regeln für Wanderarbeiter zur Folge hat. Die neuen Stadtbürger werden im Prinzip auch Anspruch auf städtische Pensionen haben, die viel höher sind als die kümmerliche Altersversorgung auf dem Land. Dazu soll es einmal möglich sein, Versicherungsjahre nachzukaufen. Es ist ein großer gesellschaftlicher Umbau, der sich mit der Änderung des Aufenthaltsrechts in China abzeichnet. Ziel ist es, einmal ein soziales Mindestnetz zu schaffen, das für alle 1,4 Milliarden Bürger gilt, und das helfen soll, die wachsenden gesellschaftlichen Spannungen der chinesischen Gesellschaft abzufangen.

Ende 2017 machten Hunderttausende Wanderarbeiter im Pekinger Außenbezirk Daxing die böse Erfahrung, dass sich ihre Situation trotz aller gegenteiligen Versprechungen innerhalb von Tagen dramatisch verschlechtern kann. Nach einem Brand mit 19 Toten wurden Hunderte Gebäude über Nacht für feuergefährdet erklärt. Bei klirrender Kälte wurden die Bewohner an hundert Orten im Süden Pekings aus ihren billigen Unterkünften delogiert und die Häuser zerstört. Ganze Straßenzüge sahen plötzlich aus wie nach einem Bombenangriff. »Die Vertreibung der Armen«, nennt der Korrespondent der »Presse«, Felix Lee, den beschämenden Vorgang. Die brutale Behördenaktion hat zu einem der seltenen Proteste im Internet geführt.

Die Wanderarbeiterin Fan Yusu

Den schwierigen Weg vom Dorf in die fremde Welt der Städte sind in den letzten Jahrzehnten in China Hunderte Millionen gegangen. Viele sind gestrauchelt, aber für alle hat damit ein neues Leben begonnen. Normalerweise ist das Leben der Menschen, auf deren Schultern ein großer Teil des wirtschaftlichen Aufstiegs lastet, kein Thema für die Öffentlichkeit. Aber im Frühjahr 2017 verbreitet sich in den sozialen Medien wie ein Lauffeuer der autobiografische Aufsatz einer Wanderarbeiterin namens Fan Yusu. Fan Yusu beschreibt sich selbst als einfache Frau, die kaum weiß, wie man einen Computer benützt. Aber ihr autobiografischer Bericht hat Millionen berührt und die Wanderarbeiterin schlagartig berühmt gemacht.

Fan Yusu ist 44. Sie schildert ihren Lebensweg vom aufgeweckten Mädchen im Dorf bis zur Hausangestellten in Peking.

Ihre Kindheit erlebte sie in den 1980er-Jahren. Die ersten Wirtschaftsreformen nach Mao unter Deng Xiaoping hatten das Leben auf dem Land noch lange nicht erreicht. Mit viel Humor beschreibt Fan Yusu das Dorfleben mit vier Geschwistern und einer Mutter, die nie aufgegeben hat, trotz vieler Rückschläge und Härten in Maos China. »Meine Mutter wurde zur Frauenbeauftragten des Dorfes gewählt. Sie blieb 40 Jahre an der Macht«, schreibt Fan Yusu, »das ist länger als Saddam Hussein und Muammar Gaddafi.« Zum Essen gab es dennoch nur Süßkartoffeln, so arm war die Familie. Die Mutter, immer optimistisch und realistisch zugleich, ist die Heldin ihres Berichts.

Das Mädchen Fan Yusu liest und liest. In ihrem Dorf besorgt sie sich Charles Dickens, Jules Verne und die chinesischen Klassiker. Die Mutter verschafft ihr einen Job als Lehrerin. Da ist Fan Yusu zwölf und geht selbst noch in die Schule. Mit 20 zieht es sie in die weite Welt, nach Peking. Sie nimmt Reißaus vor der Enge des Dorfes und den Geschwistern, die große Pläne haben und immer nur scheitern.

»Ich bin eine Frau, die sich am unteren Rand der Gesellschaft durchschlägt«, beschreibt sie sich selbst. Sie arbeitet inzwischen als Kindermädchen für die Nebenfrau eines Milliardärs in Peking, umgeben von den Privatlehrern für den privilegierten Sohn. »Wo lebe ich eigentlich«, schreibt sie, »in der Tang-Dynastie vor vielen Jahrhunderten oder im sozialistischen China?«

Ihre zwei Töchter musste Fan Yusu zurück ins Dorf schicken, wo sie von der Großmutter großgezogen werden. Auch vom häufig alkoholisierten Ehemann hat sie sich getrennt. Eigentlich müsste sie in Depression verfallen, wie viele alleinstehende Frauen, schreibt sie.

Fan Yusus Stil ist sachlich und präzise, immer gewürzt mit Humor, ohne Selbstmitleid und Romantik. Das kommt an beim chinesischen Publikum. Selten sind die Erschütterungen des Alltags einer alleinstehenden Frau so lebensnah beschrieben worden wie von der Wanderarbeiterin Fan Yusu.

»Die Menschen schätzen die klaren Worte ohne viel Schnörkel«, erklärt ein Leser den überraschenden Erfolg der Autorin auf WeChat, dem chinesischen Facebook.

Fan Yusu selbst sagt, sie sei von ihrem Erfolg völlig überrascht. Eigentlich wollte sie nur etwas dazuverdienen, um ihrer Familie zu helfen. Dieses Ziel konnte sie erreichen, denn auf den literarischen Blogs in China werden Autoren nach Clicks bezahlt. Der Text wurde innerhalb weniger Tage mehr als eine Million Mal angeklickt und kommentiert. Aus ihrer Siedlung am Rande Pekings ist sie nach der Veröffentlichung ihrer Texte verschwunden, weil dauernd Journalisten kamen, um sie zu interviewen.

Arbeiterproteste bei chinesischen Multis

Negative internationale Schlagzeilen im Zusammenhang mit dem Schicksal von Wanderarbeitern machte Foxconn, die größte Zulieferfirma für den Computergiganten Apple in China. 2010 haben mehr als ein Dutzend Foxconn-Mitarbeiter aus Verzweiflung über Einsamkeit, schlechte Bezahlung und katastrophale Arbeitsbedingungen Selbstmord begangen. Es war ein Desaster für Apple, den erfolgsverwöhnten kalifornischen Computerriesen, der seine iPhones von Foxconn in China produzieren lässt. Alle Beteiligten versprachen Besserung und bei Foxconn versicherte man, die Probleme seien behoben. Aber in China sind Zweifel weitverbreitet, ob das Zeitalter der rücksichtslosen Ausbeutung unqualifizierter Wanderarbeiter wirklich vorbei ist.

Aus den Schlagzeilen sind Horrormeldungen über Foxconn weitgehend verschwunden. Ein Streik von tausend Mitarbeitern in der südwestchinesischen Metropole Chongqing 2017 war nach einem halben Tag beendet. Die Arbeiter wollten eine Kürzung ihrer Überstunden verhindern, die ihren Verdienst geschmälert hätte. In der Provinz Guangdong haben Foxconn-Arbeiter das Fabriktor blockiert, um gegen Kündigungen zu protestieren.

In Hongkong unterstützt eine NGO internationaler Gewerkschaftsaktivisten mit dem Namen China Labour Bulletin Belegschaften auf dem Festland, also in der Volksrepublik China, die für Arbeitnehmerrechte kämpfen. Die chinesische Arbeiterbewegung entwickelt sich weiter, sagt Sprecher Keegan Elmer, die Zahl der Streiks und anderer Formen sozialer Proteste nimmt zu. »Es stehen nicht mehr individuelle Verzweiflungsaktionen im Zentrum wie damals bei Foxconn in Shenzhen die Selbstmorde. Es geht mehr in Richtung kollektiver Aktionen der Belegschaft, nicht nur bei Foxconn, sondern diese nehmen überall in China zu.« Arbeitnehmer sind inzwischen informierter über ihre Rechte und über soziale Medien besser vernetzt.

Foxconn sagt, dass in den Produktionsstätten, wie überall im Land, die Löhne angehoben worden seien. Auch der Gewerkschaftsaktivist von China Labour Bulletin in Hongkong bestreitet nicht, dass es in Chinas Fabriken Verbesserungen gibt. »Die Löhne sind gestiegen, das stimmt. Die Bedingungen haben sich seit den spektakulären Selbstmorden vor einigen Jahren verändert. Aber das Geschäftsmodell von Foxconn ist das Gleiche geblieben. Foxconn holt sich noch immer billige, junge Arbeitskräfte frisch von der Schulbank, die extrem lange Arbeitszeiten haben und sehr monotone Aufgaben erfüllen. Daher wechselt die Belegschaft ständig. Das sind keine Jobs, die man zehn Jahre macht und mit denen man irgendwann in Pension geht.« 85 Prozent der Foxconn-Arbeiter sind unter 30 Jahre alt.

Foxconn ist der größte private Konzern Chinas. Allerdings ist die Beschäftigtenzahl aufgrund von Automatisierung von 1,2 Millionen auf 870 000 zurückgegangen. Jeden Tag spuckt allein die neueste Betriebsstätte in der zentralchinesischen Stadt Zhengzhou 500 000 iPhones für den Weltmarkt aus.

Foxconn-Gründer Terry Gou kommt aus Taiwan. Er ist der reichste Bürger Taiwans. Mit seinem Produktionsmodell will Terry Gou expandieren. Er setzt auf einen anhaltenden Wirtschaftsboom in Asien und plant Milliardeninvestitionen in Indien und Indonesien. Kürzlich hat Foxconn sogar den japanischen Elektronikriesen Sharp gekauft. Auch in Amerika will Terry Gou Arbeitsplätze schaffen, das versprach er Donald Trump bei einem Besuch im Weißen Haus.

Foxconn trägt der Neuorientierung der chinesischen Wirtschaftspolitik in Richtung hoch qualifizierter Konsumgüter Rechnung. Der taiwanesische Konzern steigt in das boomende Geschäft des Bikesharing mit Leihfahrrädern ein. Gleichzeitig investiert Foxconn in ein großes Projekt zur Herstellung chinesischer Elektroautos. Foxconn-Chef Terry Gou will mit seiner Firma Software und Hardware verbinden, er setzt auf ein rasches Wachstum beim Carsharing und Bikesharing, nicht nur in China.

Das zukünftige chinesische Elektroauto von Foxconn soll dem amerikanischen Marktführer Tesla mit Hauptsitz in San Francisco Konkurrenz machen. Längst ist Apple nicht der einzige Kunde von Foxconn. Der chinesische Elektronikriese beliefert auch Nokia, Sony, Lenovo, Nintendo und andere Weltfirmen.

Nach den spektakulären Selbstmorden 2010 hat Apple-Chef Tim Cook persönlich China besucht, um mit Foxconn bessere Arbeitsbedingungen auszuhandeln.

Hat die weltweite Kritik an der iPhone-Herstellung durch den Apple-Zulieferer Foxconn etwas bewirkt? China-Labour-Bulletin-Sprecher Keegan Elmer bejaht, aber er sagt, noch immer fehlten elementare Rechte für die Belegschaften in chinesischen Fabriken multinationaler Konzerne. »Apple versucht die Missstände zu beheben und sie strengen sich auch an und überprüfen, was die Zulieferer tun. Die Frage ist, ob die grundsätzliche Strategie richtig ist. Aus Imagegründen müssen Multis auf Blame-and-Shame-Kampagnen reagieren. Aber tun könnten sie viel mehr. Entscheidend wäre, so weit zu kommen, dass sich die Arbeiter in diesen Betrieben organisieren können, um kollektiv ihre Anliegen durchzusetzen, so wie das in vielen Ländern passiert. Nach den chinesischen Arbeitsgesetzen wären Belegschaftsvertreter in den Betrieben prinzipiell möglich«, argumentiert der Gewerkschaftsaktivist in Hongkong. In der Realität ist man davon weit entfernt. Zu einem halbwegs akzeptablen Verdienst kommen Fabrikarbeiter nur, wenn sie viele Überstunden machen. Das passt auch den Unternehmern ins Konzept. Es gibt viele Beispiele, dass sich Arbeiter gegen eine Kürzung der Arbeitszeit zur Wehr setzen.

Der Zuzug unqualifizierter Arbeiter vom Land in die Städte Chinas lässt langsam nach. Aufgrund der Ein-Kind-Politik kommen weniger junge Leute auf den Arbeitsmarkt, die damit in einer stärkeren Verhandlungsposition sind. Die Löhne im Perlfluss-Delta rund um Shenzhen sind stetig gestiegen. Fabriken haben deshalb ihre Fertigungshallen weiter ins Landesinnere verlagert oder gleich in die südostasiatischen Niedriglohnländer in Südostasien wie Vietnam, Kambodscha und Bangladesch.

Ins Visier von Kritikern ist nach Foxconn der zweitgrößte Zulieferer von Apple gekommen, die ebenfalls aus Taiwan stammende Firma Pegatron. Aktivisten der in New York ansässigen Organisation China Labour Watch sprechen von schweren Verstößen gegen das Arbeitsrecht. Wegen der vielen Überstunden seien die Arbeiter so müde, dass sie während der Arbeitszeit einschlafen.

Der chinesische Student Zeng Dejian von der New York University hat sich im Sommer 2016 zu Recherchezwecken in der Pegatron-Fabrik in Schanghai einstellen lassen. In einem Bericht an die amerikanische Denkfabrik Carnegie Council for Ethics in International Affairs beschreibt er anschaulich den Arbeitsalltag bei Pegatron. »Ich habe mich einfach vor dem Fabriktor zu den anderen dazugestellt, die auf Arbeit gewartet haben. Ich habe meinen Ausweis gezeigt, und als ich dran war, wollten sie nur wissen, ob meine Finger in Ordnung sind und ob ich das englische Alphabet lesen kann. In 30 Sekunden war ich drinnen.«

In der Pegatron-Fabrik in Schanghai werden jeden Tag 500 Arbeiter eingestellt, am gleichen Tag verlassen ungefähr gleich viele den Betrieb wieder, berichtet der Student Zeng Dejian. Die Arbeitszeit beträgt zwölf Stunden am Tag, alle zwei Stunden gibt es zehn Minuten Pause, dazu kommt eine halbstündige Mittagspause. Der Lohn beträgt umgerechnet 450 Euro im Monat, da sind die Kosten für Quartier und Verpflegung bereits abgezogen.

Die Arbeiter schlafen auf dem Werksgelände, zu acht in einem Zimmer. Es sind Wanderarbeiter, die bei Pegatron arbeiten. »Die meisten Arbeiter verlassen die Fabrik nach zwei Wochen oder einem Monat wieder. Die Arbeiter sind mit dem Lohn nicht zufrieden. Ein Mitbewohner von mir hat schon nach einem Tag das Handtuch geworfen, weil es in seiner Arbeitseinheit überhaupt keine Pausen gegeben hat.«

Dass Arbeiter so rasch wechseln, lässt keine Solidarität aufkommen und macht es schwer, gewerkschaftliche Strukturen aufzubauen, analysiert der Student Zeng Dejian. Den Chefs von Pegatron war es wichtig, dass Apple als Kunde an den Arbeitsverhältnissen nichts auszusetzen hat, berichtet er. »Jedes Mal, wenn es eine Überprüfung durch Apple gegeben hat, waren alle sehr nervös. Dass dies gut ausgeht, war für sie wichtig. Wenn Apple nicht darauf bestehen würde, gäbe es viele Arbeitsschutzmaßnahmen gar nicht, es gäbe wahrscheinlich kein Sicherheitstraining und keinen Schutz vor Arbeitsunfällen.«

Aufklärungskampagnen internationaler NGOs und der Druck, den Konsumenten auf Firmen mit bekannten Marken ausüben, zeigen Wirkung, so lautet das Fazit des Aufdeckers Zeng Dejian nach seinem Rechercheeinsatz beim Apple-Zulieferer Pegatron in Schanghai.

8
Leben mit Big Brother

Ab 17 Uhr ist Rushhour in der Pekinger U-Bahn. Tag für Tag bewegen sich die Menschen so dicht gedrängt wie in Wien nur nach einem Ländermatch in der U-Bahn-Station Praterstern. Die Videomonitore zeigen monatelang Szenen der letzten Militärparade. Präsident Xi Jinping fährt im Jeep stehend das Gardebataillon ab. Niemand schaut hin. Die meisten Passagiere sind unter 30. Sie blicken gebannt auf ihre Smartphones, die Videoclips, Spiele und Filme zeigen.

Das chinesische Internet ist bunt. Hunderte Millionen User sind in sozialen Medien unterwegs. Es gibt unzählige Blogger und Chatrooms. Häufig sind sie nur für kurze Zeit aktiv. Sina Weibo und WeChat sind die wichtigsten chinesischen Varianten von Twitter und Facebook, die in China blockiert sind. Chinesische User können auch ein halbes Dutzend andere Foren mit Namen wie Tianya, Maoyan, Tiexue, Guancha und Gongshiwang wählen. Die Vielfalt der Foren ist groß. Scheinbar. Denn die letzte Kontrolle hat die Kommunistische Partei, vermittelt durch die Internet-Regulierungsbehörde in Peking. Die Propagandaszenen am TV-Monitor und die bunten Bilder am Handy sind Teil einer umfassenden Operation, um die nach News jeder Art hungrigen Bürger unter Kontrolle zu halten.

Für Chinas Medien hat es in den letzten Jahrzehnten sowohl Phasen der Liberalisierung als auch Zeiten verschärfter staatlicher Kontrolle gegeben. Mehr Menschen als sonst wo in der Welt benützen Smartphones. Schon jetzt verfügen mehr als 770 Millionen über einen Zugang zum Internet, das im Reich der Mitte aber streng zensuriert ist. Das Spannungsverhältnis zwischen technologischer Entwicklung und Kontrolle hat eine staatlich gelenkte Öffentlichkeit entstehen lassen, in der unabhängige Meinungsbildung verpönt ist.

Vor der Kulturrevolution in den 1960er-Jahren gab es in ganz China ein knappes Dutzend Fernsehsender, 42 Zeitungen und circa 100 Radiostationen, die ausnahmslos alle von der Kommunistischen Partei betrieben wurden. Die TV-Stationen sendeten ein bis zwei Stunden am Tag. Es gab weniger als 100 000 Fernsehgeräte im Land. Das Riesenreich war eine mediale Wüste. Die Reformpolitik Deng Xiaopings und die Entmachtung der maoistischen Hardliner führten zu einer medialen Explosion gigantischen Ausmaßes. Innerhalb weniger Jahre entstanden Tausende Zeitungen, Radiosender und TV-Anstalten. So wie in der Sowjetunion unter Michail Gorbatschow setzte eine Diskussion über Sozialismus und Demokratie ein. Dann kam 1989 die Niederschlagung der Demokratiebewegung am Tiananmen-Platz. Das Pendel schlug in Richtung Diktatur aus.

Durchbrochen wurde die realsozialistische Normalisierung um die Jahrtausendwende durch das Internet. Auf Weibo, dem chinesischen Twitter, schrieben Blogger mit Millionen Followern über Misswirtschaft, Smog und staatliche Willkür. Das freche Wirtschaftsmagazin »Caijing« zog nach. In Guangzhou nützte die mutige Wochenzeitung »Southern Weekly« den neuen Spielraum. Dank der sozialen Medien war zu Beginn des Jahrhunderts eine chinesische Öffentlichkeit im Entstehen.

Seit 2013 läuft eine mediale Konterrevolution. Unter Parteichef Xi Jinping erobert die Zentralmacht die Kontrolle über die veröffentlichte Meinung zurück. Ein Apparat von geschätzten zwei Millionen Aufpassern und Claqueuren zensiert, reguliert und lenkt die Onlinemedien für viele Hundert Millionen Internetbenützer. Von der kritischen Presse ist nur wenig übrig. Nichtstaatliche Medienbetreiber sind zwar erlaubt: Aus Hongkong strahlt der private TV-Sender »Phoenix Television« in zahlreiche Haushalte auf dem Festland. Aber inhaltlich sind die Medien streng reguliert. Bei sensiblen Themen wie den Spannungen in Tibet, der Radikalisierung der uigurischen Minderheit oder den Unabhängigkeitsbestrebungen in Hongkong ist nur die offizielle Sprachregelung zugelassen.

GreatFire.org, eine amerikanische Organisation gegen Zensur in China, zählt 24 000 Begriffe auf, die in den letzten Jahren blockiert waren. Die Kontrollmechanismen werden subtiler. Bei der Suche nach einem Tabuwort in der chinesischen Suchmaschine Baidu erhält man häufig die Botschaft, dass die entsprechende Information aufgrund geltender Vorschriften gesperrt sei. Inzwischen ergibt die Suche nach dem Dalai Lama oder dem Massaker am Tiananmen-Platz 1989 durchaus auch Resultate. Aber eben nur solche, die der offiziellen Diktion entsprechen. Der Dalai Lama sei ein staatsgefährdender tibetischer Separatist und am 4. Juni 1989 sei in Peking eine Konterrevolution gescheitert, ist im chinesischen Internet zu erfahren.

Die Medienwelt ist vom Grundproblem des chinesischen politischen Systems geprägt. Die Kommunistische Partei herrscht mithilfe aller Mittel autoritärer Staatskunst über eine Gesellschaft, die vielfältig und bunt ist und sich in rasendem Tempo verändert. Aber das Einparteiensystem und die dazugehörige Presselandschaft machen es unmöglich, dass diese Wirklichkeit mit all ihren Gegensätzen die Öffentlichkeit erreicht.

Der Charme des Parteiorgans »Renmin Ribao«, der legendären »Volkszeitung«, ist mit jenem des ostdeutschen Zentralorgans »Neues Deutschland« unter Erich Honecker zu vergleichen. Die zentralen Fernsehnachrichten im Staatssender CCTV (China Central Television) bestehen aus Verlautbarungen über die Tätigkeit des Staatspräsidenten, des Premierministers oder anderer Mitglieder des Politbüros. Kaum ein Durchschnittsbürger sieht zu.

Trotzdem hängen Hunderte Millionen Menschen in den U-Bahnen und auf den Busbahnhöfen gebannt an ihren Smartphones, auf deren Bildschirme Chinas Internetgiganten Tencent und Sina rund um die Uhr Messages und Bilder spülen. Klatschgeschichten und Chronikales dominieren die bunte Handywelt. Hardnews kommen alle von der offiziellen Nachrichtenagentur Xinhua. Staatspräsident Xi Jinping führt jeden Tag die Meldungsübersicht an.

Doch obwohl in den sozialen Medien Chinas viel kontrolliert und gelenkt wird, kommt nicht alles von oben. Die User chatten, kommentieren und leiten weiter. Als in Peking im Mai 2016 der Ökologe Lei Yang von der Renmin-Universität im Polizeigewahrsam umkam, ließ sich der Skandal dank der engagierten Blogger nicht vertuschen. Die Polizei hatte behauptet, der 29-Jährige Umweltaktivist sei nach einem Prostituiertenbesuch in eine Kontrolle geraten und einem Herzinfarkt erlegen. Es gab einen Aufschrei der Empörung im Internet und gegen die Polizisten musste eine Untersuchung eingeleitet werden. Herausgekommen ist nicht viel. Aber die Polizei musste erleben, dass die Öffentlichkeit nicht alles glaubt.

Der Lauf der Gewehre und die Stifte der Schreiber (Mao)

Die vielen Tabus und der Fokus auf Lenkung von oben hängen mit der revolutionären Entstehungsgeschichte der Volksrepublik zusammen. Wenn Mao Zedong, wie so oft, das Ruder herumreißen wollte, ließ er einen Artikel schreiben oder griff selbst zur Feder. Die Macht kommt aus dem Lauf der Gewehre und den Stiften der Schreiber, lautete seine Parole. Pendelbewegungen gehörten zum Herrschaftsmodell des Maoismus. In den 1950er-Jahren ließ Mao unter der Devise »Lasst hundert Blumen blühen, lasst hundert Schulen miteinander wetteifern« eine Rede veröffentlichen. Es war der Start einer kurzen Phase der Liberalisierung. Die Kulturrevolution begann 1966 mit einem Kampfartikel Maos in einer Schanghaier Zeitung gegen die zum gemäßigten Lager gehörende Pekinger Parteiführung. Mit Wandzeitungen, Dazibaos, kämpften die linksradikalen Roten Garden gegen das Establishment.

Presseorgane sind in der maoistischen Tradition ausschließlich Instrumente des politischen Machtkampfes. Häufig ist das in westlichen Demokratien nicht anders. Aber grundsätzlich sehen sich Medien im Westen als Instrumente der Kontrolle. Die »Washington Post« konnte den Watergate-Skandal aufdecken, der zum Sturz Richard Nixons führte. Die »New York Times«, im Eigentum der Familie Sulzberger, schreibt jeden Tag gegen die Lügen und Verdrehungen des amtierenden Präsidenten Donald Trump. Aus chinesischer Sicht sind das Vorgänge, die so fremd sind, als kämen sie von einem anderen Planeten.

Anfang 2017 besuchte der chinesische Staatspräsident Xi Jinping das KP-Parteiorgan »Renmin Ribao«, das Staatsfernsehen CCTV und die Nachrichtenagentur Xinhua. Die drei Medien sind die Säulen der staatlichen Propaganda. Sie verfügen über Tausende Mitarbeiter und umfangreiche Ressourcen. Der zu CCTV gehörende Auslandssender China Global Television Network (CGTN) sendet in Englisch, Französisch, Russisch, Spanisch und Arabisch. Der chinesische Sender ist in 70 Staaten präsent und greift auf Redaktionen in Washington, London und Nairobi zurück.

»Sie müssen die Partei lieben, die Partei schützen und sich in Gedanken, politischen Entscheidungen und Taten mit der Parteiführung verbinden«, ließ Xi Jinping die Reporter bei seinem Besuch in den Redaktionen wissen. Den Mitarbeitern des Auslandssenders gab der Präsident die Aufgabe auf den Weg, »Chinas Geschichte gut zu erzählen, Chinas Stimme ertönen zu lassen. Die Welt soll ein dreidimensionales und buntes China kennenlernen. Zeigt Chinas Rolle als Friedensstifter.« Journalisten sind aus Sicht der Führung Propagandisten. Sie haben sich als Arm der chinesischen Staatspartei zu verstehen.

Den Medien im Westen wirft man in Peking negative Voreingenommenheit vor. Die Tendenz des deutschen »Spiegel« oder der »New York Times«, immer nur über den Smog oder die Repression zu berichten, verzerre die Wirklichkeit und werde den historischen Veränderungen zum Besseren nicht gerecht, hört man als österreichischer Reporter von offizieller Seite. Als Alternative zum westlichen Idealbild der Presse als kritischem Kontrollinstrument der Macht spricht man in China von »konstruktivem Journalismus«. Die Medien haben den Fokus darauf zu legen, was funktioniert. Wenn Probleme aufgedeckt werden, sollen durch Zusammenarbeit mit den Behörden auch die Lösungen benannt werden. Die allmächtige Staatsverwaltung für Presse, Publikationen, Radio, Film und Fernsehen sorgt dafür, dass sich diese als speziell chinesisch präsentierte Medienphilosophie durchsetzt. Die Idee der freien Presse wird zu den destruktiven westlichen Werten gezählt. Nur in einem einzigen Bereich hat der Druck aus der wachsenden Mittelklasse den journalistischen

Spielraum erweitert. Über Smog und andere Umweltprobleme wird in den Medien offener diskutiert als früher.

Typisch ist, wie sich der Antikorruptionskampf, den Präsident Xi Jinping zum Schwerpunkt seiner Amtsführung gemacht hat, medial niederschlägt. Zeitungen und Online-Nachrichtenportale berichten ausführlich, wenn ein hochgestellter »Tiger« gestürzt wird. Voraussetzung ist dabei stets, dass auch die Antikorruptionsbehörde selbst in einem Fall ermittelt. Rücksicht auf Rechte der Beschuldigten oder gar eine Unschuldsvermutung gibt es nicht.

Anfang 2017 zeigt das Staatsfernsehen CCTV eine Reality-TV-Serie, »Im Namen des Volkes«, über Misswirtschaft und Korruption, die wochenlang das Land bewegt. Gezeigt werden Berge teuren Schmucks, viel Cash und tapfere Ermittler. Bei seinem Schuldbekenntnis bricht der ehemalige stellvertretende Parteisekretär der Provinz Sichuan, Li Chuncheng, vor laufender Kamera in Tränen aus. Für die Funktionäre sind diese Sendungen eine Warnung, was passieren kann, wenn man sich dem Kurs der Führung widersetzt. In der Bevölkerung ist die TV-Serie populär.

Eigenständige mediale Recherchen sind nicht erwünscht. Als die »New York Times« 2012 über das Milliardenvermögen im Familienkreis der obersten Führung berichtete, mussten die Reporter das Land verlassen. Die »New York Times« ist in China blockiert.

Selbstbezichtigungen von Personen, die der Korruption oder anderer Verbrechen beschuldigt werden, haben eine unrühmliche Tradition in der Volksrepublik China. Die Methode hat sich die heutige Führung von Mao abgeschaut, kritisiert der unabhängige Pekinger Historiker Zhang Lifan. In der Kulturrevolution waren Rechtsabweichler gezwungen, sich in Massenversammlungen zu erniedrigen und ihre Schuld zu beteuern. »Wir haben häufig erlebt, dass Personen, die denunziert wurden, vor der Öffentlichkeit ihre angeblichen Verbrechen gestehen mussten. Aber damals waren die gefallenen Vertreter der Obrigkeit natürlich noch nicht im Fernsehen zu sehen«, sagt Zhang Lifan. Die beschämenden Szenen auf den Bildschirmen zeigen, wie eng im modernen China der Zusammenhang zwischen Öffentlichkeit und politischer Herrschaft geblieben ist.

Im Hochhaus der renommierten Chinesischen Akademie für Sozialwissenschaften in Peking gibt der Wirtschaftsexperte Chen Enfu die »Marxist Studies of China« heraus, das theoretische Organ für den Sozialismus chinesischer Prägung. Er gehört zu den Chefideologen der Kommunistischen Partei. Wir sprechen über die Mediensituation. »Ob ein Artikel veröffentlicht wird, entscheidet bei uns die Regierung im Interesse der Massen«, gibt Chen Enfu die Parteilinie wieder. »Bei euch im Westen ist es der Chefredakteur, der die Interessen der kapitalistischen Eigentümer vertritt.« An unabhängige Medien glaubt Chinas Chefideologe nicht. Unter dem Deckmantel der Meinungsfreiheit werde immer nur kapitalistische Ideologie verbreitet, argumentiert er. Weil kommerzielle Onlinedienste mit Mode, Stars und Chronik ihre Geschäfte machen, sei es umso wichtiger, dass staatliche Medien auf Massenlinie gehalten werden.

Tatsächlich ist in China eine neue Art von kommerziell höchst einträglichem Boulevardjournalismus im Netz entstanden, der das Massenpublikum leichter erreicht als die staatliche Propaganda. Auf der Shenyefachi-Seite auf WeChat, die vor Jahren von einer Klatschreporterin gestartet wurde, kostet ein Werbespot 100 000 Yuan, etwa 15 000 Euro. Die Seite heißt übersetzt »In tiefer Nacht das Hässliche zeigen« und hat eine Million Follower.

Politisch aufmüpfig sind solche Medien nicht. Trotzdem versucht die Regierung dem Boom an einträglichen Klatschseiten entgegenzutreten. Seit dem 1. Juni 2017 ist ein neues Gesetz über Sicherheit im Netz in Kraft. Die vielen grellen Storys über die Sexaffären von Stars und den Luxus der Reichen und Berühmten seien geschmacklos und müssten zurückgefahren werden, ließ die Internet-Aufsichtsbehörde verkünden. Im Netz sollen sozialistische Werte propagiert werden. 60 populäre Paparazzi-Seiten mit Millionen Followern wurden gesperrt.

Um mit der technologischen Entwicklung mitzuhalten, sind staatliche Stellen aufgerufen, selbst in sozialen Medien aktiv zu sein. 100 000 offizielle oder halboffizielle Blogs gibt es auf WeChat, 180 000 auf Sina Weibo, haben Forscher des deutschen MERICS-Instituts herausgefunden. Trotz des Gewichts von Zensur und Propaganda ist die Meinungsvielfalt groß. Dass in China auch unabhängige Qualitätsmedien gefragt sind, beweisen Taiwan und Hongkong. Die ehemalige britische Kronkolonie gehört zwar zur Volksrepublik China, dank eines Sonderstatus gibt es jedoch eine unabhängige Justiz und Zeitungen ohne Zensur. Die sicherste Informationsquelle für China-Interessierte weltweit ist die in Hongkong erscheinende »South China Morning Post«. Die englischsprachige Tageszeitung ist 2016 vom chinesischen Milliardär Jack Ma gekauft worden, der mit seiner Zustellfirma Alibaba das halbe Land beliefert. Jack Mas Konzern wird an den Börsen gehandelt und steht wirtschaftlich auf eigenen Füßen, für seine Geschäfte braucht er aber das Wohlwollen der Partei. Die Sorge war groß, dass Chinas beste Tageszeitung mit dem Eigentümerwechsel ihre journalistische Selbstständigkeit verlieren würde. Bislang haben sich diese Ängste nicht bewahrheitet. Auf dem chinesischen Festland wird die englischsprachige »South China Morning Post« im Internet blockiert. Zeitungen oder Zeitschriften aus Hongkong oder Taiwan wird man in den Zeitungskiosken der Volksrepublik vergeblich suchen.

Ausgewählte Funktionäre beziehen in der Volksrepublik China ihre Informationen nicht aus den Medien, die für alle zugänglich sind, sondern über sogenannte »interne« Publikationen. Darunter versteht man Zeitungen, Zeitschriften und sogar Bücher, die auch blockierte Medien und deren China-Berichterstattung zitieren. Sie sind einem kleinen Kreis vorbehalten. Chinesische Auslandskorrespondenten in aller Welt schreiben einen großen Teil ihrer Berichte nicht für die allgemeine Öffentlichkeit, sondern für solche »internen« Publikationen. Deren Leser erwarten nicht geschönte Artikel, sondern eine ungeschminkte Darstellung der Situation im Ausland. In »internen« Publikationen wird immer wieder auch über problematische Entwicklungen im eigenen Land berichtet.

Zensurstatistik

Das Auf und Ab der chinesischen Zensur beschäftigt internationale Medienforscher. Am Institut für Journalismus und Medienstudien der Universität Hongkong verfolgt Professor Fu King-wa mithilfe eines eigenen Computerprogramms die Eingriffe der Zensurbehörden in den sozialen Medien. Das sogenannte Weiboscope beobachtet 100 000 Blogger auf dem Festland der Volksrepublik China und speichert die Postings, bevor sie gelöscht werden. Die Webseite ist in China selbst blockiert. User im Rest der Welt können jedoch jeden Tag verfolgen, welche Stichworte und Themen gerade der Zensur zum Opfer fallen.

Die umfangreichsten Eingriffe der Behörden registrierte das Weiboscope während der Demokratiebewegung in Hongkong 2014. Peking war in Sorge, dass der Funke auf das Festland überspringen könnte. Die Firewall, die China vom weltweiten Internet abschottet, hielt: Die Forderungen der Studenten nach einer demokratischen Wahl des Regierungschefs gingen an der chinesischen Öffentlichkeit vorbei.

Die chinesischen Zensoren sind jeden Tag auf der Jagd nach Kürzeln oder Symbolen, mit denen die Blogger versuchen, offizielle Verbote zu umgehen. Als der Volkskongress im Frühjahr 2018 beschloss, die Beschränkung der Amtszeit des Präsidenten auf zwei Perioden aufzuheben, war es auf Weibo plötzlich verboten, den Satz »Ich bin nicht einverstanden« online zu stellen. Man durfte auch nicht schreiben: »Lange lebe der Kaiser« oder »Große Männer entsendet der Himmel«. Rund um Jahrestage des Massakers am Tiananmen-Platz vom 4. Juni 1989 sind alle erdenklichen Kombinationen der Zahlen vier – für den Tag – und sechs – für den Monat Juni – blockiert. Worte mit phonetischen Ähnlichkeiten werden abgefangen. Sogar die Kinder-Comicfigur Winnie-the-Pooh wurde längere Zeit blockiert, weil in sozialen Medien Witze über die angebliche Ähnlichkeit des Präsidenten mit der gemütlichen Bärenfigur gemacht wurden. Um politische Großereignisse herum sind die Zensoren besonders aktiv. Bei einer Pressekonferenz am Rande des Volkskongresses 2018 hatte eine Reporterin demonstrativ die Augen verdreht, als eine Kollegin eine endlose und offensichtlich im Voraus abgesprochene Frage stellte. Das Video machte im Internet die Runde, garniert mit ätzenden Bemerkungen über die lammfromme Presse. »Ein Augenrollen sagt mehr als tausend Worte«, bemerkte ein Nutzer. Wenig später waren alle Videos mit dieser Szene aus dem Internet verschwunden.

Chinas Regulierungsbehörde für das Internet hat mithilfe großer technischer Mittel geschafft, wovon viele autoritäre Regierungen träumen. Der »Economist« schätzt, dass in den chinesischen Internetfirmen zwei Millionen Aufpasser Dienst tun, die dafür sorgen, dass die Zensurregeln eingehalten werden. Dazu kommen noch einmal so viele staatliche Internet-Kontrolleure. Peking hält globale Onlinemedien, die sich den nationalen Vorschriften nicht beugen wollen, vom eigenen Markt fern. Google, Facebook, Twitter und viele andere Sites sind blockiert. Ökonomisch betrachtet hat der digitale Protektionismus den Raum für die chinesischen Pendants geschaffen. Politisch hält sich der Staat auf diese Weise Kritik von außen vom Leib. Chinesischsprachige Medien, die in Hongkong, in Taiwan oder in den USA erscheinen, können in China nur mithilfe von Virtual Privat Networks, sogenannten VPNs, erreicht werden, die die Firewall umgehen. Den meisten Bürgern sind VPNs zu teuer und zu mühsam. Die VPN-Verbindungen sind nicht stabil. Im ORF-Büro gehört es zur täglichen Routine, die unterschiedlichen VPN-Einstellungen auf Smartphones, Laptops und Standgeräten auf den aktuellen Stand zu bringen. Was am Vormittag funktioniert, kann am Nachmittag blockiert sein. Zahlreiche VPNs, die chinesischen Usern kostengünstig zur Verfügung gestellt wurden, sind blockiert.

Für ausländische Reporter in China gelten die Zensurregeln der chinesischen Kollegen nicht. Die Firewall macht die Arbeit im Internet trotzdem zur Geduldsprobe. Wenn auf BBC World der Dalai Lama auftritt, wird der TV-Bildschirm im ORF-Büro schwarz.

Mit dem Argument, dass auch im Internet Regeln und Verbote der Nationalstaaten gelten sollen, steht China nicht allein da. Aufmerksam hat man in Peking registriert, dass die britische Regierungschefin Theresa May nach den Terroranschlägen in Liverpool und London 2017 eine stärkere Regulierung des Internets als dringende Antiterrormaßnahme forderte. Statt sich über Verletzung der Menschenrechte und der freien Meinungsäußerung in China zu beschweren, sollte der Westen einsehen, dass die chinesische Internetkontrolle sehr effizient sei, kommentierte die nationalistische Tageszeitung »Global Times« in Peking die Diskussion in Großbritannien. Ein Cyberkrieg gegen den Terrorismus sei erforderlich.

Für chinesische Redaktionen ist es normal, dass die zuständigen Propagandaabteilungen jeden Tag Vorgaben machen, welche Themen wie behandelt werden sollen und was man besser vermeidet. Medienforscher der Universität von Kalifornien haben diese Regieanweisungen zur Jahrestagung des chinesischen Volkskongresses 2016 veröffentlicht. Verboten waren negative Berichte über die Turbulenzen an Chinas Aktienmärkten, Artikel über den Smog und eine Statistik über die große Zahl von Millionären unter den Volksdeputierten. Bei heiklen Themen wie der Korruption oder den Unabhängigkeitsbestrebungen in Taiwan wurden die Medien ermahnt, Berichte der amtlichen Nachrichtenagentur Xinhua zu übernehmen.

Der Online-Nachrichtendienst »China Digital Times«, der von der Universität Berkeley betreut wird, kommt immer wieder an die medialen Tagesbefehle in China heran. Man erfuhr 2016, dass die chinesische Medienpolitik den amerikanischen Präsidentschaftswahlkampf kleinspielen wollte, aus welchen Gründen auch immer. Beim Thema Nordkorea drängt die Behörde auf diplomatische Zurückhaltung. Medien, die zu heiklen Themen eigenständig recherchieren, riskieren Verwarnungen und Schwierigkeiten, die im schlimmsten Fall auch zur Einstellung des Mediums führen können.

Spektakulär war 2014 für die Gruppe der Auslandsjournalisten die Verhaftung der Journalistin und Regimekritikerin Gao Yu, die auch für die Deutsche Welle Beiträge gestaltet hat. Ihr wurde vorgeworfen, einem Hongkonger Kollegen ein internes Parteidokument weitergegeben zu haben. Die 72-Jährige wurde im folgenden Jahr wegen Geheimnisverrats zu sieben Jahren Haft verurteilt. Das Urteil wurde später reduziert und in Hausarrest umgewandelt. Die abschreckende Wirkung war erreicht.

Menschenrechte im Visier

Die chinesischen Behörden verschärfen unter Xi Jinping ihre Gangart gegen Menschenrechtsaktivisten. Betroffen sind auch Anwälte, die bisher bereit waren, Dissidenten vor Gericht als Verteidiger zur Seite zu stehen. Im Verlauf einer breit angelegten

Razzia wurden im Sommer 2015 nach einer Zählung von Amnesty International 248 Anwälte und Aktivisten festgenommen. Die Menschenrechtsorganisation beurteilt es als den umfassendsten Schlag der Behörden seit Langem gegen die Rechtsberater der bescheidenen Szene demokratischer Aktivisten. Dutzende Festgenommene kamen vor Gericht und wurden zu mehrjährigen Gefängnisstrafen verurteilt.

Exemplarisch ist das Verfahren gegen den bekannten Strafverteidiger Zhou Shifeng, der in der nordchinesischen Stadt Tianjin zu sieben Jahren Gefängnis verurteilt wurde. Das inkriminierte Delikt: Untergrabung der Staatsgewalt. Zhou bekannte sich schuldig, genauso wie seine Mitarbeiter.

Die Pekinger Kanzlei Fengrui, die er geleitet hatte, wurde geschlossen. Sie hatte Ai Weiwei verteidigt, als der Künstler unter Hausarrest stand. Vor Jahren vertrat Zhou die Opfer eines großen Milchskandals, als Zehntausende Babys an unreinem Milchpulver erkrankt waren. Sechs Kleinkinder starben damals. Auch Aktivistinnen, die durch feministische Straßenproteste den Unwillen der Behörden erregten, und eine chinesische Mitarbeiterin der deutschen Wochenzeitung »Die Zeit« fanden juristischen Beistand bei Zhou Shifeng.

Die Anklage behauptete, dass die Anwälte der Menschenrechtskanzlei bei Verfahren öffentliche Proteste vor den Gerichtsgebäuden organisiert hätten. Im Internet hätten sie zur Solidarität mit ihren Schützlingen aufgerufen. Das Ganze sei ein wohldurchdachter Plan gewesen, um das sozialistische System zu stürzen, liest man in den offiziellen Medien. Vorbild seien die farbigen Revolutionen der arabischen Welt und Osteuropas gewesen.

Hu Shigen, einer der Angeklagten, gilt als Konterrevolutionär, weil er sich früher für Opfer des Tiananmen-Massakers eingesetzt hat. In den offiziellen Medien wird er als Führer einer illegalen Untergrundorganisation bezeichnet, die vom feindlichen Ausland unterstützt wurde. Seine angeblichen Verbrechen gab er alle zu. Siebeneinhalb Jahre Gefängnis war die Strafe.

Selbstbezichtigungen, die dann Millionen Mal im Fernsehen oder im Internet zu sehen sind, gehören zum Ritual der staatlichen Repression in China.

Festgenommen wurden auch Vertreter unabhängiger Arbeiterorganisationen in Südchina, die versucht hatten, organisatorisches Know-how weiterzugeben. Einer der verhafteten Aktivisten, Lu Yuyu, hatte nichts anderes getan, als die im chinesischen Internet vorhandenen Informationen über Streiks und Demonstrationen zu sammeln, bevor sie von der Zensur gelöscht wurden. Im Jahr 2015 kam er auf 30 000 unabhängige Massenaktionen in China. Er wurde beschuldigt, verbotenerweise Streitigkeiten provoziert und Unruhe ausgelöst zu haben, wie der in solchen Fällen angewandte Gummiparagraf lautet.

Bekanntestes Symbol für die kleine chinesische Dissidentenbewegung ist Friedensnobelpreisträger Liu Xiaobo. Der Schriftsteller ist im Juli 2017 an einem im Gefängnis zu spät erkannten Leberkrebs gestorben. Die chinesischen Behörden hatten den schwerkranken 61-Jährigen einige Tage vor seinem Tod aus dem Gefängnis in ein Krankenhaus entlassen. Man glaubte, die negativen Schlagzeilen vermeiden zu können, die es gegeben hätte, wäre Chinas einziger Friedensnobelpreisträger im Gefängnis gestorben.

Über viele Jahre waren die Behörden mit großer Härte gegen Liu Xiaobo und seine Frau, die Künstlerin Liu Xia, vorgegangen. Liu Xiaobo war seit der Demokratiebewegung von 1989 vier Mal im Gefängnis gewesen. 2008 hatte er ein Demokratiemanifest mitverfasst, das unter dem Namen Charta 08 bekannt wurde. Vorbild war die Charta 77 in der ČSSR, mit der sich Intellektuelle gegen die Repressionen nach der Niederschlagung des Prager Frühlings gewehrt hatten. Das chinesische Pendant hatte jedoch nicht die Resonanz des tschechoslowakischen Vorgängers. Gefordert wurde in 19 Punkten ein Ende des Einparteiensystems, eine unabhängige Justiz und Meinungsfreiheit. Die Volksrepublik sollte zu einer demokratischen Konföderation werden. Es war kein Aufruf zur Revolution, sondern ein Manifest, um die Ziele der chinesischen Demokratiebewegung lebendig zu halten. 303 Erstunterzeichner riskierten mit ihrer Unterstützung ihre berufliche Existenz, alle kamen auf schwarze Listen. Mehr als 10 000 Unterschriften folgten. Die Behörden fürchteten ein Comeback der demokratischen Opposition. Der Mann, den der langjährige China-Korrespondent Johnny Erling als »schmächtigen, zu Lebzeiten immer unaufgeregt erscheinenden Akademiker« beschreibt, wurde zum vierten Mal verhaftet. Seine Verteidigungsrede vor Gericht am 23. Dezember 2009 machte trotz aller Zensur im Internet Furore, so Erling, weil Liu Xiaobo versicherte, dass er in seinen Peinigern keine Feinde sehe. »Die Mentalität, überall Feinde zu sehen, vergiftet den Geist einer Nation. Sie entzündet grausame Kämpfe, zerstört Toleranz und Humanität und hindert die Gesellschaft, zu Freiheit und Demokratie zu kommen.« Die Wirkung seiner Worte ließ sich in den Tagen nach dem Urteil im Straßenbild überprüfen, berichtete Erling in der »Welt«. »Viele Blogger trugen T-Shirts mit der Aufschrift ›Ich habe keine Feinde‹. Peking ließ sie verfolgen, einige einsperren.«

Liu Xia, die Witwe Liu Xiaobos, stand auch noch Monate nach dem Tod ihres Mannes unter Hausarrest, ohne Gerichtsurteil. Europäische Botschaftsvertreter, die die Fotografin und Malerin im Frühjahr 2018 besuchen wollten, wurden am Hauseingang rüde abgewiesen. Erst das persönliche Engagement von Angela Merkel bei Staatspräsident Xi Jinping war erfolgreich. Im Juli 2018 konnte die an Depressionen leidende Liu Xia zur medizinischen Behandlung nach Deutschland reisen.

Unzufriedenheit über die engen Grenzen des Erlaubten wird in China heute verhaltener geäußert als früher. Das hängt nicht nur mit dem gewachsenen Druck von oben zusammen. Das Scheitern des arabischen Frühlings hat die Idee der Freiheit beschädigt. Donald Trumps Kampagne gegen angebliche Fake News nährt Zweifel am Wert der freien Presse.

In der chinesischen Geschichte gab es häufig Bürgerkriege, wenn ein starkes Zentrum gefehlt hat. Auf diese Logik stützt sich die Führung in Peking, wenn sie das Monopol der Kommunistischen Partei als Voraussetzung für Stabilität und Fortschritt verteidigt. Die britisch-amerikanische Journalistin Louisa Lim hat unter dem Titel »The People's Republic of Amnesia« einen Bestseller über die Erinnerung an die Proteste des Tiananmen-Platzes geschrieben. Die »Volksrepublik des Vergessens« nennt sie China. Die wenigsten der von ihr befragten Studenten kennen das berühmte Foto des »Tank Man«, des bis heute unbekannten

Demonstranten, der sich gegen die vorrückenden Panzer stellte. Die Journalistin kommt zum Schluss, dass die Eliten die Niederschlagung der Demokratiebewegung nicht ausschließlich negativ einschätzen. Intellektuelle seien häufig der Meinung, dass China ohne die Panzer auf dem Platz des Himmlischen Friedens wahrscheinlich ähnlich wie die Sowjetunion zerfallen wäre. Die Vorstellung, dass der blutige Armeeeinsatz von 1989 gegen die Demonstranten auf dem Tiananmen-Platz den wirtschaftlichen Aufstieg des Landes erst ermöglicht hat, passt zum Narrativ der Regierung.

Kritischer Journalismus, der in politischen Fragen nicht möglich ist, findet sich in China am ehesten auf den Wirtschaftsseiten. Die oberste Chefin der Mediengruppe »Caixin«, Hu Shuli, hat den Ruf, die gefährlichste Frau Chinas zu sein. Unter dem Dach von »Caixin« erscheinen mehrere Finanzzeitschriften und Onlinemagazine. Der Kern der journalistischen Mannschaft kommt vom einst rebellischen Magazin »Caijing«, das Herausgeberin Hu Shuli 2009 nach einem Krach mit den Eigentümern verlassen hat. Drei Jahre lang prangerte »Caixin« die dubiosen Geschäftspraktiken der größten chinesischen Versicherung Anbang an. Der Finanzkonzern war international durch den Kauf des legendären Waldorf-Astoria-Hotels in New York berühmt geworden. Die Versicherung drohte den hartnäckig recherchierenden Journalisten mit Klagen, konnte die Kritik von »Caixin« aber nicht verhindern. »Caixin« lässt sich nicht einschüchtern, lobte die liberale britische Wochenzeitung »Economist«. Im Sommer 2017 wurde der Versicherungsriese unter staatliche Kuratel gestellt, Gründer und Konzernchef Wu Xiaohui wegen Betrugs und Unterschlagungen zu 18 Jahren Gefängnis verurteilt. Sein Milliardenvermögen wurde beschlagnahmt. Es gibt sie also doch, mutige Medien in China, auch wenn sich an den Umkreis der politisch Mächtigen niemand heranwagt.

9
Hongkong & Co.: Ein Land, wie viele Systeme?

Auf Hong Kong Island, der Hauptinsel der Hafenstadt, schlängelt sich die Doppeldeckertram durch die Geschäftsstraßen. Im dichten Verkehr bringen Träger Zement auf eine Baustelle. Auf dem Gehsteig stellen die Spezialgeschäfte für chinesische Medizin getrocknete Pilze, Seetang, Tee und Pulver unterschiedlichsten Ursprungs in den verschiedensten Farben aus. Die Preise sind hoch. Ein halbes Kilogramm Seegurke, ein Wundermittel gegen Potenzstörungen und viele andere Beschwerden, kostet 800 Hongkong-Dollar, umgerechnet 85 Euro. Die Stadt hat die höchste Lebenserwartung der Welt. Weniger dank TCM, der Traditionellen Chinesischen Medizin, als wegen der guten Geburtenbetreuung und weil wenig Menschen rauchen. Männer werden in Hongkong im Durchschnitt 81 Jahre, Frauen 87 Jahre alt. Hongkong, das ist ein System gebirgiger Halbinseln und Inseln, die über Schiffe, Tunnels und Brücken miteinander verbunden sind. Im Zentrum von Hong Kong Island verbinden Rolltreppen im Freien die verschiedenen Ebenen der Einkaufsstraßen mit ihren Läden und Shoppingmalls. Die Wolkenkratzer symbolisieren das ungebrochene Selbstbewusstsein eines der wichtigsten Finanzplätze der Welt.

Vor der U-Bahn-Station Causeway Bay der Island Line verkauft ein Zeitungskiosk Bücher und Broschüren in chinesischer und englischer Sprache. »Renmin Ribao«, die »Volkszeitung« aus Peking, kann man kaufen, genauso wie die »Financial Times« aus London und die lokale »South China Morning Post«. Viele Käufer interessieren sich für zwei Arten von Magazinen: Sexblätter, auf denen leicht bekleidete Frauen prangen. Oder Zeitschriften, auf deren Cover das chinesische Politbüro mit Präsident Xi Jinping an der Spitze zu sehen ist. Die Pornohefte sind für westliche Verhältnisse züchtig. Die wirklich explosiven Produkte verbergen sich hinter den Titelseiten der Politmagazine. Nach außen sehen sie brav aus. Im Blattinneren erfährt man die wildesten Gerüchte aus der obersten Führung in Peking. Das offizielle China kommt ebenso zu Wort wie die schärfsten Kritiker aus der Dissidentenszene im westlichen Exil.

Hongkong ist der bunteste Ort für politische Auseinandersetzungen in der Volksrepublik China. Die ehemalige britische Kronkolonie ist Teil Chinas, liegt aber außerhalb der direkten Kontrolle der Zentralregierung. Wer von Peking aus nach Hongkong oder Macau fliegen will, wird zum Terminal für Auslandsdestinationen geleitet. Das von Deng Xiaoping erfundene, geniale Modell »Ein Land, zwei Systeme« hat 1997 die feierliche Übergabe an die Volksrepublik ermöglicht. China wollte die Hafenmetropole als Tor zum globalen Kapitalismus erhalten und das Know-how der Geldhäuser für seine Reformpolitik nutzen. Daher akzeptierte Peking den Sonderstatus der Stadt, zu dem auch die für das Festland undenkbaren politischen Freiheiten gehören. Die eigene Identität konnte Hongkong wahren. Das Leben der 7,5 Millionen Bürger Hongkongs ist mit dem modernen China von heute genauso verbunden wie mit der kolonialen Vergangenheit. Für 50 Jahre hat sich die Volksrepublik verpflichtet, den Status der Sonderwirtschaftszone zu respektieren. Was nach 2047 passieren wird, ist offen. In geringerem Ausmaß gilt diese Selbstständigkeit auch für die ehemals portugiesische Kolonie Macau 50 km weiter westlich. Es gibt in Hongkong und Macau eigene Währungen und eigene Rechtssysteme, die von den ehemaligen Kolonialherren stärker geprägt sind als vom heutigen China.

Die Pressefreiheit in Hongkong ist nach wie vor intakt, trotz zahlreicher Versuche der Einflussnahme aus Peking. Häufige Proteste und Demonstrationen zeugen von der politischen Vielfalt in der Stadt. An der Versammlungsfreiheit hat die Stadtregierung bisher nicht gerüttelt. Falun Gong, die auf dem Festland verbotene Qi-Gong-Sekte, stellt in einer Einkaufspassage in der Nähe des Regierungssitzes Plakate mit schrecklichen Bildern angeblichen Organhandels durch chinesische Provinzpolitiker aus. Einige Schritte entfernt verteilen Falun-Gong-Gegner ihre Flugblätter. Bei einer Kundgebung der demokratischen Oppositionsgruppen vor der größten U-Bahn-Station in Mongkok agitieren radikale Aktivisten für die Abspaltung Hongkongs von China. Auch Fahnen aus der britischen Kolonialzeit sind zu sehen. Die Polizei sieht keinen Grund einzuschreiten.

Aus China vertriebene Dissidenten sind von Hongkong aus hochaktiv. An jedem 4. Juni, dem Jahrestag des Massakers am Tiananmen-Platz, gedenken in Hongkong Zehntausende der Opfer.

Der wirtschaftliche Höhenflug Chinas hat die Bedeutung Hongkongs deutlich reduziert. Die Wirtschaftsleistung der Stadt hat vor 20 Jahren noch stolze 20 Prozent des chinesischen Bruttonationalproduktes ausgemacht. Heute sind es nur mehr drei Prozent. Noch brauchen die Börsen in Schanghai und Shenzhen die Hongkonger Börse als Tor zum internationalen Finanzmarkt. Aber auf Dauer laufen die Newcomer vom Festland den Geldhäusern auf der Insel den Rang ab. Schon jetzt spüren die Finanzinstitute Hongkongs die Konkurrenz von Schanghai. Der große Vorteil Hongkongs ist eine unabhängige Justiz und die Einbindung in das internationale Finanzsystem. In Zukunft wird Hongkong aber nur mehr eine von vielen Wirtschaftsmetropolen Chinas sein. Allen ist bewusst: China ist reicher und selbstbewusster geworden.

Kerstins Tagebuch

In Peking schwärmen alle von Hongkong, und nach den Eindrücken der letzten Tage kann ich sagen: zu Recht. Und das nicht nur, weil die Skyline einfach überwältigend ist, eine atemberaubende Dichte von enggepackten Hochhäusern kontrastiert mit der Weite des Perlfluss-Deltas, und das Ganze bei subtropischen Temperaturen.

Für uns Westler ist Hongkong ein weniger fremdes China, man kann sich auf Englisch verständigen und Informationen sind leicht zugänglich. Für Internetrecherchen schicken Firmen mit Sitz in Schanghai daher ihre Business Researcher nach Hongkong, weil es dort keine Zensur gibt. Als EU-Bürger benötigt man kein Visum. Das Internet ist frei von Blockaden und es gibt internationale Zeitungen - diese Normalität ist, besonders aus Peking kommend, eine Riesenerleichterung. Dazu charmante britische Überbleibsel wie Linksverkehr, Doppeldeckerbusse und grundsätzlich höfliche Umgangsformen. Trotzdem gibt es in dieser dichtest besiedelten Stadt genug von dem wurligen chinesischen Straßenleben, das wir so lieben.

Auch für ChinesInnen vom sogenannten »Festland« ist Hongkong exotisch. Es wird Kantonesisch gesprochen, nicht Mandarin, selbst die Schrift ist etwas anders, nämlich klassisch chinesisch, ohne die Vereinfachung der maoistischen Schriftreformen. Besonders gerne wird geshoppt und überall sieht man FestlandchinesInnen ihre brandneuen Koffer herumschieben. Im Bezirk Mongkok sind ganze Verkaufsstraßen auf die BesucherInnen vom Festland spezialisiert. Kosmetika, Hygieneartikel, Babynahrung - alles wird in großen Verpackungen angeboten.

Der Anwalt Ronald Arculli ist der Inbegriff des Establishments in Hongkong. Er war Regierungsmitglied, Abgeordneter der Liberalen Partei und Vorsitzender der Börse. Im Hong Kong Jockey Club, wo sich die Mächtigen und Reichen der Stadt die Hand geben, geht er aus und ein. Ronald Arculli ist Partner der multinationalen Anwaltskanzlei King & Wood Mallesons in Hongkong. Urlaub macht er gerne in Österreich, von dort kommt seine Frau, erzählt uns der bald 80-Jährige im exquisiten China Club, der im Bank of China Building beheimatet ist, einem Traditionsgebäude aus den 1950er-Jahren. Direkt daneben liegt der neue, 367 Meter hohe Bank of China Tower, eines der markantesten Gebäude der Skyline. An den Wänden der Clubräume hängt ein echter Modigliani neben großen Stars der modernen chinesischen Malerei. Die Künstler Wang Guangyi, Zeng Fanzhi oder Fang Lijun, an deren Werken wir beim Aufgang zur Dachterrasse vorbeigehen, erzielen auf internationalen Auktionen mehrere Millionen Dollar für ihre Bilder. Der Vorsitzende Mao ist auf einem Gemälde des

Popkünstlers Yu Youhan neben der Sängerin Whitney Houston zu sehen. Früher haben Privatkunden der Hongkonger Filiale der Bank of China vom Festland hier ihre Suiten gemietet, damit sie zum chaotischen Straßenleben auf Distanz bleiben können. Vom Dach des Wolkenkratzers hat man einen spektakulären Blick. Die Stadtautobahnen schlängeln sich durch das Hochhausgewirr, hinter Victoria Harbour im Norden sind die Hochhäuser von Kowloon zu sehen.

Hongkong muss sein Geschäftsmodell anpassen, weil China auf die Finanzmetropole nicht mehr in gleichem Ausmaß angewiesen ist wie früher, argumentiert Arculli: »In den letzten Jahrzehnten wurden über Hongkong 500 bis 600 Milliarden Dollar für Investitionen nach China geschleust. Es war eine riesige Aktion, solche Summen aufzubringen. Jetzt gibt es die Börsen in Schanghai und Shenzhen, mit denen wir zusammenarbeiten, die aber auf den heimischen Markt orientiert sind. Hongkong ist nach wie vor der einzige globale Finanzmarkt in China.« Der Staranwalt verweist auf Europa, wo mit London, Paris, Frankfurt und Amsterdam auch mehrere Finanzzentren nebeneinander existieren. »In 20 Jahren wird China die wichtigste Volkswirtschaft der Welt sein, da wird es Platz für eine ganze Reihe von Finanzmetropolen geben.«

Dass der Druck aus Peking die Entwicklung der Stadt behindert, bestreitet der Anwalt. »Niemand stellt unsere eigenen Grenzkontrollen in Frage. Eine rote Linie gibt es für die chinesische Regierung in der Frage der Souveränität für Hongkong. Aber das ist für 99 Prozent der Bevölkerung kein Thema.« Die Bemerkung Arcullis zur Souveränität bezieht sich auf die heftig diskutierte Frage, ob es erlaubt sein soll, für die Abspaltung Hongkongs von China einzutreten.

Doch der glitzernde Reichtum Hongkongs kennt auch eine Schattenseite. Vom Flachdach seines Bürogebäudes im Stadtteil Mongkok zeigt uns der Generalsekretär der Hongkong Confederation of Trade Unions, des Hongkonger Gewerkschaftsbundes, Lee Cheuk-yan, die umliegenden Gebäude: Auf den Dächern sieht man Verschläge aus Bambusstangen und Plastikplanen. Es sind Baukonstruktionen, die den Wohnraum illegal erweitern.

Die Gewerkschaft verlangt seit Jahren erfolglos bessere Wohnmöglichkeiten für Durchschnittsverdiener.

Die winzigen Wohnkäfige von Taglöhnern, die ursprünglich für Wanderarbeiter vom Festland gebaut wurden, sind für westliche Reporter ein Skandal. In Hongkong zuckt man die Achseln. Tausende leben in Drahtverhauen, manchmal sind es ganze Familien, weil sie sich die Mieten in normalen Wohnungen nicht leisten können.

Die Büroräume des Gewerkschaftsbundes sind so vollgestopft mit Computern, Akten, Plakaten und Protestmaterialien, dass man sich kaum bewegen kann. Der 60-jährige Generalsekretär Lee Cheuk-yan kommt ursprünglich aus Schanghai. Er hat sich als langjähriger Vorsitzender eines Bündnisses zur Unterstützung demokratischer Bewegungen in Festland-China einen Namen gemacht. Noch, so sagt er, gibt es in Hongkong gewerkschaftliche Freiheiten und das Recht auf freie Meinungsäußerung. Die Gewerkschaft unterstützt die Wanderarbeiter aus China bei der Durchsetzung von Arbeitsrechten in Hongkong. Sie steht in engem Kontakt zu Arbeiter-NGOs auf dem chinesischen Festland, die abseits der staatlichen Gewerkschaften für die Verbesserung der Arbeitsbedingungen kämpfen.

Auch in Hongkong engt sich der Spielraum ein, so Lee. Die Schere zwischen Arm und Reich wird größer. Der Alltag ist stressig in der ultrakapitalistischen Metropole Hongkong. Auf wenig Raum stehen die meisten Bewohner im anstrengenden Überlebenskampf der ungebremsten Marktwirtschaft. Es gibt so gut wie keine öffentlichen Erholungsgebiete. Wenn die Hausangestellten aus Indonesien oder von den Philippinen am Sonntag ihre Freizeit haben, setzen sie sich daher auf Decken und Kartons im Stadtzentrum zum Plaudern, Essen und Dösen an den Straßenrand. Hinter glitzernden Fassaden verstecken sich allzu oft brutale Enge und blanke Not.

Von der Konzentration Hongkongs auf den Finanzsektor profitiert nur eine Elite, sagt Gewerkschaftsmann Lee Cheuk-yan. Und die Möglichkeit politischer Mitsprache wird geringer, seit die Stadtregierung einen stärkeren Pro-Peking-Kurs fährt. Das Engagement des Gewerkschaftsführers ist jedoch ungebrochen:

Für das Fernsehinterview mit dem ORF trägt Lee Cheuk-yan ein T-Shirt, das auf der Vorderseite an die Niederschlagung des Tiananmen-Protests am 4. Juni 1989 erinnert. Auf der Rückseite des T-Shirts ist ein Protest gegen die jüngste Verfassungsänderung in der Volksrepublik China aufgedruckt, durch die Präsident Xi Jinping seine Stellung gefestigt hat. Wir unterstützen das »Ein-Land-zwei-Systeme-Prinzip«, beteuerte Lee, nicht die neue Verfassung.

Nach der Regenschirm-Bewegung

Radikale Oppositionsgruppen werben für die Idee des lokalen Selbstbestimmungsrechts. Der prominente Aktivist und Universitätsprofessor Benny Tai Yiu-ting löste im Frühjahr 2018 scharfe Reaktionen der Behörden aus, weil er in einem zukünftigen demokratischen China die Abtrennung Hongkongs für denkbar erklärt hatte. Benny Tai war einer der Initiatoren der Hongkonger Demokratiebewegung von 2014. Seine Stelle an der Universität von Hongkong hat er trotz aller Kritik von Seiten der pekingtreuen Stadtgewaltigen gegen ihn behalten. Die Wirtschaftsbosse der Stadt setzen so wie unser Gesprächspartner Ronald Arculli im Bank of China Building auf friktionsfreie Beziehungen zu Peking. Die Querschüsse von Separatisten und Demokraten sind ihnen ein Dorn im Auge.

Die Zentralregierung möchte aus den drei Metropolen Südchinas, Hongkong, Shenzhen und Guangdong – dem ehemaligen Kanton –, eine zusammenhängende Wirtschaftsregion machen. »Great Bay Area« lautet das Schlagwort. Das höchste Gebäude Chinas, ein 700 Meter hoher Büroturm, soll ab 2024 im Zentrum stehen. In Shenzhen, nicht in Hongkong.

Ökonomisch und politisch ist das Hongkonger Establishment eine Symbiose mit der Elite des Festlandes eingegangen. Im Stadtparlament, dem Legislative Council, das unter der Abkürzung Legco bekannt ist, sind die unterschiedlichsten politischen Parteien und Gruppierungen vertreten. Die Hälfte der Abgeordneten ist direkt gewählt, die andere Hälfte wird von den Berufsverbänden der Stadt beschickt. Vor dem runden Glasgebäude flattert klar und deutlich die rote Fahne der Volksrepublik China. Regierungschefin ist die Stadtpolitikerin Carrie Lam. Gewählt wurde sie mit dem Segen Pekings von einem aus 1200 Mitgliedern bestehenden, von Peking handverlesenen Wahlkollegium. Zwei Mitbewerber blieben in der Minderheit. Während des Wahlvorganges gab es Buhrufe und Proteste. Vor dem Gebäude demonstrierten Gegner und Befürworter. Für China ist das unerhört, in Hongkong seit den wochenlangen Straßenprotesten des Jahres 2014 normal.

Wochenlang hielten 2014 Zehntausende junge Leute den Hongkonger Finanz- und Regierungsbezirk Central besetzt. »Occupy Central with Love and Peace« war der offizielle Name der Bewegung. Die Studenten forderten eine Verfassungsänderung, um direkte und freie Wahlen für den Regierungschef in ihrer Stadt zu ermöglichen. Hongkong hat ein Präsidialsystem. Regierungschefs werden in einem eigenen Wahlvorgang nominiert. Freie Wahlen gibt es nur zum Stadtparlament. Auf dem Höhepunkt der Proteste waren 100 000 Demonstrierende beteiligt. Es war die größte demokratische Massenbewegung auf chinesischem Boden seit der Besetzung des Tiananmen-Platzes 1989. Mit ihren mit Slogans bemalten Schirmen wehrten sich die jungen Demonstranten gegen die häufigen Regengüsse und gegen das Tränengas der Polizei. Die Presse gab der Aktion den Namen Regenschirm-Bewegung. Für die Geschäftswelt war die Blockade des Stadtzentrums eine Provokation.

Die zentrale Staatsmacht, die die Demonstranten herausforderten, lag Tausende Kilometer entfernt in der Hauptstadt Peking. In der Pekinger Führung befürchtete man ein Überspringen des demokratischen Bazillus auf das Festland, erinnerten die jungen Studierenden von Occupy Central doch an die ägyptische Demokratiebewegung auf dem Tahrirplatz und an den ukrainischen Euromaidan in Kiew.

In Hongkong musste die Demokratiebewegung nicht niedergeschlagen werden, die Regierung konnte warten, bis den jungen Leuten selbst der Atem ausging. Von der Öffentlichkeit auf dem Festland wurde die Botschaft der Regenschirm-Bewegung mithilfe von Zensur und Repression ferngehalten. Die Demokratiebewegung in Hongkong musste scheitern, weil sich das Zentrum in Peking nicht bewegte. Zu der erhofften direkten Wahl des Hongkonger Regierungschefs kam es nicht. Für das gesamte Spektrum der Hongkonger Politik wurde noch einmal klar: Das Schicksal der Sonderverwaltungszone Hongkong hängt vom Politbüro der Kommunistischen Partei in Peking ab.

Im Hongkonger Establishment halten sich anpassungsfähige Geschäftsleute, Demokraten und kommunistische Machtpolitiker die Waage. Die Jugendlichen, die in der Regenschirm-Revolution politisiert wurden, bilden eine neue, radikale Opposition, die eine Loslösung von China anstrebt.

Einer der prominentesten Stars der radikalen Opposition ist Joshua Wong, der es wegen seines unerschrockenen Auftretens während der Proteste auf die Titelseiten aller großen internationalen Zeitungen brachte. Das »Time Magazine« zeichnete den schmächtigen jungen Mann als einen der weltweit einflussreichsten Teenager aus.

Zwei Jahre nach der Regenschirm-Revolution fand der erste Wahlkampf für das Stadtparlament statt, das unter dem Namen Legco für Legislative Council bekannt ist. Joshua Wong war für die radikaldemokratische Partei Demosisto im Einsatz. Demosisto verlangt ein Referendum über die Zugehörigkeit Hongkongs zu China. Vor einer belebten U-Bahn-Station habn die Demosisto-Aktivisten Plakatständer aufgestellt, Joshua Wong verteilt Flugblätter. »Die Demokratiebewegung hat die junge Generation ermutigt, sich weiter zu engagieren«, sagt er in die Kamera. Zumindest größere Autonomie von Peking sollte herauskommen, geben sich die Aktivisten überzeugt.

Aus den Lautsprechern tönen Parolen gegen die Regierung, weil sie nach Meinung der Aktivisten die demokratischen Freiheiten einschränkt. »Unser Gegner ist die Kommunistische Partei Chinas«, verkündet ein paar Straßen weiter Benny Tai Yiu-ting, der bekannte oppositionelle Professor und legendäre Führer der Occupy-Central-Bewegung. »Wir kämpfen also gegen einen Riesen. Und einen Riesen zu überzeugen, das kann Zeit erfordern.«

2016 waren bei den Wahlen in das Stadtparlament mehrere separatistische Kandidaten erfolgreich. Aber bei der Angelobung kommt es zum Eklat: Die Neoabgeordneten verballhornen bewusst den Amtseid, bei dem sie der Volksrepublik China Treue schwören sollten. Die Causa beschäftigt sogar den Volkskongress in Peking. Schließlich verfügte das Hongkonger Höchstgericht, dass den aufmüpfigen Abgeordneten das Mandat aberkannt werden muss. Das parlamentarische Engagement der radikalen Opposition ist verpufft.

Drei bekannte Studentenführer, Joshua Wong, Alex Chow und Nathan Law, mussten wegen ihrer Aktivitäten während der Regenschirm-Revolution für mehrere Monate ins Gefängnis. Die höchste Gefängnisstrafe – sechs Jahre Haft – erhielt der frühere Philosophiestudent und Befürworter einer Abspaltung Hongkongs von China, Edward Leung. Insgesamt 100 Aktivisten wurden gerichtlich belangt. An den Universitäten sind die Anführer der radikalen Demokratiebewegung ungebrochen populär. Hinter der Entfremdung gegenüber der politischen Führung Chinas steckt ein Generationenkonflikt, urteilt der Chefredakteur des Onlinemagazins »Harbour Times«, Andrew Work. »60 Prozent der Studenten der Hongkonger Universität sagen, sie würden für die Unabhängigkeit stimmen. Aber Studenten sind eine Minderheit der Bevölkerung. Den Menschen ist bewusst, dass China Hongkong niemals aufgeben wird.«

Das politische Leben hat sich normalisiert. Das Hongkonger Stadtparlament Legco, unterscheidet sich auf den ersten Blick kaum von den gesetzgebenden Körperschaften parlamentarischer Demokratie. Es gibt Besuchergruppen für den Plenarsaal. Auf den Monitoren kann man öffentliche Ausschusssitzungen verfolgen. Die Verhandlungen sind auch im Internet abrufbar.

In ihrem Abgeordnetenbüro besuchen wir Regina Ip, eine Veteranin der Hongkonger Politik. Nach der Übergabe Hongkongs an die Volksrepublik war sie Staatssekretärin für Sicherheitsfragen und galt als Hardlinerin. Die dynamische Politikerin kennt die Fallstricke des Hongkonger Establishments und die Palastintrigen in den zuständigen Gremien der Zentralregierung in Peking. Zuletzt hat sie für die Position der Verwaltungschefin kandidiert, bekam jedoch weder in Peking noch bei den oppositionellen Demokraten ausreichende Unterstützung. Die wachsende Anti-Peking-Stimmung in der Jugend erklärt Regina Ip mit dem veränderten Verhältnis zum Festland. »Früher haben wir alle Freunde und Verwandte auf der anderen Seite unterstützt. Mit meiner Mutter habe ich immer Lebensmittel hinübergeschickt. Jetzt sind die Menschen dort erfolgreich, viele sind reich geworden. Die jungen Leute bei uns fühlen sich durch den Erfolg Chinas erdrückt.« Sie warnt vor dem sogenannten Nativismus, der in der antichinesischen Opposition grassiert, wonach die Hongkonger ein eigenes Volk seien, das mit den Han-Chinesen nichts zu tun habe. »Da gibt es manchmal puren Rassismus. Hongkong ist ein für alle Mal Teil Chinas. Peking aus den Entscheidungen der Stadt auszuschließen, wie manche Oppositionelle sich das vorstellen, ist völlig unmöglich.«

Ein paar Schritte entfernt liegen im Stadtparlament die Büros der Pandemokraten, so nennen sich die gemäßigten Oppositionellen. Die Pandemokraten sind eine Allianz liberaler, sozialdemokratischer und grüner Parteien. Zu den aus der Studentenbewegung kommenden radikalen Gruppen halten sie Distanz. Der prominente Anwalt und Sprecher der Civic Party, Alan Leung, gibt, anders als die dem Regierungslager angehörende Regina Ip, dem harten Kurs in Peking die Schuld an der Radikalisierung der Jugend. Hongkong gegen Peking, das ist so wie David gegen Goliath, sagt Alan Leung. Vom chinesischen Parteichef Xi Jinping wünscht sich der pandemokratische Politiker eine Anerkennung der unterschiedlichen politischen Traditionen von Hongkong und dem Festland. »Ob sich auf dem Festland etwas ändert, ist deren Sache. Aber Hongkong war in den letzten 150 Jahren immer eine Kraft der Modernisierung für ganz China. Xi Jinping sollte diese historische Vision im Auge behalten.«

Das Verschwinden von fünf Buchhändlern und einem Milliardär

Aber der Druck aus Peking nimmt zu. Den langen Arm der Zentralregierung spüren auch die Eliten. Anfang 2017 beunruhigte der Fall eines verschwundenen chinesischen Milliardärs die Finanzwelt. Xiao Jianhua lebte seit Jahren im Four Seasons, einem exquisiten Luxushotel in Hongkong. Aus seinem gut bewachten Refugium ist der Milliardär am chinesischen Neujahrstag im Januar 2017 verschwunden. Auf den Überwachungskameras des Hotels ist zu sehen, wie Xiao Jianhua mit einem Tuch über dem Kopf in einem Rollstuhl weggebracht wird. Begleitet von sieben Personen, darunter zwei Mitgliedern seiner Garde weiblicher Leibwächter. Anfangs ging die Hongkonger Polizei von einer Entführung aus, ließ aber später verlauten, dass Xiao Jianhua regulär in Richtung Festland ausgereist sei. Danach verliert sich die Spur.

Das Vermögen des Bankers und seiner Frau Zhou Hongwen wird auf sieben Milliarden Dollar geschätzt. Das Ehepaar steht an 32. Stelle auf der Liste der Superreichen Chinas. In den Medien wird der Mann als Bankier der Partei bezeichnet, weil er seit seinen Studententagen lukrative Geschäfte mit den Familien hoher Funktionäre gemacht hat. Das Vertrauensverhältnis geht auf das Jahr 1989 zurück, als Xiao als Studentenvertreter parteitreu blieb und sich gegen die demokratische Bewegung des Tiananmen-Platzes wandte. Der Handel mit Computern im staatsnahen Bereich brachte ihm den steilen wirtschaftlichen Aufstieg. Die »New York Times« hat herausgefunden, dass der öffentlichkeitsscheue Geschäftsmann früher für Verwandte von Staatspräsident Xi Jinping tätig war. Andere Publikationen sprechen von Kontakten zur Fraktion des ehemaligen Präsidenten Jiang Zemin und Geschäftsbeziehungen zu den Kindern des inhaftierten Sicherheitschefs Zhou Yongkang.

Die »South China Morning Post« berichtet, dass die Frau und der Bruder des Bankers Xiao Jianhua nach Kanada geflohen seien, weil sie sich in Hongkong nicht mehr sicher fühlten – alle Familienmitglieder besitzen neben der chinesischen auch die kanadische Staatsbürgerschaft. Eine zweite Staatsbürgerschaft gilt bei Superreichen als Schutz, der aber im Fall Xiao offensichtlich nicht gewirkt hat. Wie es um den abgängigen Milliardär bestellt ist, lässt sich auch Monate später nicht sagen. Die chinesischen Behörden geben keine Auskunft. In Hongkong spekulieren die Medien monatelang über ein 2018 bevorstehendes Gerichtsverfahren auf dem Festland.

Das Verschwinden des Milliardärs Xiao Jianhua aus Hongkong beinhaltet eine politische Botschaft: Die Zentralregierung will die Kontrolle zurückgewinnen, die durch die marktwirtschaftlichen Reformen verlorengegangen ist, selbst wenn die für China bisher typische Symbiose zwischen den Finanzkapitalisten und der Kommunistischen Partei dadurch gestört wird.

Eigentlich dürften die Polizeibehörden der Volksrepublik in der Sonderwirtschaftszone gar nicht tätig sein, das verbietet der Sonderstatus Hongkongs. Durchbrochen wurde diese Regel 2015, als pekingkritische Buchhändler aus Hongkong monatelang jenseits der Grenze festgehalten wurden. Der Skandal um die verschwundenen Buchhändler verdeutlichte die Grenzen der Souveränität Hongkongs, wenn mächtige Behörden der Volksrepublik es mit Regeln nicht so ernst nehmen.

Die unscheinbare Buchhandlung Causeway Bay Books im ersten Stock einer Geschäftsstraße auf Hong Kong Island war lange ein Geheimtipp für chinesische Besucher. Hier konnte man alles finden, was auf dem Festland verboten war. Bücher über das angeblich skandalöse Privatleben der obersten Parteiführer waren der Verkaufsschlager. Die fantasiereichen Schmöker, marktschreierisch präsentiert, erzählten von dunklen Geschäften, kriminellen Machenschaften und amourösen Abenteuern der allmächtigen Halbgötter im Politbüro. Gui Minhai, einer der beliebten Autoren und Miteigentümer des Mighty Current Media Verlages, schrieb jedes Jahr mehrere solcher Bücher. Es gab darin manche Wahrheiten und Halbwahrheiten und vieles war erfunden. Bei den nach inoffiziellen Informationen jeder Art hungernden Bürgern aus China gingen die Schwarten weg wie warme Semmeln. Sogar auf dem Internationalen Flughafen von Hongkong konnte man die Publikationen erwerben. Über die Grenze auf das Festland wurde ein Versand für die gefragten Publikationen hochgefahren. Immer riskanter wurden die Operationen, immer größer die Auflagen.

Schließlich reagierte die chinesische Staatssicherheit. Auf ihre Weise. Im Oktober 2015 verschwand der Verleger Gui Minhai aus seinem Domizil im thailändischen Pattaya. Wenige Tage später erstattete in Hongkong die Familie des Buchhändlers Lam Wing-kee, der Causeway Bay Books Jahre zuvor gegründet hatte, Vermisstenanzeige. Auch drei andere Mitarbeiter der Buchhandlung waren plötzlich abgängig. Die Hongkonger Zeitungen begannen zu schreiben. Dann gab es im chinesischen Fernsehen auf der anderen Seite der Grenze plötzlich Geständnisse der verschwundenen Buchhändler. Mit reuiger Miene gestanden die Unglücklichen die verschiedensten Verbrechen gegen das chinesische Volk und die Gesetze der Volksrepublik China.

Die Affäre zog sich hin. Es kam zu Solidaritätsdemonstrationen, weil die Verschwundenen nach Überzeugung der meisten Hongkonger schlicht nach China entführt worden waren. Internationale Menschenrechtsorganisationen und die Europäische Union nahmen sich der Fälle an, weil einige der Verschwundenen Unionsbürger waren. Nach neun Monaten tauchten die Gesuchten wieder in Hongkong auf. Das Buchgeschäft jedoch bleibt geschlossen. Nur einer der fünf Verschwundenen wollte öffentlich erklären, was passiert war. Lam Wing-kee beschrieb bei einer Pressekonferenz die abenteuerliche Geschichte seiner Entführung und der wochenlangen Haft. Bei den Selbstbeschuldigungen im Fernsehen hatten die Behörden bis ins letzte Detail Regie geführt.

Die ungewöhnliche Entführung, das spektakuläre TV-Geständnis und die Freilassung nach bangen Monaten tragen den Stempel eines repressiven Pragmatismus, den Chinas Behörden gerne anwenden. Die Botschaft ist klar: Um rechtliche Formalitäten kümmert man sich wenig. Aber wenn der politische Preis zu hoch wird, dann gibt die Polizei nach. Hongkong muss sich an diese eigenartige Form des Rechtsverständnisses auf dem Festland noch gewöhnen.

Macau – Ein Las Vegas für ganz Asien

Ein kleiner, aber stetiger Menschenstrom bewegt sich jeden Freitagabend von Hongkong mittels Fähre in westliche Richtung. Ziel ist die ehemalige portugiesische Besitzung Macau. Die ruhigere kleine Schwester Hongkongs ist mit dem Schiff in einer Stunde zu erreichen. Macau ist als Stadt der Kasinos bekannt. Aber viele Bürger, die hier leben, pendeln nach Hongkong, wo es mehr Jobs und größere Chancen gibt.

Hongkong hat geholfen, Milliarden in die chinesische Wirtschaft zu pumpen. In Macau fließen andere Geldströme: Die einstige portugiesische Enklave, in der das Glücksspiel immer schon verbreitet war, ist zum Las Vegas Ostasiens geworden. Unter dem wachsamen Auge der Kommunistischen Partei Chinas haben alle großen Kasinogesellschaften der Welt ihre Ableger in Macau errichtet. Klein-Venedig samt Canale Grande lässt sich hier ebenso bewundern wie ein leicht verkleinerter Eiffelturm. Vor der barocken Fassade der einstigen portugiesischen Kathedrale drängen sich junge chinesische Paare zum Hochzeitsfoto. Durch das portugiesische Erbe hat die 700 000-Einwohner-Stadt ein für Asien exotisches südeuropäisches Flair. Die Zeitungsstände am Straßenrand führen Publikationen in chinesischer, portugiesischer und englischer Sprache. Parteichef Xi Jinping prangt auf den Titelseiten. Zur Lebensqualität in Macau gehört die Pressefreiheit, genauso wie in Hongkong. Aber vor allem die chinesischsprachigen Zeitungen überbieten sich in Superpatriotismus, was bedeutet: Sie folgen den Vorgaben der Zentralregierung in Peking.

Bis vor wenigen Jahren machten die Kasinos ihre großen Geschäfte mit finanzkräftigen Spielern vom Festland, die ihre Einsätze über Mittelsmänner, die sogenannten Junkets, tätigten. Das Glücksspiel hat es ermöglicht, im großen Stil Schwarzgeld reinzuwaschen. Seit dem Beginn der Antikorruptionskampagne in Peking sind die Großeinsätze über diese Junkets zurückgegangen. Dafür hat ein Massentourismus von Mittelklassefamilien aus allen Teilen Chinas eingesetzt. Die Umsätze in den Kasinos von Macau übertreffen inzwischen jene von Las Vegas um ein Vielfaches. In der Volksrepublik selbst ist Glücksspiel verboten. Aber Macau ist eine Sonderwirtschaftszone wie Hongkong. Es gilt das Konzept von einem Land und zwei Systemen. Die Triaden, die Verbrechersyndikate von früher, sind zurückgedrängt. Die Kommunistische Partei hat mit der Welt der Kasinos ihren Frieden gemacht, solange sie kontrollieren kann, von wo die Geldflüsse kommen und wohin sie fließen.

José Luís de Sales Marques war Bürgermeister in den Jahren rund um die 1999 vollzogene Übergabe Macaus von Portugal an die Volksrepublik China. Jetzt leitet der gelernte Ökonom das im Zentrum der Stadt gelegene Institut für Europastudien. Macau hat seit damals seinen Charakter völlig verändert, erzählt er. »Früher war die Altstadt mit ihren Gebäuden aus dem 16. Jahrhundert prägend, es gab keine Wolkenkratzer, wir haben in einer alten Stadt gelebt. Als 2000 die ersten Großkasinos eröffnet wurden, kamen vielleicht sieben Millionen Touristen im Jahr. Heute sind es 30 Millionen.« Der Ex-Bürgermeister will Macau als Verbindungsglied Chinas zur portugiesischsprechenden Welt in Lateinamerika, Afrika und Europa ausbauen. Die Wirtschaft in Südchina wächst. Die Wirtschaft in Südchina wächst. Das bedeutet, dass mehr Familien Urlaube in Hotels mit Kasinos buchen werden. Diese werden auch shoppen und die Dienstleistungen mit dem europäischen Flair, das Macau bietet, in Anspruch nehmen, sagt José Luís de Sales Marques.

Was Macau fehlt, ist der rebellische Geist Hongkongs. Die demokratischen Aktivisten sind eine kleine Gruppe, die neidisch auf die große Schwester Hongkong blickt. Anders als Hongkong hat Macau nicht einmal ein Grundgesetz. Die Stadt wird von einigen wenigen einflussreichen Familien in enger Absprache mit der Zentralregierung regiert. Viele Bewohner sind erst vor wenigen Jahren zugewandert und interessieren sich nicht für Politik.

Der Pragmatiker Deng Xiaoping hat es der Kommunistischen Partei mit der einfachen Formel »Ein Land, zwei Systeme« ermöglicht, flexibel mit den unterschiedlichen gesellschaftlichen Traditionen auf chinesischem Gebiet umzugehen. Peking demonstriert, dass die Volksrepublik über ausreichendes Selbstbewusstsein verfügt, um in Hongkong und Macau nicht nur kapitalistische Marktwirtschaft zu dulden, sondern auch einen Rechtsstaat und Meinungsfreiheit wie nirgends sonst im Reich der Mitte. Das Experiment Hongkong im Experiment China ist trotz aller Wechselfälle erfolgreich verlaufen. Das wirtschaftliche und zunehmend auch militärische Potenzial Chinas zweifelt niemand mehr an. Wie die neue Supermacht mit den unterschiedlichen Systemen im eigenen Einflussbereich umgeht, wird für die zukünftige internationale Reputation Chinas entscheidend sein.

Taiwan, die offene Wunde

Deng Xiaoping hat Hongkong auch als Modell für die Vereinigung der Volksrepublik mit Taiwan angesehen. Nach der Niederlage gegen die Kommunisten hatten sich die Nationalchinesen unter Chiang Kai-sheks Kuomintang auf die Insel zurückgezogen. Mao wollte nach dem Sieg im Bürgerkrieg seine Soldaten über die Meeresenge schicken und auf der Insel einmarschieren. Die Nationalchinesen fantasierten von einer Rückeroberung des Festlandes. In der Memorial Hall für den verstorbenen Diktator Chiang Kai-shek in der taiwanesischen Hauptstadt Taipeh paradiert die Ehrengarde vor einem überlebensgroßen Denkmal. Die staunenden Touristen kommen mehrheitlich vom Festland. Der Generalissimus gilt in der offiziellen Geschichtsschreibung der Volksrepublik als Bösewicht. Ein Selfie vor der Statue Chiang Kai-sheks gilt für die chinesischen Touristen als aufregendes Urlaubsfoto, das man auf WeChat stolz unter Freunden und Bekannten verbreiten kann.

Die entspannte Atmosphäre vor der Gedächtnishalle in Taipeh trügt. Zwischen den Regierungen in Peking und Taipeh herrscht Eiszeit, seitdem die populistische Nationalistin Tsai Ing-wen 2016 zur Präsidentin von Taiwan gewählt wurde. Die Politikerin der Demokratischen Fortschrittspartei will auf Distanz zu Peking gehen. Die Opposition hatte bei den Wahlen gegen die Kuomintang, die das herrschende Establishment repräsentiert, triumphiert. Paradoxerweise hatten Kuomintang und die KP Chinas, die chinesischen Bürgerkriegsparteien des 20. Jahrhunderts, freundschaftliche Beziehungen entwickelt. Im Wahlkampf bezog Peking Partei für die Erben Chiang Kai-sheks. Dieses Manöver war nach hinten losgegangen. Vor allem die Jugend hatte massiv für die populistische Oppositionspartei gestimmt. Bei der Siegesfeier für die neue Präsidentin Tsai Ing-wen jubelten Zehntausende mit leuchtenden Smartphones im Zentrum der Hauptstadt Taipeh über den Machtwechsel.

Chiang Kai-shek hatte nach dem Ende des Bürgerkriegs auf Taiwan eine brutale Diktatur errichtet. Der Weiße Terror unter der Herrschaft der Kuomintang unterdrückte die Bevölkerung. Nach dem Tod des Generalissimus 1975 demokratisierte sich Taiwan. In Taipeh wurden sogar ein Denkmal und ein Museum für die Opfer der Repression in der Zeit der Diktatur des Generalissimus errichtet. Auf der Insel blühte die Wirtschaft auf, noch bevor in der Volksrepublik der Reformkurs erfolgreich war. Ein lebendiges Mehrparteiensystem entstand. Von der wirtschaftlichen Öffnung der Volksrepublik haben Taiwans Wirtschaftsmagnaten in großem Ausmaß profitiert. Taiwanesische Geschäftsleute investierten massiv auf dem Festland.

Der Versöhnungsprozess zwischen der Kuomintang und der KP Chinas auf der Grundlage der Idee »Ein Land, zwei Systeme« schuf eine auf den ersten Blick eigenartige Situation. Die Regierungen in Taipeh und Peking versicherten einander, dass es nur ein China gebe. Damit, dass jede Seite etwas ganz anderes unter dem einen China versteht, können beide leben. Dieser sogenannte »Konsens von 1992« ist an die Stelle der früheren Feindschaft zwischen den ehemaligen Bürgerkriegsparteien getreten. Für Peking ist Taiwan eine chinesische Provinz. Für Chiang Kai-shek war die Volksrepublik ein rotes Rebellengebiet, das er wieder zurückerobern wollte. Der offizielle Name Taiwans lautet daher: Republik China. Die Erben des Diktators wollen an dieser Bezeichnung nicht rütteln, obwohl die Kuomintang das Ziel der Rückeroberung der Volksrepublik längst aufgegeben hat. Die Wiedervereinigung selbst schob man in ferne Zukunft. In Peking gilt die »Rückkehr« Taiwans in die Volksrepublik China von heute, zu der der Inselstaat allerdings nie gehört hat, als unumstößlich geltendes nationales Anliegen.

Die seit 2016 in Taiwan regierende populistische Demokratische Volkspartei tritt für das Selbstbestimmungsrecht Taiwans ein und betont die gegenüber China eigenständige Identität der Insel. Die Partei hat separatistische Wurzeln. Der Machtantritt der Populisten hat zu einer schlagartigen Verschlechterung der Beziehungen zwischen Taipeh und Peking geführt. Würde das Land seinen Namen ändern, etwa auf Republik Taiwan, wie das ein großer Teil der Bevölkerung befürwortet, wäre das ein Casus Belli für Peking. 2005 hat der Volkskongress in Peking ein eigenes Gesetz beschlossen, das militärische Gewalt gegen eine Unabhängigkeitserklärung Taiwans vorsieht. Der pragmatische Kompromiss über die Beziehungen zwischen der Republik China und der Volksrepublik China wird durch die harten Töne aus Peking und die separatistische Volksbewegung in Taiwan auf eine harte Probe gestellt.

In der Wahlnacht im Frühjahr 2016 in Taipeh drängen die Anhänger der pekingkritischen neuen Präsidentin Tsai Ing-wen zum Mikrofon des ORF-Teams. Junge Leute beteuern, dass Taiwan nach der Regierungszeit der Kuomintang einen Wechsel braucht. Peking will die Insel bevormunden, lautet ein häufiges Argument.

Geschützt wird die Selbstständigkeit des Inselstaates durch den Bündnispartner Amerika. Als Donald Trump frisch gewählt war, akzeptierte er ein Gratulationstelefonat der Präsidentin aus Taipeh. Einen direkten Kontakt auf höchster Ebene hat es schon sehr lange nicht mehr gegeben. Denn möglich war die Normalisierung zwischen Washington und Peking in den 1970er-Jahren nur gewesen, weil die USA ihrem langjährigen Verbündeten Taiwan die diplomatische Anerkennung entzogen haben. Der für China vorgesehene Sitz im Sicherheitsrat der Vereinten Nationen war bis in die 1970er-Jahre von Taiwan besetzt worden. Erst nach dem Besuch Nixons bei Mao in Peking zog die Volksrepublik in die Weltorganisation ein. Die Taiwan-Lobby, die während des Kalten Krieges offizielle Beziehungen zwischen Washington und Peking blockierte, ist nahezu verschwunden. Seit der Aufnahme diplomatischer Beziehungen zwischen den USA und der Volksrepublik China hat kein Regierungspolitiker aus Taiwan je das Weiße Haus in Washington betreten. Als Trump nicht mehr tat, als mit der taiwanesischen Präsidentin Tsai Ing-wen zu telefonieren, tobte Peking über das ungewöhnliche Gespräch und bezeichnete es als Bruch einer jahrzehntelangen Tradition. Die separatistischen Medien in Taiwan waren begeistert. So heikel sind die Beziehungen zwischen der Supermacht Amerika und dem aufsteigenden China, dass jede falsche Geste gefährlich werden kann.

Donald Trump waren gute Beziehungen zu Xi Jinping sehr rasch wichtiger als die Kontakte zu Taiwan. Die Administration sah vorläufig davon ab, mit dem Ausspielen der Taiwan-Karte China in die Enge zu treiben. Die Drohung aus Peking, dass die gesamte Chinapolitik der USA gefährdet sei, wenn Washington sich verstärkt Taiwan zuwende, hat gewirkt.

Unter Xi Jinpings Herrschaft in Peking spielt die Volksrepublik ihre wachsende Macht mit großer Härte aus, um Taiwan international zu schwächen. Bei der Bevölkerung Chinas ist der scharfe Kurs populär. Wenn man als Europäer die naive Frage stellt, warum es für ein Land mit 1,4 Milliarden Bürgern ein Problem sein sollte, 24 Millionen Taiwanesen einen eigenen Staat zuzugestehen, den sie in der Praxis seit bald 70 Jahren haben, kann es rasch emotional werden. Die chinesischen Gesprächspartner weisen darauf hin, wie lebenswichtig die Einheit Chinas ist, um Zerfall und Niedergang wie im 19. Jahrhundert zu verhindern. Im Dezember 2016 berichtet die »South China Morning Post«, gestützt auf ihre Quellen, dass Xi Jinping bei einem Treffen mit Vertretern der taiwanesischen Kuomintang gewarnt habe: Sollte Peking je die Unabhängigkeit Taiwans akzeptieren, dann würde das chinesische Volk die Regierung stürzen, weil diese einen solchen Schritt nicht verhindert habe, so heilig sei den Bürgern die Einheit des Landes. Es ist nicht gerade häufig, dass ein Generalsekretär der Kommunistischen Partei Chinas einen Umsturz im eigenen Land an die Wand malt.

Diplomatische Anerkennung gibt es für Taiwan nur mehr von einer Handvoll Staaten. Die diplomatische Isolation des Inselstaates wächst. 2018 gehen die chinesischen Behörden weiter. Peking verlangt von internationalen Airlines und Hotelketten, dass sie in ihrer Buchungssoftware Taiwan nicht mehr als eigenes Land führen, weil dadurch die nationalen Gefühle des chinesischen Volkes verletzt würden. Die Hotelkette Marriott International und die australische Airline Qantas Airways, die gute Geschäfte in China machen, sind der Forderung innerhalb weniger Tage nachgekommen. In einer Presseerklärung protestierte das Weiße Haus gegen den »Orwell'schen Unsinn«, dass die Kommunistische Partei Chinas amerikanischen Staatsbürgern und privaten amerikanischen Firmen ihre politischen Ansichten aufzwingen will. Ungeachtet dieser markigen Erklärung gingen die amerikanischen Airlines wenige Wochen später vor dem Ultimatum aus Peking in die Knie. Taiwan wird auf den Buchungsseiten nicht mehr als eigenes Land angeführt. Ein problemloser Zugang zum chinesischen Markt war den Fluglinien wichtiger als Widerstand gegen sogenannten »Orwell'schen Unsinn«

Taiwan-Politik ist in Washington D.C. Gegenstand eines Tauziehens chinafreundlicher und chinafeindlicher Lobbys. Unter Xi Jinping beharrt die Volksrepublik China wieder verstärkt auf ihrem per Gesetz verbrieften Recht, die Wiedervereinigung mit Taiwan notfalls auch mit Waffengewalt zu erzwingen. Es ist eine gefährliche Entwicklung. Die Volksrepublik China möchte die Hegemonialmacht Ostasiens sein. Damit die Region eine solche Vormachtstellung akzeptiert, müsste China bereit sein, die Sicherheit aller umliegenden Staaten zu garantieren, ähnlich wie die USA das in den vergangenen Jahrzehnten für Westeuropa getan haben. Auch Taiwan müsste aus Glaubwürdigkeitsgründen unter eine solche Sicherheitsgarantie fallen. Der Streit um die Insel belastet die Stellung Chinas in der Welt. Eine Bevölkerung von 24 Millionen ist Spielball der Machtpolitik zwischen den beiden Supermächten USA und Volksrepublik China.

Kerstins Tagebuch

Wir kommen gerade zurück von einer Woche in Taiwan, einer dicht besiedelten Insel mit nicht eindeutiger nationaler Identität, mehrheitlich von Chinesen bewohnt, die in verschiedenen Wellen vom Festland eingewandert sind. Ist es China oder nicht? Das war eine Frage, die zumindest mich beschäftigt hat. Denn so habe ich die Geschichte verstanden: Auf die Insel Taiwan kamen über das Meer immer diejenigen, die die Herrschaft beanspruchten. Im 17. Jahrhundert waren das die Holländer, die einige Forts hinterließen. Ein Kriegsherr aus der Zeit der Ming-Dynastie, Koxinga, floh vor der siegreichen nächsten Dynastie, den Qing, nach Taiwan und verbreitete dort den Konfuzianismus. Dann eroberten die Qing auch Taiwan. Ende des 19. Jahrhunderts begann eine 50-jährige japanische Kolonialisierung. 1949 kam die vor der maoistischen Revolution fliehende Armee Chiang Kai-sheks zusammen mit zwei Millionen Anhängern auf die Insel. Sie errichteten für mehrere Jahrzehnte eine Quasi-Diktatur der Kuomintang. 1975 starb Chiang Kai-shek, ein Jahr später Mao. So wie am Tiananmen-Platz in Peking das Mao-Mausoleum steht, gibt es in Taipeh, der Hauptstadt Taiwans, eine

Chiang-Kai-shek-Gedächtnishalle - beide zeigen große Statuen der verstorbenen Herrscher in sitzender Pose.

Inzwischen ist Taiwan eine lebendige Demokratie. In den Zeitungen wird gerade die Einführung der gleichgeschlechtlichen Ehe diskutiert. Überall sieht man Tempel jeder Größe, 15000 insgesamt, ziemlich viel für diese kleine Insel. In jedem Dorf steht einer, mal daoistisch, mal folkloristisch, mal buddhistisch, immer bunt und mit kunstvollen Figuren auf den Dächern. Und so erscheint Taiwan wie das buntere, kultiviertere China. Auch viele chinesische Kunstschätze sind mit der Kuomintang vom Festland mit auf die Insel geschleppt worden. Zum Ärger Pekings, aber vielleicht war der Standort Taiwan für die alten Schätze ganz gut, weil sie so nicht während der Kulturrevolution zerstört werden konnten. Daher steht das Museum mit der größten chinesischen Kunstsammlung der Welt in Taipeh. Es heißt Palastmuseum, weil die meisten Gegenstände ursprünglich aus der Verbotenen Stadt in Peking stammen, und ist ein großartiges Museum. Berühmt ist der nur knapp 20 cm große Jade-Chinakohl mit Heuschrecke aus der Qing-Dynastie. Festland-ChinesInnen kommen als Touristen eben wegen der Kultur. Oder besser: kamen. Denn seit die neue Präsidentin Taiwans, Tsai, mehr Unabhängigkeit von China fordert, gibt es deutlich weniger Touristenfahrten nach Taiwan, das sei wirtschaftlich, wie uns immer wieder erzählt wurde, sehr spürbar.

Raimund ist in Kontakt mit einer Gruppe kritischer Intellektueller. Ein Paar aus dieser Gruppe, beide in NGOs und an der Uni tätig, hat uns jetzt nach Tainan, in die alte Hauptstadt im Süden der Insel, eingeladen. Wir haben einen tollen Abend mit ihnen verbracht und viel diskutiert. Überraschend war, und es hat uns nachdenklich gemacht, dass diese beiden politischen Menschen bei den letzten Wahlen gar nicht gewählt haben. Denn sie meinten, dass der politische Entscheidungsspielraum Taiwans selbst sehr gering sei. Das Schicksal Taiwans bestimmt sich aus dem Verhältnis von China und den USA. Von außen eben. Wie schon so oft in der Geschichte.

10
Unruhiges Dach der Welt, rebellischer Westen

Deng Xiaopings Flexibilität mit der Anerkennung politischer Vielfalt im Fall Hongkongs hat die Macht Chinas vergrößert. Eine vergleichbare Souveränität im Umgang mit Eigenständigkeit innerhalb der 27 Provinzen und autonomen Gebiete der Volksrepublik geht der chinesischen Führung jedoch ab. Die Autonomiebestrebungen der Tibeter und der Uiguren gehören zu den ganz großen Tabuthemen. Keine sechs Millionen Tibeter leben auf dem riesigen Hochland von Tibet. Die Uiguren, die fast alle in der westlichen Provinz Xinjiang leben, sind etwas mehr als zehn Millionen. Rein von den Zahlen her gesehen, sind das verschwindend kleine Minderheiten in einem Reich von 1,4 Milliarden Bürgern.

Tabuthema Dalai Lama

Für die Tibeter ist der Dalai Lama die wichtigste Identifikationsfigur, vergleichbar mit dem Papst für die Katholiken. Dalai Lama ist kein Name, sondern das Amt des wichtigsten geistlichen Lehrers im tibetischen Buddhismus. Bevor Maos Truppen nach Lhasa, der Hauptstadt Tibets, kamen, war er die zentrale Persönlichkeit eines absolutistisch regierten Gottesstaates. Der Mann, den die ganze Welt als Dalai Lama kennt, heißt Tenzin Gyatso und ist der 14. Dalai Lama.

Seit dem tibetischen Aufstand 1959 residiert der Dalai Lama im indischen Exil. In der Volksrepublik China gilt er als Staatsfeind. Von der Forderung nach einer staatlichen Abtrennung Tibets von China, für die tibetische Partisanen einst mit amerikanischer Unterstützung in den bewaffneten Kampf gezogen sind, ist er seit Langem abgerückt. Der Dalai Lama verlangt kulturelle Autonomie innerhalb der bestehenden Grenzen und ein Ende der ethnischen Veränderungen in der Bevölkerung durch die geförderte Zuwanderung von Han-Chinesen.

In der nordindischen Stadt Dharamsala haben tibetische Politiker, gestützt auf die moralische Autorität des geistlichen Führers, ein Exilparlament und eine Exilregierung errichtet. Ihr Wunsch nach Verhandlungen mit Peking, wie es sie früher gegeben hat, ist unter Xi Jinping auf taube Ohren gestoßen. In den tibetischen Exilgemeinden Asiens, Europas und Amerikas wird heiß diskutiert, wie die politischen Führer in Dharamsala auf die wachsende Macht der Pekinger Zentralregierung reagieren sollen. In der Autonomen Provinz Tibet und unter den Tibetern in anderen Teilen der Volksrepublik China ist der Einfluss der Exilpolitiker minimal. Dagegen strahlt der Dalai Lama aufgrund seiner religiösen Funktion und als Person riesige Autorität auf die Tibeter überall in China aus. Die Behörden erlauben sein Porträt in einigen von Tibetern bewohnten Regionen. Es ist in Tempeln oder diskret versteckt in Geschäften zu sehen. Für die Welt ist der Dalai Lama eine moralische Autorität. Sein internationaler Status macht ihn politisch zu einem realen Machtfaktor. Ohne den Dalai Lama wären die Tibeter eine von vielen unterdrückten Minderheiten Asiens. Die Persönlichkeit ihres religiösen Führers macht ihre Sorgen zu einem Anliegen der ganzen Welt.

Die Führung in Peking hat unter früheren Generalsekretären inoffizielle Kontakte zur Exilregierung geknüpft. Vertretern des Dalai Lama wurde zweimal gestattet, Tibet zu besuchen. Ein Kompromiss schien nicht ganz ausgeschlossen. Die Atmosphäre hat sich seither verschlechtert. 2008 gab es in Lhasa und anderen Gebieten gewaltsame Angriffe auf chinesische Einrichtungen. Jugendliche Tibeter attackierten chinesische Mitbürger auf offener Straße. Chinesische Geschäfte wurden angezündet. Es folgte eine massive staatliche Repressionswelle mit Dutzenden Toten. Seither regiert die von Peking eingesetzte Lokalverwaltung in der

Autonomen Region Tibet wieder mit eiserner Hand. Permanente, massive Polizeipräsenz in Lhasa und anderen Wohngebieten soll eine Wiederholung der Proteste verhindern.

Der Dalai Lama, Jahrgang 1935, ist über 80 Jahre alt und war wiederholt in medizinischer Behandlung. Peking wartet ab. Dass das neue China sich stark genug fühlen sollte, mit dem 14. Dalai Lama über eine Teilautonomie mit kultureller Selbstständigkeit zu verhandeln, ist ein Gedanke, den in Peking nur wenige vertreten. Die Staatsführung scheint auf Zeit zu setzen. Wenn der 14. Dalai Lama einmal nicht mehr ist, wäre das tibetische Volk einer Symbolfigur und einer einflussreichen internationalen Stimme beraubt. Geldmittel und Investitionen aus Peking würden schwerer wiegen als eine mystisch-religiöse Tradition, die zur modernen Zeit so gar nicht passt, ist das Kalkül der Zentralregierung. Dass ein Riesenreich wie China langfristig vielleicht sogar stabiler werden könnte, wenn der Staat Dezentralisierung zulässt, gehört zu den Überlegungen, die tabu sind für die Führung unter Xi Jinping.

Die Zentralregierung baut Straßen, Flugplätze und Eisenbahnverbindungen am Dach der Welt. Die Autonome Region Tibet ist größer als Frankreich und Deutschland zusammen. Die Verbindungen zwischen den vielen über 4000 oder 5000 Meter Seehöhe liegenden Bezirken sind schlecht. Staatliche Infrastrukturinvestitionen und die darauf folgende wirtschaftliche Verbesserung sollen allfällige Unabhängigkeitsbestrebungen ersticken. In der Hauptstadt Lhasa quellen Tempel und Klosteranlagen rund um den legendären Potala-Palast über vor Gläubigen aus allen Teilen des Landes. Die Pilger, die sich über Tausende Kilometer am Boden kriechend fortbewegen, zeigen extreme Frömmigkeit. Touristen aus der ganzen Welt sind willkommen. Ausländische Journalisten dürfen Tibet allerdings nur streng bewacht, also begleitet, bereisen. In Lhasa fühlt man sich weit entfernt von Chinas ultramodernen Städten mit ihren Wolkenkratzern und Stadtautobahnen. Bei den zweisprachigen Aufschriften fällt auf, dass die chinesischen Schriftzeichen häufig um vieles größer sind als der tibetische Text. Der Staat macht unmissverständlich klar, wer das Sagen hat.

Bei den großen Politereignissen in Peking ist Tibet regelmäßig ein Thema. Während des jährlichen Volkskongresses drängen sich die Journalisten zum Pressegespräch der Delegation aus Tibet im dritten Stock der Großen Halle des Volkes. Tibetische Motive schmücken die Wände. Viele Delegierte tragen tibetische Tracht, auch buddhistische Mönche sind darunter. Regionalpolitiker Padma Choling, einer der wenigen ethnischen Tibeter in der Führung des Autonomen Gebiets, berichtet ausführlich von wirtschaftlichen Fortschritten dank der Unterstützung durch die Zentralregierung. Aber die Fragen der ausländischen Journalisten drehen sich um das Verhältnis Chinas zum Dalai Lama, der von vielen Tibetern unverändert verehrt wird. Ob das offizielle China es als diplomatischen Erfolg ansieht, wenn der von Peking als Feind betrachtete Dalai Lama international nicht eingeladen wird, lautet eine Frage. »Da müssen sie schon jene fragen, die den Dalai Lama nicht mehr sehen wollen«, so der Vertreter des offiziellen Tibets. Dann kommt die Breitseite des pekingtreuen Politikers: Der Dalai Lama entweihe die Religion und den tibetischen Buddhismus, weil er die eigene Inkarnation in Frage stelle. Es ist eine kuriose Argumentation, die von offiziellen Vertretern immer wieder zu hören ist. Die atheistische Kommunistische Partei Chinas sagt, sie mache sich Sorgen um die religiösen Traditionen der Tibeter.

Der Hintergrund ist ein politisch hochsensibler Streit um die Nachfolge des 14. Dalai Lama. Der tibetische Buddhismus lehrt, dass die Seele eines religiösen Führers vom Rang des Dalai Lama im Moment seines Todes im Körper eines Kindes wiedergeboren wird. Die Entscheidung, bei wem genau die Inkarnation passiert, treffen – wenn es einmal so weit ist – die Verantwortlichen der tibetischen Klöster. Welche Rolle der Staatsmacht bei diesem Vorgang zusteht, ist umstritten. Die Exilgemeinde der Tibeter fürchtet, dass die Regierung in Peking den zukünftigen inkarnierten 15. Dalai Lama aufziehen und manipulieren wird. Die Tibeter hätten dann nach dem Tod des jetzigen Dalai Lama keine identitätsstiftende Symbolfigur mehr.

Tenzin Gyatso, der aktuelle Amtsinhaber, will vorbeugen und meint, die Institution des Dalai Lama sollte am besten nicht weitergeführt werden. Von ihm selbst werde es auf jeden Fall keine Reinkarnation geben, solange Tibet nicht frei sei. Einem zukünftigen, von Peking kontrollierten Nachfolger spricht er damit schon im Voraus die Legitimität ab. Wenn der 14. Dalai Lama meint, es werde keine Reinkarnation geben, heißt das, es gibt wirklich keine?, fragen wir Journalisten den tibetischen Vertreter am Rande des Volkskongresses in Peking. »Unmöglich, niemand im tibetischen Buddhismus wird damit einverstanden sein«, glaubt Parteifunktionär Padma Choling, der selbst aus Tibet kommt.

Für Peking wäre es auf jeden Fall höchst unangenehm, wenn der 14. Dalai Lama Tenzin Gyatso noch nach seinem Ableben die Akzeptanz eines parteitreuen Nachfolgers in der Bevölkerung blockieren könnte. Das offizielle China besteht auf einer Wiedergeburt des Dalai Lama, an die der Betroffene selbst nicht mehr so recht glaubt. Die Institution des Dalai Lama existiert seit dem 16. Jahrhundert. Jeder geistliche Führer gilt als Inkarnation des Vorgängers. Im offiziellen China Tibetology Research Center in Peking gibt es 2017 eine eigene Ausstellung, die zeigt, wie zentral die Inkarnation mit all ihren komplizierten Vorgängen in der Vergangenheit war. Bei dem schwierigen Prozedere, um nach dem Tod eines Dalai Lama ein Kind als Nachfolger zu wählen, hatten die weltlichen Herrscher immer ein Wort mitzureden, erfährt man in den Schauräumen. Immer wieder ist der 14. Dalai Lama auf Fotos zu sehen: als junger Mann und Delegierter zum Volkskongress, Seite an Seite mit Mao Zedong, vor dem Aufstand und der Flucht ins Exil.

Exil am Fuße des Himalaya

Indien hat den Flüchtenden ein Refugium am Fuße des Himalaya gegeben. Dharamsala, wo Tausende Tibeter im Exil leben, ist eine halbe Flugstunde von der Hauptstadt New Delhi entfernt. Über eine steile Bergstraße kommt man nach »Little Lhasa«, wie die Einheimischen die Siedlung nennen. In der Nähe des großen Tempels liegt der Eingangsbereich zur Residenz Tenzin Gyatsos. Es gibt Hotels und Gästehäuser für Pilger aus aller Welt. Ein paar

Kilometer entfernt betreut SOS-Kinderdorf eine Siedlung mit angeschlossener Schule für Waisenkinder. Der Unterricht beginnt mit einem Gebet für ein langes Leben des Dalai Lama. Früher schickten Familien aus Tibet Kinder zur tibetisch-patriotischen Ausbildung nach Dharamsala. Jetzt sind die Grenzen weitgehend geschlossen.

Das Tagesgeschäft besorgt das Exilparlament, das von der tibetischen Diaspora aus allen Kontinenten beschickt wird. Der Dalai Lama hat sich aus allen politischen Funktionen zurückgezogen. Bei unserem Besuch diskutieren die Abgeordneten das nächste Budget, ganz wie in anderen Parlamenten auch.

Premierminister im Exil ist der 50-jährige Jurist Lobsang Sangay, der unter den Exiltibetern als gemäßigter Politiker gilt, weil er den sogenannten Mittelweg des Dalai Lama in Richtung Selbstverwaltung innerhalb Chinas unterstützt. »Die Landesverteidigung würde bei China liegen, genauso wie die Außenpolitik, über die Währung muss man reden, aber auch chinesisches Geld wird gelten«, präzisiert der tibetische Exilpremier seine Vorstellungen. »Es soll eine selbstverwaltete kulturelle und ökologische Autonomie für Tibet innerhalb Chinas werden, vielleicht nach dem Modell von Südtirol.« Ökologische Autonomie bedeutet, dass die Umwelt in Tibet von Eingriffen der Zentralregierung geschützt sein sollte.

Die Exilpolitiker wären zu Verhandlungen über diese Forderungen bereit, aber alle Gesprächskanäle nach Peking sind blockiert. Der Schwenk der Exilpolitiker in Richtung Autonomie hat an der Polemik in Peking gegen die sogenannte separatistische Dalai-Lama-Clique nichts geändert. Die neue Rolle Chinas als Weltmacht hat die internationalen Druckmittel der Exilgemeinde drastisch reduziert. Gleichzeitig kommt es in den tibetischen Regionen immer wieder zu Selbstverbrennungen, mit denen einzelne Mönche und Nonnen gegen China protestieren und die Rückkehr des Dalai Lama fordern. 153 politisch motivierte Selbstmordversuche hat es in den letzten Jahren gegeben. Die Exilpolitiker beteuern, dass sie Selbstverbrennungen nicht unterstützen, aber Verurteilung ist auch keine zu hören. »Der Flammentod der Mönche ist Zeichen der Hilflosigkeit und der Wut«, sagt uns ein

Abgeordneter des Exilparlaments. »Wir Exilpolitiker müssen uns mit diesen Menschen solidarisieren.«

Wie groß die Gefahr neuerlicher gewaltsamer Zusammenstöße in Tibet tatsächlich ist, lässt sich von Außenstehenden schwer beurteilen. Die materiellen Lebensumstände der tibetischen Bevölkerung haben sich deutlich verbessert. Aber nirgends beseitigt wirtschaftlicher Fortschritt automatisch Unzufriedenheit über kulturelle und nationale Bevormundung. Manche Exilpolitiker behaupten, dass China die tibetische Sprache und Kultur zerstören wolle. Das ist wohl eine übertriebene Behauptung. Peking geht es um Kontrolle.

In Dharamsala sagt uns der Präsident des tibetischen Exilparlaments, Penpa Tsering, dass die Gefahr einer gewaltsamen Explosion in Tibet am größten sein wird, wenn der Dalai Lama Tenzin Gyatso stirbt. »Was dann in Tibet die Folgen sein werden, das macht mir große Angst.«

Mönche und Nonnen über 4000 Meter

Größere Gelassenheit als innerhalb des Verwaltungsgebiets der Autonomen Provinz Tibet zeigen die Behörden in den tibetischen Regionen der angrenzenden chinesischen Provinzen. Wir besuchen in der südwestlichen Provinz Sichuan eine der größten Gelehrtenschulen des tibetischen Buddhismus im Bezirk Seda. Nach den Zerstörungen der Kulturrevolution begannen tibetische Mönche im Larung-Tal mit dem Aufbau eines neuen religiösen Zentrums. Auf über 4000 Meter studieren und leben Tausende Männer und Frauen, Tibeter und Nichttibeter, am Institut für Höhere Buddhistische Studien. Das Larung-Tal in Seda gleicht einem Meer von kleinen Hütten, in denen die Mönche wohnen. 10 000 Personen waren es zum Zeitpunkt der größten Expansion. Die Behörden monieren fehlende Baugenehmigungen und die katastrophale Kanalisation. Alle paar Jahre werden die Häuser abgerissen. Zuletzt mussten 2016 mehrere Tausend Bewohner Larung Gar verlassen. Aber das tibetische Zentrum hat überlebt. Chinesische Fahnen sind keine zu sehen. Dafür lugt der Dalai Lama in so manchem Verkaufsstand hervor, diskret versteckt in einer Ecke. 2001 wollte die chinesische Polizei das gesamte Gelände schleifen, weil sich der Ordensgründer weigerte, mit dem Dalai Lama zu brechen, wie das Peking verlangt hatte. Schließlich hat man sich arrangiert.

Aus ganz China sind im Mai 2016 die Gläubigen gekommen, um die größte Versammlung des Jahres zu erleben: Tausende Mönche in ihren langen, roten Roben singen und meditieren stundenlang auf 4300 Meter Seehöhe. Die sogenannte Guanding-Zeremonie ermächtigt die Gläubigen, voranzuschreiten auf dem Weg der Erleuchtung und weitere Meditationen einzugehen, erklärt man uns.

Die Äbtissin des Klosters leitet die Zeremonie. Wieder und wieder gilt es, die Mantras, die religiösen Sprüche, aufzusagen, durch die Kraft und Weisheit auf die Gläubigen übergehen sollen. Das spezielle Mantra dieser Festtage muss gleich 400 000 Mal wiederholt werden, klärt man uns auf. Eine riesige Zahl. Da kann man sich leicht verrechnen. Die findigen Klostershops bieten elektronische Zähler an, die sich die Gläubigen an den Finger stecken. Einen Yuan kostet das technische Hilfsmittel aus der modernen Zeit.

Wir westliche Reporter sind keine Experten und tun uns schwer, zu verstehen, was vorgeht. Den meisten Besuchern geht es ähnlich wie uns, denn die buddhistischen Meister oder Lamas weihen ihre Schüler nur schrittweise in die Geheimnisse der nächsten Stufe ein. Viele Gläubige kommen von weit her, um eine Audienz bei dem von ihnen verehrten Meister zu erhalten. Auffällig ist die große Zahl von Touristen und buddhistischen Gläubigen aus chinesischen Großstädten, die sich nach Ruhe von der Hektik des modernen Lebens sehnen.

Eine junge Frau aus Schanghai, die eine schwierige Trennung von ihrem Partner hinter sich hat, erzählt uns begeistert vom buddhistischen Glauben der Tibeter, wonach dieses jetzige Leben keine Bedeutung hat. »Auf das nächste Leben nach der Wiedergeburt kommt es an«, meint sie. »In China wollen alle nur Geld verdienen oder rasch heiraten, aber der Buddhismus lehrt uns, dass das Leben nur Teil eines längeren Zyklus ist.«

Der tibetische Buddhismus übt auch im modernen China eine Faszination aus, die weit über die Volksgruppe selbst hinausgeht. Chinas Mittelschicht geht auf Erkundungstour in die exotischen tibetischen Landesteile.

Ein magischer Anziehungspunkt im Larung-Tal ist für alle Besucher die sogenannte Himmelsbestattung, eine alte tibetische Tradition. Der Boden war zu hart, um Gräber zu bauen, und zur Feuerbestattung fehlte das Holz. Die sterblichen Überreste der Toten dienen bei der Himmelsbestattung den Vögeln des Hochlandes als Nahrung. Die Tradition wird heutzutage nur mehr selten praktiziert. In Larung hat man aus der ungewöhnlichen Bestattung ein Event für Touristen und Besucher gemacht. Jeden Tag um zwölf Uhr ist die Zeremonie angesetzt. Die Aasgeier der Region kennen das Ritual und verdunkeln schon Minuten zuvor den Himmel, so viele fliegen heran. Die Bestattungsstätte umgeben Gedenksteine und kleine Tempel. Die Angehörigen der Toten trauern auf einer Seite, Touristen warten gegenüber in einem eigens abgetrennten Bereich. Die Zeremonie ist für Besucher frei zugänglich.

Nach tibetischer Tradition kommen Seelen der Verstorbenen in den Bardo, den Zustand zwischen Tod und Wiedergeburt. Es ist ein makabres Schauspiel, sogar die Smartphones, die sonst jede Szene dokumentieren, bleiben diesmal in der Tasche. In dem Augenblick, als die Bestatter die Leichen freigeben, stürzen Hunderte Geier in die Tiefe. Nach wenigen Minuten ist das gruselige Spektakel zu Ende. Bei der Himmelsbestattung bleibt von den Leichen nichts, aber auch gar nichts übrig. Etwas benommen kehren die Touristen zu den wartenden Bussen und Autos zurück.

Tourismus zum Hoffnungsbereich zu machen, ist Teil des Entwicklungsplanes der Behörden. Vom repressiven Klima Tibets bekommen die Besucher wenig mit. Investiert wird in Straßen und Tunnels. Hotels, Schulen und Krankenhäuser werden modernisiert. Aus ärmlichen Dörfern sollen Attraktionen für Touristen aus allen Teilen Chinas und der ganzen Welt werden. Dass Spiritualität und Geschäft einander nicht ausschließen, ist eine Erkenntnis, der sich auch Tibet nicht verschließt.

Schreckgespenst Islamismus

Gewalttätiger als in Tibet sind die Auswüchse des Nationalitätenkonflikts in der westchinesischen Provinz Xinjiang. Xinjiang ist als autonomes uigurisches Gebiet Chinas die Provinz mit der größten islamischen Minderheit. Zahlreiche Aufschriften sind sowohl in chinesischer als auch in der dem Arabischen ähnlichen uigurischen Schrift verfasst. Als Turkvolk fühlen sich die Uiguren den zentralasiatischen Republiken näher als dem fernen Peking. In Xinjiang liegen die wichtigsten Öl- und Gasvorkommen Chinas. Von der Stadt Kaschgar führt die alte Seidenstraße über Zentralasien nach Europa. Mit viel Geld der Zentralregierung entstehen wie überall in China Wolkenkratzer, Autobahnen und Verbindungen der Hochgeschwindigkeitszüge, wo früher traditionelle Bazare und Moscheen das Leben prägten. Uigurische Nationalisten im Exil werfen China gezielte Sinisierung durch die Einwanderung von Han-Chinesen vor. Peking stellt die Bedrohung durch terroristische Organisationen in den Vordergrund.

2009 führten die ethnischen Spannungen in der Provinzhauptstadt Urumtschi zu blutigen Auseinandersetzungen zwischen Uiguren, Han-Chinesen und der Polizei. Es gab Hunderte Tote. Die Behörden reagierten mit einer scharfen Antiterrorkampagne gegen die uigurische Volksgruppe, die aus Xinjiang ein von Polizei und Militär besetztes Land gemacht hat. Statt Verständigung zwischen den Kulturen prallen im Westen Chinas islamistische Radikalisierung und staatliche Repression immer schärfer aufeinander.

Seither hat es an belebten Plätzen in mehreren Städten Chinas Anschläge gegen unbeteiligte Passanten gegeben, die von den Behörden als Angriffe terroristischer Gruppen bezeichnet wurden. 2013 erreichten die gewalttätigen uigurischen Proteste die Hauptstadt Peking. Bei einem Selbstmordanschlag am Tiananmen-Platz kamen zwei Touristen und drei Insassen eines mit Benzinkanistern gefüllten Geländewagens um. Ein Uigure aus Xinjiang hatte das Auto gelenkt, in dem auch die Frau und die Mutter des 33-Jährigen saßen. Ein Gericht in der Provinzhauptstadt Urumtschi verhängte im Jahr darauf Todesurteile und lebenslange Haftstrafen gegen Personen, die als Hintermänner des Attentats und Anführer einer terroristischen Vereinigung bezeichnet wurden. Am Bahnhof von Kunming in der Provinz Yunnan tötete 2014 eine uigurische Bande 31 Reisende mit Messern.

Ein Massaker an chinesischen Arbeitern des Kohlebergwerks Sogan im Norden der Unruheprovinz im Herbst 2015 wurde von den chinesischen Medien monatelang totgeschwiegen. Mehr als 50 chinesische Bergarbeiter, inklusive des Wachpersonals, wurden im Schlaf überrascht und erstochen. Der Rachefeldzug einer Verbrecherbande und Hass gegen Einwanderer, die ethnisch Han-Chinesen sind, dürften die Hintergründe der Tat gewesen sein. Bewohner erzählen, dass die verdächtigten Familienclans immer wieder mit den Behörden zusammengekracht seien, weil sie zu öffentlichen Umerziehungssitzungen gegen religiösen Extremismus gezwungen wurden. Monate später heißt es im zentralen chinesischen Fernsehen, bei einer mehrwöchigen Antiterroraktion in Xinjiang seien 29 uigurische Terrorverdächtige getötet worden. Die Gruppe musste in einer entfernten Gebirgsregion unter Einsatz von Flammenwerfern aus tiefen Höhlen gejagt werden. Die Vermutung liegt nahe, dass es einen Zusammenhang mit dem vorangegangenen blutigen Messerattentat auf das chinesische Personal des Kohlebergwerks Sogan gibt.

1500 chinesische Staatsbürger haben sich nach der Schätzung von Terrorexperten dschihadistischen Gruppen im Nahen Osten und Afghanistan angeschlossen. Eine islamistische Turkestan-Partei kämpft für die Trennung Xinjiangs von China und die Errichtung eines Kalifats Ostturkestan. Ob es diese Organisation nicht nur im Ausland, sondern auch auf chinesischem Territorium gibt, ist unklar. Im Internet kursieren islamistische Videos mit Drohungen gegen die Volksrepublik.

Die Reaktion der Sicherheitsbehörden in Xinjiang hat in der Uiguren-Provinz eine Situation geschaffen, die einem militärischen Besatzungsregime in einer Bürgerkriegssituation gleichkommt. Die Behörden argumentieren, dass nur mit diesen extremen Maßnahmen eine Ausweitung des islamistischen Terrorismus verhindert werden kann.

Das chinesische Fernsehen zeigt gerne martialische Übungen von Antiterroreinheiten in Xinjiang. Bei unserem Besuch im Frühjahr 2017, der gar nicht als Reportagereise geplant war, sehen wir in der uigurischen Stadt Kaschgar an jeder Straßenkreuzung mit Gewehren und Schlagstöcken bewaffnete Polizisten der Sicherheitspolizei und an jeder zweiten Kreuzung eine Polizeistation. Sicherheitskontrollen vor Märkten und Geschäften sind allgegenwärtig.

Überall sieht man Checkpoints, an denen Autos durchsucht werden und die Identität der Insassen überprüft wird. Auch wir Westler müssen in der Stadt Hotan aus dem Taxi aussteigen, um mitten auf der Straße unsere Koffer zu öffnen. In allen Geschäften, Restaurants und bei Sehenswürdigkeiten liegen am Eingang Schutzschilder, Helme und Stöcke zur Abwehr eventueller Angreifer. Tankstellen sind flächendeckend schwer bewacht. Autos werden aus Angst vor Anschlägen nur einzeln zur Zapfsäule vorgelassen.

Bei Überlandfahrten gibt es alle paar Kilometer Checkpoints, an denen mit Hightechgeräten die Personalien der Reisenden geprüft werden. Wir erfahren, dass einige Kontrollstellen über Geräte verfügen, die die Daten der Smartphones der Reisenden absaugen. Jede Ortsveränderung und jede Kommunikation der Bürger unterliegen damit der totalen Kontrolle. Die Bürger sind angehalten, sich an regelmäßigen Paraden der schwer bewaffneten Polizei- und Antiterrortruppen zu beteiligen.

Im Juni 2018 deckt die britische Wochenzeitschrift »Economist« auf, dass es in Xinjiang Hunderte Umerziehungslager gibt. Mehrere Hunderttausend Uiguren, vor allem junge Männer, werden in diesen Lagern festgehalten. Über die Einlieferung entscheidet die Polizei oder ein lokales Parteiorgan, ohne Verurteilung durch ein Gericht. Berufungsmöglichkeit gibt es keine. »Apartheid mit chinesischen Charakteristika« nennt das Blatt dieses System, weil ausschließlich Uiguren betroffen sind.

Internationales Aufsehen erregte in Peking die Verhaftung des angesehenen Universitätsprofessors Ilham Tothi. Tothi war als Kritiker der chinesischen Nationalitätenpolitik bekannt. Auf seinem populären Blog veröffentlichte er Informationen über uigurische Proteste in Xinjiang. 2014 wurde der engagierte Wirtschaftswissenschaftler wegen Separatismus zu einer lebenslangen

Haftstrafe verurteilt. Internationale Menschenrechtsgruppen sprechen von Gesinnungsjustiz, weil sich Tothi für Dialog zwischen den Volksgruppen engagiert hat.

Kerstins Tagebuch

Xinjiang ist der Wilde Westen Chinas. Peking ist mehr als 3000 Kilometer weit weg, vier Flugstunden sind es bis Urumtschi, aber die Kontrolle ist engmaschig. Wir sind an jedem Tag sicher sechsmal durch Metalldetektoren gegangen, die typische Handbewegung dieser Reise ist: Pass vorweisen, Hände zur Seite ausstrecken, abgetastet werden, drehen, wieder abtasten, xiexie, danke.

Wir sind aber auch eine ungewöhnliche Reisegruppe: Ausländer, unorganisiert, ohne Reiseführung, Raimund und ich mit Journalistenvisa und unsere Freundin Bernadette aus Wien mit Touristenvisum. In Kaschgar wurde Raimund deshalb gleich nach dem Einchecken im Hotel zu einem freundlichen Gespräch mit zwei Polizeibeamten, die sich Max und Michael nennen, gerufen: Willkommen im schönen Kaschgarien, sie wollen nur sichergehen, dass Raimund keine Gespräche führt. Max und Michael hätten sich keine Sorgen machen müssen, Uigurisch kann niemand von uns und unser Chinesisch reicht gerade für den Alltag. Englisch spricht kaum wer und diese wenigen Personen wiederum sind vorsichtig.

Es ist eine Extremreise, denn gleichzeitig haben wir Großartiges gesehen: Wüsten und Berge, Ruinen ehemaliger Handelsstädte an der Seidenstraße und den spektakulären sonntäglichen Viehmarkt in Kaschgar. Von Kaschgar führt der Karakorum-Highway nach Pakistan. Es ist die wichtigste Handelsroute in das Nachbarland. Vor Kurzem wurde auf chinesischer Seite eine gut ausgebaute Autobahn eröffnet, aber Verkehr gibt es kaum. Ohne elektronischen Personalausweis kommt hier niemand durch, auch wir brauchen einen eigenen Passierschein. Die Landschaft ist grandios, rote, gelbe, braune Felsen, schneebedeckte, bis zu 7000 Meter hohe Berge, weite Hochebenen mit Yaks und Schafen. Wir übernachten in Tashkurgan, auf 3400 Meter, und frieren bei 13 Grad im Zimmer. Raimund versteift sich darauf, zum Aufwärmen die eine Flasche »Jonny Walker« für den Abend zu erstehen, die wir in einem der chinesischen Geschäfte sehen. Der erstaunlich günstige Whisky stellt sich aber als gefälschter Fusel heraus - wir hätten uns eigentlich denken können, dass wir im abgelegensten Winkel Chinas nicht amerikanischen Whisky zu Discountpreisen erhalten. Im Sommer ist hier touristisches Gebiet, aber chinesische Touristen bleiben wegen der instabilen Sicherheitslage aus. In Tashkurgan gibt es vor allen öffentlichen Gebäuden Sicherheitsabsperrungen, selbst unser Touristenhotel ist von einer dicken Rolle Stacheldraht umgeben. Der Hotelmanager kommt aus Singapur und erzählt, dass der Stacheldraht erst vor wenigen Tagen angebracht werden musste. Ist etwas passiert? Vielleicht sind Terroristen aus Afghanistan über die Berge gekommen? Darüber gibt es nur Gerüchte, aus den Medien erfährt man nichts.

In Peking bewegt nicht die Repression in der westlichen Unruheprovinz die Öffentlichkeit, sondern die Frage, wie der Staat seine Bürger besser schützen kann. Bei allen U-Bahn-Stationen in der Hauptstadt müssen die Passagiere aus Angst vor terroristischen Anschlägen Gepäckkontrollen passieren, bevor sie die Station betreten.

Die Regierung verspricht ein besseres Anti-Terror-Vorwarnsystem und verlangt internationale Schritte im Rahmen der Vereinten Nationen. Peking spricht von Verbindungen der uigurischen Separatisten zu Al-Kaida und anderen Dschihadistenorganisationen. Der Terrorismus ist der Feind der Menschheit, heißt es in den staatlichen Nachrichten.

Im Westen wird die Radikalisierung der islamischen Uiguren in Westchina als Reaktion auf die Repression einer nationalen Minderheit durch den chinesischen Zentralstaat gesehen. Peking weist diese Kritik als Zeichen westlicher Doppelmoral zurück und urgiert für sein Vorgehen gegen Separatisten die gleiche Solidarität, die andere Staaten im Kampf gegen die Terrormiliz des Islamischen Staates fordern.

11
Stürmisches Erwachen

Über Chinas Rolle in der Welt gibt es viele Bilder. Wenn China erwacht, erzittert die Welt, warnte Napoleon Bonaparte. Den schlafenden Löwen solle man besser nicht wecken. Mao Zedong sah das neue China im Kampf auf Leben und Tod mit dem Imperialismus. Später kam die Sowjetunion als Außenfeind hinzu. Die USA sind ein Papiertiger, der gefährlich aussieht, aber in Wirklichkeit besiegt werden kann, verkündete der Große Vorsitzende. Wenn sich die Weltdörfer der Armen gegen die Weltstädte der Reichen zusammenschließen, werden den Imperialisten auch ihre Atomwaffen nicht helfen, lautete die maoistische Parole. Die Volksrepublik China verstand sich als Zentrum der Weltrevolution.

Nach dem Tod Maos gab Reformer Deng Xiaoping eine ganz andere Devise aus: China solle nach außen möglichst lange verbergen, wie stark es durch die Reformpolitik geworden sei, damit es den Aufstieg ungestört fortsetzen kann, bis »unsere Zeit gekommen ist«.

Für Xi Jinping ist diese neue Zeit mit dem 21. Jahrhundert angebrochen. Bei einem Besuch in Paris 2014 bezieht sich der chinesische Staatspräsident ausdrücklich auf Napoleon: Der Löwe China ist erwacht, lässt Xi Jinping die Welt wissen. Aber es sei ein friedliches, freundliches und zivilisiertes Tier. Während die internationale Öffentlichkeit nach dem Amtsantritt Donald Trumps im Weißen Haus unter Schock steht, geht Xi Anfang 2017 vor der versammelten Finanzelite im Schweizer Davos weiter: Der Vorsitzende der Kommunistischen Partei Chinas bewirbt sein Land als Kraft der Stabilität in einer durch die neue Unberechenbarkeit der Supermacht Amerika immer chaotischer werdenden Welt. Ein Jahr später sind die Gedanken Xi Jinpings Teil der chinesischen Verfassung, der Präsident ist Alleinherrscher mit einer unbegrenzten Zahl von Amtszeiten. Der Vorstoß Chinas ins Zentrum des Weltgeschehens gehört zu den wichtigsten Zielen seiner Amtsführung.

Es war ein langer Weg von der Bedeutungslosigkeit Chinas für die Weltpolitik in der ersten Hälfte des 20. Jahrhunderts über die Außenseiterposition der Volksrepublik unter Mao Zedong bis zum heutigen Anspruch Pekings, der Weltordnung als Großmacht ihren Stempel aufzudrücken. Die Wendung Chinas nach außen ist das Markenzeichen Xi Jinpings. Dabei versteht sich Peking als konstruktiver Player und will keinen Umsturz des internationalen Systems. Von seinem Vetorecht im UNO-Sicherheitsrat macht China selten Gebrauch. Zumeist enthält sich der chinesische Delegierte bei Unstimmigkeiten der Stimme, ohne eine Entscheidung zu blockieren.

Mit der zweitgrößten Volkswirtschaft des Globus sieht sich die Volksrepublik China als aufsteigende Weltmacht, während die USA und Europa stagnieren oder an Einfluss verlieren. Russland ist für China ein natürlicher Verbündeter beim eigenen Aufstieg, lehnen Moskau und Peking doch gemeinsam jeden Führungsanspruch Amerikas ab. Wenn Partner und Nachbarn das neue Kräfteverhältnis nicht akzeptieren, dann ist das aus der Sicht Pekings eine gefährliche Realitätsverweigerung. In Japan und den USA ortet die chinesische Außenpolitik den hartnäckigsten Widerstand gegen die unvermeidlichen Veränderungen.

Gastgeber der Welt

Im Herbst 2016 richtet China erstmals ein Gipfeltreffen der 20 Wirtschaftsgroßmächte des Globus aus. Die USA, Russland, Japan, Brasilien, Südafrika, Deutschland, Frankreich und Großbritannien sind in den G20 vertreten. Die Gastgeber haben die Stadt Hangzhou südlich von Schanghai als Tagungsort ausgesucht. Nie zuvor haben so viele Staats- und Regierungschefs zu einem Treffen chinesischen Boden betreten. International ist Hangzhou wenig bekannt. Zu Unrecht. In der chinesischen Geschichte hat die Stadt eine überragende Rolle gespielt. Die Kaiser verschiedener Dynastien ließen von hier aus legendäre Kanäle in den wasserarmen Norden bauen. Marco Polo nannte Hangzhou die großartigste Stadt der Welt. Die Millionenmetropole liegt an einem großen See, dem in China berühmten Westsee, mit Tempeln und Klöstern. Wer von der Seepromenade aus auf die Lotospflanzen im Wasser blickt, vergisst das Meer von Wolkenkratzern rund um die renovierten historischen Gebäude. 4700 Jahre reicht die Zivilisation hier zurück.

Kerstins Tagebuch

Ich begleite das Fernsehteam für zwei Tage ins Shaolin-Kloster, in dem Mönche seit Jahrhunderten die Kampfkunst Kung-Fu praktizieren. Das Shaolin-Kloster liegt in der Provinz Henan. Diese hat 100 Millionen Einwohner, gilt als eher arm und ist Herkunftsort vieler WanderarbeiterInnen. Mit dem Hochgeschwindigkeitszug sind es in südwestlicher Richtung knapp drei Stunden von Peking in die Hauptstadt Zhengzhou, laut Lonely-Planet-Reiseführer eine gesichtslose und versmogte Stadt mit zwei Millionen Einwohnern. Stimmt, außer dass dort inzwischen mehr als fünf Millionen Menschen leben. Und überall Hochhäuser, Straßen, Baustellen, Hochhäuser, sogar unser lokaler Fahrer hat sich nicht mehr ausgekannt. Das zeigt, wie enorm die Bautätigkeiten in der Provinz sind. Und in welchem unglaublichen Tempo Veränderungen passieren. Wie sollen Menschen sich da zurechtfinden?

Das Shaolin-Kloster liegt regenwolkenumhüllt in den Bergen. Es ist das älteste buddhistische Kloster in China und wurde vor 1500 Jahren von einem Mönch gegründet, der den Buddhismus über die Seidenstraße von Indien nach China gebracht hat. Inzwischen ist Shaolin aber vor allem wegen der Kung-Fu-Kampfmönche bekannt, die mit ihren Shows durch die ganze Welt touren. Ein ziemlich erfolgreiches Unternehmen, mit Zweigstellen überall in der Welt. Rund um das Kloster gibt es unzählige Kung-Fu-Schulen, die alle von dem Boom profitieren. Ausgangspunkt von Raimunds Fernsehgeschichte waren die Korruptionsvorwürfe gegen den umtriebigen Abt, der angeblich Frauen und Kinder in verschiedenen Ländern hat und diese aus den Klostergeldern finanziert. Das Kloster bestreitet das und man war natürlich auch nicht sonderlich interessiert, dieses Thema mit Raimund zu diskutieren. Grundsätzlich ist das Verhältnis von Religion und Staat hier in China mal angespannt, mal weniger. Und manchmal ergänzen sich auch die Interessen. Das Shaolin-Kloster wird zwar von Mönchen betrieben. Aber um das Kloster zu besuchen, muss man erst den Eintritt beim staatlichen Parkeingang zahlen - und zwar nicht wenig (ca. 14 Euro). Uns hat man im Kloster sehr zuvorkommend behandelt, wir konnten mit den Mönchen frühstücken (nicht schlecht: Gemüse, Fleisch, Brot und Haferschleimsuppe), bekamen fürs Fernsehen Vorführungen und der stellvertretende Abt hat uns allen noch gesegnete Betketten überreicht.

Bei unserem Rundgang durchs Kloster sehen wir in einem Hof eine Gruppe schwertschwingender Westafrikaner in Ausbildung, sie wollen eigene Kung-Fu-Schulen in ihren Heimatländern gründen. Begleitet hat uns ein junger Mönch. Er stamme aus einer armen, ländlichen Familie, erzählt er, und sei von Kindheit an fasziniert von der Kampfkunst Kung-Fu gewesen. Seit er im Kloster ist, habe er aber auch mehr über den spirituellen Hintergrund dazugelernt. Und zeigt uns ein paar konzentriert-präzis-schnelle Kampf-Bewegungen. Beeindruckend.

Xi Jinping lädt die hohen Gäste zu einer opulenten musikalischen Show im Stadtzentrum am Ufer des malerischen Westsees, die tagelang auf allen Fernsehkanälen des Landes zu sehen ist. Die Botschaft ist klar: Die Großen der Welt kommen in das Reich der Mitte, um der neuen Rolle Chinas ihre Reverenz zu erweisen. Die chinesische Führung inszeniert den G20-Gipfel als Großereignis rund um den starken Mann des Landes. Die Gastgeber scheuen keine Mühe für eine perfekte Inszenierung.

Wie durch Zauberhand ist während der Tagung der Smog über ganz Ostchina verschwunden. Die Gäste genießen den blauen

Himmel. Tausende Kohlekraftwerke, Zementfabriken und Stahlwerke sind zu Betriebsferien verdonnert worden. Dass der Staat bei wichtigen politischen Ereignissen für gute Luft sorgt, ist seit den Olympischen Spielen 2008 Routine. Während in Europa und den USA kein internationales Treffen ohne Proteste von Globalisierungsgegnern abläuft, sind in Hangzhou Straßenaktionen jeder Art streng verboten. Umweltgruppen, die auch in China in der Klimapolitik eine wichtige Rolle spielen, sind keine zugelassen in Hangzhou.

Schulen, Ämter und zahlreiche Kaufhäuser sind geschlossen. Die Stadtväter haben den Bewohnern Zwangsferien verordnet. Drei Millionen Bürger der Neunmillionenstadt sind auf Sonderurlaub zu Verwandten aufs Land geschickt worden. Hangzhou ist zu einer Geisterstadt geworden. Wo sich sonst die Fahrzeuge durch den Stau quälen, herrscht freie Fahrt für die Gäste. An allen Kreuzungen sind Militär und Polizei postiert. Wie hoch die Gesamtkosten der Operation sind, fragt niemand. Eine Volkswirtschaft von 1,4 Milliarden Bürgern kann solch einen teuren Staatsakt, bei dem unter chinesischem Vorsitz alle großen Player an einem Tisch sitzen, verkraften, sagt man den angereisten Journalisten. Peking demonstriert, wozu eine starke Zentralmacht fähig ist.

In seiner Eröffnungsrede spricht Präsident Xi Jinping von den wachsenden Gefahren des Protektionismus, der die Weltwirtschaft zurückwirft und das Wachstum bremst. Die Globalisierung hat Asien einen Entwicklungssprung nach vorne beschert. Hunderte Millionen sind aus der Armut in die Mittelklasse aufgestiegen, weil Amerikaner und Europäer asiatische Waren kaufen. Wenn sich die Wirtschaftsräume aber voneinander abschotten, weil Freihandel in Europa und Amerika in Verruf geraten ist, werden alle die Verlierer sein, lauten die Warnungen aus Peking.

Seite an Seite mit dem damaligen US-Präsidenten Obama bekennt sich Xi Jinping vor der Presse zum Klimaschutz, noch gilt das Pariser Abkommen. Auch diese Symbolik ist klar: Wenn es um die wirklich wichtigen Fragen des Globus geht, sind die Präsidenten Chinas und der USA die richtigen Ansprechpartner. Auch mit dem unberechenbaren Obama-Nachfolger Donald

Trump wird China solche Bilder suchen. Dahinter steht Pekings Traum einer weltweiten Doppelspitze, in der die etablierte Supermacht Amerika ihre Führungsrolle mit dem Newcomer China teilt. In der Wirklichkeit überschattet die Rivalität der Mächte diese Szenen.

Neue Diplomatie um die alte Seidenstraße

Für ihre außenpolitische Strategie greift die Volksrepublik China auf ein altes Modell zurück: Die Handelswege und Schiffsrouten, die seit der Zeit des Römischen Reiches das chinesische Kaiserreich im Osten mit Europa im Westen verbunden haben, sollen wiederbelebt werden. Die Bezeichnung »Neue Seidenstraße«, die sich international eingebürgert hat, wird man in chinesischen Dokumenten vergeblich suchen. Der Name Seidenstraße ist im 19. Jahrhundert rückwirkend von einem deutschen Geografen eingeführt worden und steht für eine europäische Perspektive auf den Interkontinentalhandel. Seide war in Europa das gefragteste Handelsgut aus China. China tat sich in den Zeiten der chinesischen Hochkultur viel schwerer, Waren auszumachen, die nicht im eigenen Kulturkreis produziert wurden. Die offizielle chinesische Diktion spricht wenig sexy von einer »Gürtel und Straße«-Strategie. Die maritimen Verbindungen von Asien nach Ostafrika und über das Rote Meer ins Mittelmeer sind in diesem Bild die Straße. Der Gürtel steht für Eisenbahntrassen und Autobahnen, die aus China in verschiedenen Korridoren über Zentralasien und den Iran oder Kasachstan nach Europa führen sollen. Den Anstoß gab Präsident Xi Jinping 2013. Der Ausbau eines Netzes interkontinentaler Handelswege unter chinesischen Vorzeichen ist der Kern seiner außenpolitischen Vorstellungen. Auch Afrika und Lateinamerika sind Teil des Konzepts. Sogar von einer polaren Seidenstraße in Richtung Norden kann man manchmal lesen. Selbst Nordkorea könnte am Seidenstraßen-Projekt beteiligt werden, schwärmt die Pekinger Tageszeitung »Global Times« nach dem Treffen zwischen Donald Trump und Kim Jong-un in Singapur im Juni 2018. Die »Gürtel und Straße«-Initiative richtet sich an die ganze Welt, verkündet Außenminister Wang Yi im Mai 2018 in Paris. Sie steht für die Wendung Chinas nach außen, mit dem Angebot, die Infrastruktur und die Handelsverbindungen durch internationale Zusammenarbeit zu verbessern. So ziemlich alle Bereiche, in denen China weltweit aktiv ist, laufen unter der Überschrift »Gürtel und Straße«-Strategie. Die chinesischen Experten reichern den Slogan durch imposante Zahlen an. 4,5 Milliarden Menschen und 60 Länder sollen durch diese Vision verbunden werden. Als terrestrisches Gegenüber im Westen hat Europa dabei einen zentralen Stellenwert.

Es ist das größte laufende Investitionsprogramm der Welt, notiert der Chinaexperte Robert Fitzthum in der Zeitschrift »International«. Die Zentralregierung hat entlang der geplanten Routen von Asien nach Europa 40 Kooperationsvereinbarungen geschlossen und 52 Wirtschafts- und Handelszonen errichtet. Die Aufsichtsbehörde für Banken und Versicherungen in Peking schätzt im Frühjahr 2018, dass chinesische Banken für 2600 Projekte Kredite in der Höhe von 200 Milliarden Dollar vergeben haben. Auf 500 000 Tonnen hat sich seit 2013 die auf dem Landweg transportierte Fracht zwischen Europa und China, über 11 000 km, bereits vervierfacht. Der Silk Road Fund der chinesischen Zentralregierung ist mit 40 Milliarden US-Dollar dotiert. Der Fonds vergibt günstige Kredite, chinesische Firmen erhalten die Aufträge. Die Asian Infrastructure-Investment-Bank (AIIB) verfügt über 100 Milliarden Dollar. Sie ist der Versuch Chinas, ein neues internationales Finanzsystem zu schaffen. Dabei war Peking bisher ziemlich erfolgreich. Alle Europäer, auch Österreich, und die finanzstarken Staaten des Nahen Ostens sind an der Asian Infrastructure-Investment-Bank beteiligt, nur die USA und Japan bleiben auf Distanz.

Der amerikanische Marshallplan, der Europas zerrüttete Nachkriegswirtschaft rettete, war umgerechnet auf heutige Werte kleiner als die von China geplanten Investitionen, rechnet der britische »Economist« vor. Allerdings waren die Gelder aus dem Marshallplan größtenteils Geschenke der US-Steuerzahler, die nicht zurückgezahlt wurden. Die Empfänger mussten sich nur zu marktwirtschaftlichen Reformen verpflichten, die das Wirtschaftswunder der Nachkriegszeit ermöglichten. Mit den Marshallplan-Geldern haben die USA im Kalten Krieg Geopolitik gegen die Sowjetunion betrieben. Geopolitische Absichten sind auch mit der Seidenstraßen-Initiative verbunden. Die Weltordnung, die auf der Konferenz von Jalta zu Ende des Zweiten Weltkriegs geschaffen wurde, sei überholt und müsse verbessert werden, erklärt der Direktor des Instituts für Europastudien an der Chinesischen Akademie der Sozialwissenschaften, Huang Ping, im Juni 2018 in der Chinesischen Botschaft in Wien. Der prominente Politikwissenschaftler verwendet den Begriff des »Global Village«, des »globalen Dorfes«, für die Welt des 21. Jahrhunderts. Die mit der Seidenstraßen-Initiative einhergehende außenpolitische Doktrin geht davon aus, dass sich die Interessen der Weltmächte überschneiden, wenn es um Klima, Entwicklung und Umwelt geht.

Huang Ping zitiert das Gedicht »Kunlun« Mao Zedongs aus der Zeit des Langen Marsches 1935: Sonne, Wasser und Schnee des 7000 Meter hohen Kunlun-Gebirges sollten aufgeteilt werden in der Welt.

»Heute sage ich zu Kunlun,
Du brauchst nicht so viel Schnee.
Kann ich mich nicht gegen den Himmel lehnen, mein Schwert ziehen,
und Dich in drei Stücke zerschlagen?
Ein Stück überlasse ich Europa,
Ein Stück übergebe ich Amerika,
Ein Stück gebe ich dem Osten zurück.
Friedliche Welt,
Überall wird es so kalt und heiß sein wie hier.«

Prosaischer könnte man sagen: Peking möchte durch den »Gürtel und Straße«-Vorstoß Freunde an sich binden. Von den Empfängern der Kunlun-Stücke, die Mao in dem Gedicht verteilt, erwartet China Unterstützung bei möglichen Konflikten mit geopolitischen Rivalen. Aber welche politischen Systeme in den Empfängerstaaten der »Gürtel und Straße«-Initiative herrschen, ist Peking egal. Den chinesischen Stellen geht es primär um Wirtschaftsprojekte, nicht um den Export des Sozialismus mit chinesischen Charakteristika.

Die in der Seidenstraßen-Initiative wichtigen zentralasiatischen Staaten, die früher Teil der Sowjetunion waren, sind in militärischen und sicherheitspolitischen Fragen nach wie vor an Moskau orientiert. Russland sah die chinesische Infrastrukturoffensive anfangs mit wenig Begeisterung. In der Zwischenzeit hat sich eine gewisse Arbeitsteilung eingebürgert: Hotels, Straßen und Bahnhöfe werden von China gebaut, Polizei und Armee hören auf Moskau. Wichtig ist, dass die chinesischen Kredite einmal auch zurückgezahlt werden.

Wer sich in die Literatur zur neuen Seidenstraße vertieft, dem kann leicht schwindlig werden vor lauter Industrieparks, Knotenpunkten und Transitverbindungen. So viele Pläne in allen Teilen der Welt laufen inzwischen unter dem Schlagwort »Gürtel und Straße«, dass der anfängliche Fokus auf die Verbindung zwischen China und Europa verlorengegangen ist. Vieles steht nur auf dem Papier.

Konkret gearbeitet wird an einem Wirtschaftskorridor durch Pakistan, der in den neu ausgebauten Hafen von Gwadar münden soll. Diese Verbindung ist auch strategisch wichtig: China sucht nach Seewegen für die lebenswichtigen Öllieferungen aus dem Nahen Osten, die im Krisenfall nicht leicht zu unterbrechen wären. Zurzeit müssen die für China bestimmten Öltanker die Straße von Malakka zwischen Malaysia und Indonesien passieren, bevor sie in einem chinesischen Hafen anlegen können. In einer internationalen Krise oder gar im Kriegsfall könnte China leicht von der lebenswichtigen Energiezufuhr abgeschnitten werden. Eine chinesische Pipeline im Hafen des engen Verbündeten Pakistan würde China von solchen Sorgen befreien.

China hat im eigenen Land wertvolle Erfahrung bei Großprojekten im Infrastrukturbereich angehäuft. Tausende Unternehmen sind bereit, chinesisches Know-how beim Bau von Straßen und Flughäfen, Seehäfen und Eisenbahnverbindungen jenseits der Staatsgrenzen einzusetzen. Der Nachholbedarf ist riesig, denn schlechte Verkehrsverbindungen sind in vielen Ländern eine große Entwicklungshürde. Symbolisch ist die Situation an der pakistanisch-chinesischen Grenze in dem Himalaya vorgelagerten Karakorum-Gebirge. Der Karakorum-Highway führt über 1300 Kilometer auf bis zu 4700 Meter Seehöhe bis hart an die Staatsgrenzen zu Tadschikistan, Afghanistan und Pakistan. Auf chinesischer Seite wurde 2016 eine hochmoderne Schnellstraße eröffnet. Jenseits der Grenzen dominieren schwer passierbare Schotterstraßen.

Die ungenützten Kapazitäten der Baufirmen könnten zum Einsatz kommen. Verstärkte Handelsbeziehungen in Richtung Westen, nach Europa, sollen die Exportabhängigkeit der chinesischen Wirtschaft von den USA senken. 2018 kündigt die Akademie für Chinesische Luftraumwissenschaft CASIC (China Aerospace Science and Industry Corporation) einen Plan an, der über das bisherige Verständnis von Infrastruktur hinausgeht: Entlang der neuen Seidenstraße soll ein neues Internet auf Weltraumbasis entstehen. Die chinesischen Experten haben festgestellt, dass 80 Prozent der Landgebiete und 95 Prozent der Ozeane in den von der »Gürtel und Straße«-Initiative erfassten Staaten über keinen Internetzugang verfügen. Chinesischen Satelliten sollen diese Lücke füllen. Populär werden diese Ausbaupläne, sollten sie umgesetzt werden, zweifelsohne sein. Wenn die zukünftigen Internetsatelliten auch die in China praktizierte Internetzensur exportieren, wäre Peking seinem großen Ziel nähergekommen, das globale Internet nach autoritären Vorgaben zu regulieren, warnt der amerikanische China-Experte Bill Bishop im März 2018 in seinem Blog Sinocism.

In Europa ist der griechische Hafen Piräus, den der Staatskonzern China Ocean Shipping Company (COSCO) in der griechischen Schuldenkrise übernommen hat, die Schlüsselstelle, von der aus einmal Hochgeschwindigkeitszüge nach Mitteleuropa führen sollen. Der Containerumschlag in Piräus hat sich unter chinesischem Management vervierfacht. Der Drang Chinas, über Infrastrukturvorhaben weit in die Welt vorzustoßen, ist unübersehbar.

In Osteuropa hat die Volksrepublik ein eigenes Netzwerk von chinafreundlichen Staaten geschaffen. Sogar eine politische Formel gibt es für die lose Allianz: 16 plus 1 lautet der Name der Staatengruppe. Die 1 steht für die Volksrepublik China, die sich freut, dass auch EU-Staaten beteiligt sind, die ihre Außenhandelsbeziehungen eigentlich gemeinsam über die Europäische Kommission abwickeln sollten. In Brüssel wird der Versuch Pekings, prochinesische Staaten zusammenzufassen, als Spaltkeil für Europa und Schwächung der EU interpretiert. Vom Baltikum über Polen, Tschechien und Ungarn bis nach Bulgarien und Albanien reicht der Streifen der osteuropäischen Staaten, die nach Peking blicken und auf chinesische Investitionen hoffen. Gipfeltreffen der Regierungschefs werden abwechselnd in Europa und China abgehalten. Tschechiens eigenwilliger Präsident Miloš Zeman ließ es sich nicht nehmen, als einziger Präsident eines EU-Staates die Militärparade aus Anlass der Kapitulation Japans in Peking 2015 zu besuchen. Die Europäer hatten sich verständigt, der Machtdemonstration fernzubleiben.

In der Europäischen Union verweisen skeptische Experten darauf, dass bei chinesisch finanzierten Projekten Umweltfragen keine Rolle spielen. Bei den Ausschreibungen für eine Eisenbahntrasse zwischen Belgrad und Budapest hatten Mitbewerber keine Chance. Peking muss sich gegen den Vorwurf wehren, dass bei chinesischen Krediten unter dem Dach der Seidenstraßen-Initiative primär chinesische Firmen Aufträge lukrieren. Gewerkschaften und Arbeitnehmervertreter gibt es in den in Zentralasien oder Afrika arbeitenden chinesischen Unternehmen genauso wenig wie in der Heimat. Skeptiker warnen vor den Gefahren einer Verschuldung der Empfängerländer. Regierungen, die Schwierigkeiten bekommen, ihre Kredite zu bedienen, könnten gezwungen sein, Öl, Eisenerz oder Lebensmittel nach China zu liefern, um ihre Schulden abzuzahlen. Die Weltwirtschaft ist mit dem von Donald Trump angezettelten Handelskrieg unsicherer geworden. Seither sind auch in Peking auch Stimmen zu hören, die zur Vorsicht mahnen. Firmen, die sich an Projekten der Seidenstraßen-Initiative beteiligen, sollten sich auf Finanzierungsprobleme einstellen, heißt es aus Chinas wichtiger Export-Import-Bank.

Die Europäische Union spürt in sensiblen Fragen den wachsenden chinesischen Einfluss: 2017 blockieren die ungarische Rechtsregierung und die griechische Linksregierung, die auf das

Wohlwollen der chinesischen Geldgeber setzen, kritische Erklärungen der EU zur Menschenrechtssituation.

Auffallend ist, wie wenig die chinesische Begeisterung für den Ausbau der Infrastruktur in der Nachbarschaft die politische Unsicherheit mitreflektiert, die in vielen Regionen herrscht, durch die große Teile der geplanten Transitrouten führen. Xinjiang im Westen des Landes ist die instabilste Provinz der Volksrepublik. China fürchtet, dass die islamistische Radikalisierung in Pakistan und bei den zentralasiatischen Nachbarn auf die eigene islamische Volksgruppe übergreift. Der Wirtschaftskorridor durch Pakistan zum Hafen von Gwadar, der helfen soll, das Land zu modernisieren, führt durch die unruhige Provinz Belutschistan, in der sowohl Separatisten als auch Islamisten aktiv sind. Politische Lösungsansätze werden keine diskutiert. In Peking scheint man überzeugt zu sein, dass Infrastruktur zu wirtschaftlicher Entwicklung führt und eine wachsende Wirtschaft der politischen Radikalisierung den Boden entzieht.

China und Japan: Die Rivalen

Von Harmonie, mit der das offizielle China Gegensätze so gerne übertüncht, ist in der heutigen Welt selten die Rede. Die Vision der neuen Handelswege in Richtung Westen ist aus Sicht Pekings eine Alternative zum maritimen Osten, wo die Supermacht USA und das mit Amerika verbündete Japan ihre Interessen haben. Das entscheidende Kräftemessen um die Vorherrschaft in Ostasien findet allerdings genau dort statt: im asiatisch-pazifischen Raum, der seit dem Zweiten Weltkrieg geopolitisch von den USA beherrscht wird. Amerika hat in der unruhigen Region zwischen Korea und Japan im Norden und den mit den USA verbündeten Philippinen im Süden sicherheitspolitisch das Sagen. Der mit dem Westen politisch, militärisch und nachrichtendienstlich verbundene australische Kontinent ist der unsinkbare Flugzeugträger im Hintergrund. Peking fühlt sich umzingelt. Das amerikanische Bündnissystem könnte China im Krisenfall den Zugang zu den Weltmeeren blockieren. Die lebenswichtige Versorgung mit

Erdöl aus dem Nahen Osten, die durch die Straße von Malakka bei Singapur führt, wäre gefährdet. Singapur hat traditionell enge Beziehungen zum amerikanischen Militär.

Die Volksrepublik China sieht sich als aufsteigende Weltmacht und natürliche Führungskraft in Asien. Die USA sind aus Pekinger Sicht eine absteigende Weltmacht. Langsam verändert sich das globale Kräfteverhältnis. Um vieles rasanter geht die Machtverschiebung in Ostasien und Südostasien vor sich. Zur Rivalität zwischen dem aufstrebenden China und der etablierten Supermacht USA kommen die historisch gewachsenen Interessensgegensätze in der Region.

Traditionell sind Japan und China die großen Gegenspieler in Ostasien. Das frostige Verhältnis hat historische Wurzeln. Das kaiserliche Japan hatte in Asien ähnlich gewütet wie Hitler-Deutschland in Europa. Die Raubfeldzüge gegen China 1937–1945 haben Millionen Menschen das Leben gekostet. Das Massaker von Nanjing, bei dem japanische Soldaten Hunderttausende Zivilisten in der alten chinesischen Kaiserstadt getötet haben, gilt als eines der schlimmsten Kriegsverbrechen des 20. Jahrhunderts. Zu einer Auseinandersetzung mit der eigenen Rolle war Japan nie gezwungen, eine echte Aussöhnung Japans mit China hat es nie gegeben. Anders als in Europa, wo die Verständigung zwischen Frankreich und Deutschland zur europäischen Integration geführt hat, benützt China die historischen Reminiszenzen gezielt, um gegen Tokio Stimmung zu machen. Die Verharmlosung der Rolle Japans im Zweiten Weltkrieg durch rechte Politiker in Japan bietet dazu häufig den Anlass.

Besser als die Politiker kommen Konsumenten und Wirtschaftstreibende der beiden Staaten miteinander aus. Mit der Öffnung Chinas sind japanische Unternehmer nach China und chinesische Touristen in großer Zahl nach Japan gekommen. Kreditkarten chinesischer Geldhäuser werden in den Kaufhäusern in Tokio gerne genommen.

Kerstins Tagebuch

Wir haben das chinesische Neujahr nicht in Peking verbracht, sondern sind, wie die Hälfte der Stadtbevölkerung, abgereist, in Richtung Tokio.

Tokio wirkt nach unserem chaotischen, wurligen, verkehrverstopften, smoggrauen Peking fast seltsam vertraut normal. Es ist sauber, der Himmel blau und die Luft gut, es geht geordnet zu, ohne sichtbare Armut, die Menschen verhalten sich freundlich und höflich - viele tragen allerdings Atemmasken, warum, habe ich nicht begriffen.

Schon vor unserer Abreise aus Peking bekamen wir Einkaufstipps, denn Japan ist auch ein Shoppingziel: Es gibt alles und noch viel Japanisches dazu. Der französische Kameramann, der mit uns aus China gekommen ist, kauft voll Begeisterung all die netten, abgepackten Süßigkeiten und japanischen Whisky. Und überall treffe ich meine Mit-ChinesInnen im Konsumrausch, leicht erkennbar, denn sie sind laut und raumnehmend, besonders im Vergleich zu den höflichen und zurückhaltenden JapanerInnen. Im Luxuskaufhaus Mitsukoshi steht neben mir an der Kassa eine Chinesin mit gleich fünf Thermoskannen - wahrscheinlich gedacht für warmes Wasser, denn das ist das alltägliche Lebenselixier in China. Auf der noblen Einkaufsstraße Ginza preist ein Mann lautstark Koffer an: In dem winzigen Geschäft finde ich mich im Gedränge meiner fellow chinese, die alle mindestens einen bunten Plastikkoffer abschleppen (ich nehme einen orangen). Und ein letztes Mal gibt es das Einkaufsgerangel dann beim Duty Free am Flughafen, Matcha-Schokoladen aus Grünem Tee waren dort der große Hit.

Jetzt gibt es die Bilanz dieses Reisestroms auch in der Zeitung: 450000 ChinesInnen waren über die Feiertage in Japan und haben pro Person 13000 Yuan ausgegeben (ungefähr 1500 Euro). An den Flughäfen sind neue Regeln ausgegeben worden: Für Übergepäck musste nichts bezahlt werden. Und jetzt sind in Japan die beheizten Klobrillen ausverkauft - verständlich, denn die sind eine Wohltat, wie auch ich festgestellt habe. In Japan sind sie überall Standard, sogar auf den öffentlichen Toiletten der Autobahnraststätten. Hier wird ein anscheinend tiefes Bedürfnis befriedigt, von dem ich vorher nicht einmal wusste, dass es das gibt.

Umgekehrt sind die japanischen Investitionen im Wirtschaftswunderland China ein wichtiger Faktor. Zu einer dauerhaften Entspannung auf staatlicher Ebene haben die wirtschaftlichen Bande nicht geführt. 2012 fliegen in chinesischen Städten Steine gegen japanische Geschäfte. Die antijapanischen Unruhen reichen bis vor die Tore der japanischen Botschaft in Peking. Konkreter Stein des Anstoßes ist der Streit um unbewohnte Inseln im Ostchinesischen Meer, die von beiden Staaten beansprucht werden. Senkaku heißen die Felsbrocken auf Japanisch, Diaoyu ist die chinesische Bezeichnung. Japan hat die Kontrolle, aber China unterstreicht seine Ansprüche immer wieder, indem chinesische Schiffe vorgelagerte Gewässer durchqueren, die aus Sicht Tokios japanisches Territorium sind. 2016 war nach japanischen Angaben eine richtiggehende Armada von 230 Fischerbooten, begleitet von sechs Schiffen der chinesischen Küstenwache, unterwegs.

Im Ostchinesischen Meer wird viel nach Erdgas gesucht. Japan behauptet, China habe auf einer Förderplattform Radareinrichtungen installiert, die auch militärisch verwendet werden können. Im Streit um die Inseln ist es in der Vergangenheit wiederholt zu gefährlichen Konfrontationen gekommen. Peking und Tokio warnen vor einer Eskalation durch die jeweils andere Seite und versprechen selbst, kontrolliert, aber angemessen zu reagieren.

In den umstrittenen Gewässern hat klar China die Initiative. Gleichzeitig rüstet Japan auf. Unter dem nationalkonservativen Premierminister Shinzo Abe entfernt sich das Land Schritt für Schritt von den Vorgaben der pazifistischen Verfassung von 1947, die es dem Land nicht erlaubt, Kriege zu führen und reguläre Streitkräfte zu unterhalten. Die in China weitverbreitete Ansicht, dass sich die USA und Japan im Niedergang befinden, beunruhigt die japanischen Eliten. Die Sicherheit Japans wird von den USA garantiert, die auf der Insel Okinawa ihren größten Militärstützpunkt unterhalten. Wenn die japanische Regierung versucht, den Spielraum der eigenen Landesverteidigung auszuweiten, reagiert China immer sehr empfindlich, obwohl die Regierung in Peking selbst an der Modernisierung der eigenen Streitkräfte arbeitet. Die friedliche Koexistenz, zu der sich die Nachbarn schon seit den Zeiten Mao Zedongs durchgerungen haben, ist labil geblieben.

Schwieriger Nachbar Nordkorea

Als mächtiger Nachbarstaat und langjähriger Beschützer ist China von allen Entwicklungen in Korea unmittelbar betroffen. Peking hat sich stets gegen das nordkoreanische Atomprogramm ausgesprochen. Aber die Druckmittel, die Mächtigen in Pjöngjang von dem eingeschlagenen Kurs abzubringen, sind für die mächtige Volksrepublik China beschränkt.

Die nordkoreanische Atomrüstung hat sich in den Jahren seit der Machtübernahme des jungen Herrschers Kim Jong-un 2011 beschleunigt. Das Land verfügt wahrscheinlich über ein Dutzend einsatzfähiger Atombomben. 2017 testete es Interkontinentalraketen, die den amerikanischen Pazifikstützpunkt Guam und möglicherweise die Westküste der USA erreichen können.

Regelmäßig warnte Chinas Außenminister Wang Yi vor einer Katastrophe auf der koreanischen Halbinsel. Es sei so, als ob zwei Schnellzüge frontal aufeinander zurasten, formulierte der bedächtige Chefdiplomat 2016. Nordkoreanische Raketenabschüsse in Richtung Japan, Drohungen gegen die USA und martialische Sprüche, mit denen US-Präsident Donald Trump und die verheerenden Atomangriffe auf Hiroshima und Nagasaki anspielte, machten den Streit um die nukleare Rüstung Pjöngjangs zu einer Gefahr für die ganze Region.

2018 brachte die spektakuläre Wende zur Diplomatie auf höchster Ebene. Das Gipfeltreffen zwischen US-Präsident Donald Trump und Kim Jong-un in Singapur, dem eine Begegnung zwischen den Staatschefs Nordkoreas und Südkoreas vorausgegangen ist, soll zu einem dauerhaften Frieden auf der koreanischen Halbinsel führen. Sogar eine Wiedervereinigung der beiden Koreas, die im Norden wie im Süden zu den offiziellen Staatszielen gehört, wird plötzlich wieder ernsthaft diskutiert.

Als Kim Jong-un 2018 völlig überraschend ein Ende der Atom- und Raketentests verkündet, tut er das aus einer starken

Position: Die Demokratische Volksrepublik Korea ist ein Atomstaat, auch wenn der Rest der Welt das nicht anerkennen will. Die nordkoreanischen Atomwaffen stehen sogar in der Verfassung.

Weder Washington noch Seoul gehen davon aus, dass Pjöngjang seine Atomwaffen baut, um einen Angriffskrieg zu führen. Das Nuklearpotenzial soll das Regime unangreifbar machen. Die Atombomben sind aus der Sicht Pjöngjangs eine Garantie gegen Umsturzversuche jeder Art von außen. Dass Nordkorea sie aufgibt, ist daher schwer vorstellbar. Das Zauberwort bei den Verhandlungen ist Denuklearisierung. Alle Beteiligten befürworten Denuklearisierung. Aber Kim Jong-un versteht darunter primär weltweite nukleare Abrüstung, die nicht passiert. Der Rest der Welt verlangt, dass Nordkorea seine Atomrüstung rückgängig macht. Wie ein Prozess aussehen könnte, der für alle Seiten akzeptabel ist, ist Gegenstand der internationalen Verhandlungen.

Doch wie lange das Tauwetter auf der koreanischen Halbinsel hält, ist ungewiss. Die alten Spannungen können rasch wieder zurückkommen. Im Umkreis von Donald Trump wird ein amerikanischer Militärschlag gegen Nordkorea nach wie vor als ernsthafte Möglichkeit angesehen.

Aus einem neuen Koreakrieg könnte sich die Volksrepublik China nur schwer heraushalten. 1951 rettete Mao Zedong die Kim-Dynastie, als die unter der Fahne der Vereinten Nationen kämpfenden Amerikaner bis an den Grenzfluss Yalu vorgedrungen waren und ganz Nordkorea unter Kontrolle hatten. Die chinesischen Soldaten, die Peking offiziell als Freiwillige bezeichnete, trieben die USA in einem spektakulären Feldzug wieder zurück zur ursprünglichen Waffenstillstandslinie am 38. Breitengrad. Die Verluste waren enorm, Korea war ein verwüstetes Land, aber das kriegsmüde Europa nahm wenige Jahre nach dem Ende des Zweiten Weltkriegs das Blutbad in Fernost nur am Rande wahr. In China ist die Erinnerung an den Koreakrieg noch höchst lebendig.

Chinas Beziehungen zu Nordkoreas Kim Jong-un waren lange Zeit schlecht. Das chinesische Verteidigungsministerium lässt 2017 sogar wiederholt dementieren, dass zusätzliche Truppen in die Grenzregion verlegt werden. Ein Dementi, das gezielt darauf aufmerksam machen soll, dass bei einem militärischen Konflikt auch China involviert wäre.

Ausländischen Besuchern erzählen hohe chinesische Funktionäre hinter vorgehaltener Hand, dass es jeden Monat Hunderte Flüchtlinge aus Nordkorea gibt, darunter Dutzende Soldaten.

Sogar während des olympischen Friedens im Winter 2018 polemisierte die nordkoreanische Presse gegen China. Erst der Gipfel mit dem südkoreanischen Präsidenten führte Kim Jong-un zu seinem ersten Besuch nach Peking, zu Staatspräsident und KP-Chef Xi Jinping. China hat die von den USA vorangetriebenen UNO-Sanktionen gegen Nordkorea mitgetragen, lehnt aber eine totale Wirtschaftsblockade ab, die auf eine Destabilisierung des Nachbarstaates hinauslaufen würde. Politische Instabilität in Nordkorea und Fluchtbewegungen könnten die Wirtschaft ganz Nordostchinas belasten. Für Pjöngjang ist China der misstrauisch betrachtete große Bruder, der aber bei internationalen Verhandlungen als Gegengewicht zu den USA unverzichtbar ist. Die Volksrepublik China begrüßt das Tauwetter zwischen Nordkorea und den USA. Zum Gipfeltreffen mit Donald Trump ist Kim Jong-un, für die Weltpresse deutlich sichtbar, mit einer Boeing der Air China nach Singapur gereist. Die Abrüstungsverhandlungen mit den USA haben zur Verbesserung der Beziehungen zwischen Pjöngjang und China geführt.

In der nordchinesischen Stadt Dandong ist der Grenzfluss zu Nordkorea eine beliebte Touristenattraktion. Die geschäftstüchtige Stadt hat aus der Faszination des isolierten Nachbarn einen eigenen Grenzstadttourismus entwickelt.

Für 15 Yuan kann man Feldstecher mieten, um einen Blick in das gruselige Nachbarland zu richten, das heute noch so bitterarm ist wie China selbst vor Jahrzehnten. Die patriotische Musik aus den Lautsprechern an der Brücke lässt keinen Zweifel: Der Yalu-Fluss erinnert an die heroische Vergangenheit.

Die amerikanische Luftwaffe hat einst die Brücke bombardiert. Jetzt ist sie ein Denkmal und der beste Aussichtspunkt für den Blick nach drüben, auf die nordkoreanische Seite. Über die neu errichtete Brücke daneben kommen abwechselnd Lkws und

Güterzüge. Seit China die UNO-Sanktionen gegen Nordkorea mitträgt, wird der Grenzverkehr aber immer dünner.

»Ich würde gerne einmal hinübergehen, aber es gibt zu viele Kontrollen«, erzählt uns ein Tourist aus Schanghai. »Man kann nicht fotografieren, was man will, und man kann sich nicht frei bewegen.«

»Ich habe das Gefühl, dass Nordkorea so ähnlich ist wie China vor 50 Jahren«, ergänzt eine Besucherin aus der chinesischen Provinz Shandong. Jede Art von nordkoreanischen Memorabilia sind am Ufer des Yalu zu kaufen: Kim-Il-sung-Anstecker, Alkohol, Zigaretten und nordkoreanische Briefmarken. Besonders beliebt sind die koreanischen Geldscheine. Dass sie echt sind, wie der Verkäufer versichert, glaubt niemand.

Populär sind auch Schifffahrten auf dem Yalu-Fluss, ganz nahe kommt man an die Grenze, steht auf dem Plakat. Sogar nordkoreanische Soldatinnen sind zu sehen, versprechen die Veranstalter. Wir fahren mit. Und tatsächlich zeigen sich die nordkoreanischen Grenzer von ihrer besten Seite. Sie winken pflichtbewusst. Und dann tauchen kleine Boote auf, die zum Verkauf nordkoreanischer Eier, koreanischen Alkohols und Tabaks anlegen. Die kleinen Schmuggelgeschäfte laufen unter den Augen sowohl der nordkoreanischen als auch der chinesischen Grenzer ab.

»Die Eier aus Nordkorea sind billiger«, sagt eine skeptische junge Käuferin, »aber vielleicht sind sie ursprünglich aus China nach Nordkorea geliefert worden und werden jetzt wieder an uns Touristen verkauft.«

Trotz aller Spannungen sind China und Nordkorea offiziell Verbündete, was auch in der lockeren Atmosphäre am Grenzfluss seinen Niederschlag findet. Für Nordkorea ist diese Verbindung lebenswichtig, denn nirgendwo sonst gibt es für das isolierte Land so viele Kontakte zur Außenwelt.

In der chinesischen Grenzregion betreibt Pjöngjang Hotels und Restaurants. Das Personal kommt, folkloristisch gestylt, aus Nordkorea. Die Pengyun Travel Agency organisiert für chinesische Staatsbürger Dreitagestouren nach Pjöngjang. An den Wänden hängen alte Fotos von Kim Il-sung und Mao Zedong. »Die Armut ist groß in Nordkorea, aber es ist überall ziemlich sauber, das ist positiv«, weiß die resolute Reiseveranstalterin He Xiaolu. »Für die Touristen ist es interessant, sie sehen, wie das Leben früher in unserem eigenen Land war.«

Abschied vom Volkskrieg

Den Anspruch Chinas, als Weltmacht aufzutreten, unterstreicht Präsident Xi Jinping 2015 am Jahrestag der japanischen Kapitulation mit der größten Militärparade der jüngeren Vergangenheit am Platz des Himmlischen Friedens in Peking. 13 000 Soldaten und Soldatinnen hatten monatelang trainiert. Zu sehen sind erstmals neue Raketen, die auch mit atomaren Sprengköpfen ausgerüstet werden können. Für die ausländischen Korrespondenten ist ein eigener Bereich in der Nähe der Tribüne reserviert. Wir werden mit Wasser, Regenpelerine und Crackers versorgt. Das Volk wird durch umfangreiche Sicherheitsvorkehrungen ferngehalten. Die perfekte Show, bei strahlend blauem Himmel, läuft auf allen Fernsehkanälen des Riesenreiches. Monatelang werden die Szenen auf den Videoscreens der Marktplätze, in Shoppingmalls und U-Bahnen wiederholt.

Kerstins Tagebuch

Wir haben Luftwerte auf europäischem Niveau, blauen Himmel, richtige Wölkchen, sehen die Umgebung in ungewohnter Klarheit und haben einen Blick bis weit in die Westberge hinein. Grandios! All dies haben wir der Militärparade zum Sieg über die Japaner im Zweiten Weltkrieg zu verdanken, die am 3. September stattfindet. Seit Donnerstag sind viele Fabriken und Kraftwerke im Umland abgestellt oder gedrosselt und der Autoverkehr in Peking ist halbiert. Gestern in der Nacht war die Generalprobe: Die Straße vor unserem Hochhauskomplex abgeriegelt, die Wanderarbeiter-Containersiedlung vor unseren Fenstern menschenleer, alle Lokale und Geschäfte geschlossen und alle fünf Meter sind »Volunteer Security Guards« positioniert, insgesamt waren es 870 000 in der Stadt, ein unglaublicher Aufwand.

Zu erkennen waren die Guards an hellblauen T-Shirts, roten Kappen und roten Armbinden. Und da sie die ganze Nacht bis in den Vormittag so verbringen mussten, haben sich viele Verpflegung und einen kleinen Klapphocker mitgebracht. In unserem Arbeiterstadion haben wir die Panzerkolonnen gesehen und gehört, die den Auftritt geübt haben.

Am Tag der Parade musste Raimund um 3:30 Uhr in der Früh zum Sammelpunkt, hat später viele Stunden in der Sonne ausgeharrt, auf einem einen Quadratmeter großen, festgelegten Stehplatz, ist lange mit schwerer Kamera herumgelatscht und kam erschöpft und genervt zurück - Journalisten, und noch dazu ausländische, wurden bei diesem Schauspiel nicht umworben. Ich habe das Ganze vor dem Fernseher verfolgt - auf allen Kanälen live - und dann aus dem Fenster geschaut, als die Flugzeugformationen vorbeiflogen. Präsident Xi stand im Zentrum. Mit dem Auto ist er die Truppen abgefahren, mit dem ritualisierten Zuruf »tongzhimen hao«, »Hallo Genossen« und »tongzhimen xinkule«, »Ihr habt hart gearbeitet, Genossen«. Darauf folgt die Antwort: »Wei renmin fuwu«, »Dem Volke dienen«. Heute habe ich gehört, dass dieser vorgegebene Dialog auch in Schulen praktiziert wird. Da rufen die SchülerInnen den LehrerInnen zu: »laoshi xinkule«, »Lehrer, du hast hart gearbeitet«, nicht umgekehrt, wie wir das vielleicht annehmen würden.

Präsident Xi Jinping ist Vorsitzender der Zentralen Militärkommission. Neben der Funktion des Generalsekretärs der Kommunistischen Partei und jener des Staatspräsidenten ist das die wichtigste Position im Staat. Bei seiner Rede erinnert Xi die Welt an den Sieg über Japan im Zweiten Weltkrieg. Wie groß der chinesische Anteil daran tatsächlich war, ist unter Historikern umstritten. China hat unter der japanischen Aggression schwer gelitten. Die Hauptlast des antijapanischen Widerstands trugen nicht Maos kommunistische Partisanen, sondern die Nationalisten unter Chiang Kai-shek. Mao hat die von den Japanern stark dezimierten Nationalisten später im Bürgerkrieg besiegt. Kriegsentscheidend im Pazifik waren jedoch die amerikanischen Atombombenabwürfe über Hiroshima und Nagasaki und nicht der chinesische Widerstand.

Der 70. Jahrestag soll ein Symbol für den Aufstieg Chinas zur Weltmacht sein. China wird seine Truppenstärke um 300 000 Soldaten reduzieren, verkündet der Präsident. Der Personalabbau ist Teil eines Modernisierungsplanes für das Militär. Auch von der Antikorruptionskampagne sind die Streitkräfte nicht ausgenommen. Richtungsweisend ist die Warnung des Präsidenten: Ab jetzt werden Militärs mit ihren regulären Gehältern auskommen müssen, es darf keine Grauzonen und illegalen Einkünfte mehr geben. Der Befehl veränderte das Leben des Militärs. Denn die Chinesische Volksbefreiungsarmee war in zahlreichen Wirtschaftsbetrieben engagiert, was zu einem inoffiziellen, aber steten Geldfluss in Richtung des Offizierskorps führte. Die Folge war, dass die Streitkräfte in der Öffentlichkeit als korrupteste Institution des Staates angesehen wurden. Eine gefährliche Entwicklung, der die Regierung Einhalt gebieten will.

Die Streitkräfte müssen in der Lage sein, Kriege zu führen und zu gewinnen, verlangt Xi Jinping immer wieder. Es ist eine martialische Aussage, die in eigenartigem Widerspruch zu den sonstigen Friedensbeteuerungen steht. Im Juli 2018 warnt die Tageszeitung der Volksbefreiungsarmee vor dem gefährlichen Symptom der »Friedenskrankheit« im Militär, das seit Jahrzehnten keinen Krieg mehr geführt hat.

2015 veröffentlicht das Verteidigungsministerium in Peking ein Weißbuch zur chinesischen Militärstrategie. Ähnliche strategische Planspiele werden auch von den USA regelmäßig veröffentlicht. China wird in Zukunft eine offensivere Strategie verfolgen, das ist der Kern der Ausführungen. Im Fall eines Angriffs, von welcher Seite auch immer, muss die Chinesische Volksbefreiungsarmee auch fähig sein, zurückzuschlagen.

Die bemerkenswerteste Neuerung ist der große Stellenwert, den die Marine in Zukunft einnehmen wird. China baut Kriegsschiffe und U-Boote. 2017 läuft in der Hafenstadt Dalian der zweite chinesische Flugzeugträger vom Stapel. Ein dritter Flugzeugträger ist in Bau. Die chinesische Führung demonstriert ihre Entschlossenheit, auf den Weltmeeren präsent zu sein. Von einer

Aufholjagd zu den USA, die amerikanische Hardliner gerne an die Wand malen, ist man allerdings weit entfernt. Die USA betreiben elf Flugzeugträger, China gerade mal zwei. Der Bau eines modernen Flugzeugträgers dauert Jahre und verschlingt so riesige Mittel, dass die meisten Staaten darauf verzichten.

Klar ist, dass in der chinesischen Militärstrategie die Seestreitkräfte zunehmend wichtiger werden als die Landarmee, und sie sollen nicht nur in den unmittelbaren Küstenregionen tätig sein – ein sensibler Bereich angesichts der Grenzstreitigkeiten zwischen China und seinen Nachbarn, die ihrerseits auf Unterstützung durch die USA setzen.

Im Verteidigungsministerium in Peking erklärt der Pressesprecher Yan Yujun die Akzentverschiebung mit der wachsenden Unruhe aufgrund von Aufklärungsflügen fremder Mächte in den Küstenregionen. Eine besser ausgestattete Marine soll über Grenzstreitigkeiten hinaus imstande sein, die chinesischen Wirtschaftsinteressen zu schützen, etwa wenn Handelsschiffe von Piraten bedroht sind, wie am Horn von Afrika. Auch der Kampf gegen den Terrorismus und die Abwehr von Angriffen im Internet fungieren prominent im chinesischen Strategiepapier.

China betont seine friedlichen Absichten. Selbst bei einer zügigen Erhöhung des Verteidigungsbudgets ist die chinesische Volksarmee vom militärischen Potenzial der globalen Weltmacht Amerika weit entfernt. Viermal mehr als China geben die USA für ihre Streitkräfte aus. 41 Prozent aller Militärausgaben der Welt tätigen die Vereinigten Staaten. Die US-Streitkräfte verfügen über 8000 atomare Sprengköpfe, in China sind es 280. Aber als Weltwirtschaftsmacht ersten Ranges will China auch imstande sein, seine Interessen weit entfernt vom unmittelbaren Territorium wahrzunehmen.

In Südostasien hat das veränderte Kräfteverhältnis zu einem spektakulären Rückgang des Einflusses der traditionellen Führungsmacht Amerika geführt. Gleich drei Staaten, die als amerikanische Verbündete gelten, die Philippinen, Thailand und Malaysia, nähern sich Peking an. In asiatischen Medien ist von einem Dominoeffekt die Rede, der die USA schwächt und China stärkt. Es ist eine riskante Konstellation in einer sensiblen Region.

Kern der Auseinandersetzung ist die Rivalität zwischen China als stürmischer neuer Großmacht und den USA mit ihrer aus dem Zweiten Weltkrieg rührenden traditionellen Führungsrolle im pazifischen Raum. Im Fernen Osten hat der Kampf um eine neue Weltordnung begonnen, bei dem die USA und China in der ersten Reihe stehen.

Machtverschiebung im Südchinesischen Meer

Am spektakulärsten ist der Kurswechsel auf den Philippinen. Weil aus Washington Kritik an den Tausenden Toten des vom populistischen Präsidenten Rodrigo Duterte geführten Antidrogenkrieges kam, beschimpfte der philippinische Staatschef den damaligen amerikanischen Präsidenten Barack Obama vulgär als Hurensohn. Im Oktober 2016 verkündete er während eines Staatsbesuchs in Peking die Scheidung von den USA. Unter Dutertes konservativem Vorgänger Aquino waren die Philippinen enge Verbündete Amerikas. US-Militärberater waren am Kampf gegen islamistische Rebellen beteiligt. Es gab gemeinsame Manöver der Marine. Duterte stoppte die Zusammenarbeit.

Mit Donald Trump hat sich das Blatt neuerlich gewendet. Der neue Mann im Weißen Haus hat den verbalen Schlagabtausch beendet und die philippinische Drogenpolitik öffentlich gelobt. Bei einer Asienreise im Herbst 2017 besuchte der US-Präsident die philippinische Hauptstadt Manila. Trump und Duterte demonstrierten ihre Machofreundschaft.

In der für China entscheidenden Frage blieb der philippinische Präsident trotz der neuen Männerfreundschaft auf Distanz zu Amerika: Bei einem schon lange dauernden Rechtsstreit gegen China um Souveränitätsrechte im Südchinesischen Meer halten sich die Philippinen weiter zurück. Noch die Vorgängerregierung auf den Philippinen war gegen Peking vor das internationale Schiedsgericht in Den Haag gezogen und hatte recht bekommen. Für die Nachbarstaaten, die mit China im Streit liegen, wem welche Atolle im Südchinesischen Meer gehören, war der Richterspruch eine Bestätigung ihrer Position. China widersprach. Die

UNO-Seerechtskonvention, auf die sich die Richter berufen, ist bewusst schwammig formuliert und wird von den Staaten unterschiedlich interpretiert. Im Südchinesischen Meer setzt sich in der Realität immer mehr China durch. Die traditionellen Verbündeten der USA nehmen die Machtverschiebung zur Kenntnis. »Früher hatte die 7. US-Flotte im Südchinesischen Meer das Sagen«, konstatiert der philippinische Botschafter in Peking, Chito Sta. Romana, Anfang 2018, »jetzt wird diese Vorherrschaft von der chinesischen Marine in Frage gestellt.«

Das Südchinesische Meer liegt zwischen China im Norden, Vietnam im Westen und den Philippinen, Malaysia und Indonesien im Osten und im Süden. Auch Taiwan und Brunei sind Anrainerstaaten. China zählt die riesige Meeresregion, die um ein Drittel größer ist als das Mittelmeer, mit ihren zahlreichen Sandbänken und Atollen zu seinem eigenen Hoheitsgebiet. Auch andere Anrainerstaaten verlangen Meeresregionen für sich, was ebenso wie von China mit konstruierten historischen Argumenten untermauert wird. In Vietnam heißt das Südchinesische Meer »Ostsee«, in Manila spricht man vom »Westphilippinischen Meer«.

In unterschiedlicher Intensität festigen die Anrainerstaaten ihre Gebietsansprüche durch den Ausbau von Korallenriffs zu echten Inseln. Vor allem China errichtet mit großer Geschwindigkeit Hafenanlagen und Landebahnen, die auch militärischen Zwecken dienen. Erstmals starten und landen im Mai 2018 Chinas militärische Riesenvögel, die strategischen H-6K-Bomber, auf den Paracel-Inseln. Die aus Sandbänken, Korallenatollen und Riffs bestehende Inselgruppe wird auch von Vietnam beansprucht. Es hagelt diplomatische Proteste aus Hanoi.

Die USA beanspruchen keinen Teil des umstrittenen Meeres, verlangen aber freie Durchfahrt für amerikanische Kriegsschiffe, weil es sich ihrer Ansicht nach nicht um chinesische, sondern internationale Gewässer handelt. Demonstrativ patrouilliert Anfang 2018 der Flugzeugträger USS Carl Vinson in den Gewässern. Im Kriegsfall könnten die USA chinesische Atom-U-Boote im Südchinesischen Meer bei der Ausfahrt von ihrem Stützpunkt in Hainan blockieren. Die USA sind mit mehr Kriegsmaterial präsent als China und alle anderen Anrainerstaaten zusammen, argumentiert der Vertreter der chinesischen Streitkräfte, Generalleutnant He Lei, bei einer Konferenz mit Pentagon-Chef Jim Mattis in Singapur im Juni 2018. Erstmals gibt der Vertreter der Volksbefreiungsarmee vor internationalem Publikum die eigene militärische Aufrüstung auf den umstrittenen Inseln zu. Die Spratly Islands, um die es geht, sind 1200 Kilometer von der chinesischen Südküste entfernt. Weil alles chinesisches Souveränitätsgebiet ist, sei China zur militärischen Absicherung berechtigt, argumentiert Generalleutnant He Lei. Der Disput um die Kontrolle der Meeresregion ist Teil des Kräftemessens zwischen China und den USA.

Im Südchinesischen Meer geht es um Öl- und Gasvorkommen, die unter dem Meeresgrund liegen. Geopolitisch noch wichtiger sind die Handelsströme durch die umstrittene Region. Durch diese Meeresregion führt einer der zentralen weltweiten maritimen Handelswege. Zwei Drittel aller auf dem Meer transportierten Waren werden hier durchgeschleust. Fast die gesamte Erdöl- und Erdgasversorgung aus dem Nahen Osten für Japan, aber auch für China, läuft durch das Südchinesische Meer. Wer die Region kontrolliert, kann im Kriegsfall die Energieversorgung des Gegners blockieren. Peking fürchtet, dass die USA gemeinsam mit ihren Verbündeten China den Ölhahn abdrehen könnten. Japan hegt ähnliche Ängste, falls China in der Region die Oberhand behält.

Die Atolle und Riffs im Südchinesischen Meer liegen einen halben Erdball von Washington D.C. entfernt. Trotzdem lud das Pentagon 2015 ein Fernsehteam zu einem demonstrativen Aufklärungsflug über die umstrittenen Spratly-Inseln ein. CNN filmte mit, als ein Funker der chinesischen Marine den amerikanischen Flieger aufforderte, das chinesische Hoheitsgebiet zu verlassen. Was der US-Pilot nicht tat, weil sich die Maschine nach amerikanischer Ansicht im internationalen Luftraum befand. Passiert ist nichts, aber der Streitpunkt mit China bleibt am Köcheln. Demonstrativ schickt die US-Navy alle paar Wochen voll ausgerüstete amerikanische Kriegsschiffe durch die Meeresregion, um zu unterstreichen, dass es sich nach US-Ansicht um internationale Gewässer handelt und nicht um chinesisches Hoheitsgebiet, wie Peking argumentiert.

Im Frühjahr 2015 schreibt eine staatliche chinesische Zeitung erstmals, es könnte zum Krieg zwischen China und den USA kommen. Wir wollen keinen militärischen Konflikt mit den Vereinigten Staaten um das Südchinesische Meer, liest man am 25. Mai 2015 im Leitartikel der Pekinger Tageszeitung »Global Times«. Aber sollte es so weit kommen, dann werden wir das akzeptieren.

Nie zuvor hat die sonst so strenge chinesische Zensur eine derartige Drohung in Richtung Washington passieren lassen. Ein amerikanisches Militärflugzeug hatte sich wenige Tage zuvor geweigert, beim Überflug über Atolle und Korallenriffs, die China mit großem Aufwand zu Inseln ausbaut, abzudrehen. Nach amerikanischer Lesart war die Maschine in internationalem Luftraum. China sagt, die Riffs und Atolle im Südchinesischen Meer seien souveränes Territorium der Volksrepublik China.

In seinen Confirmation Hearings vor dem Senat Anfang 2017 überlegt der zukünftige Außenminister Rex Tillerson laut, die USA könnten China den Zugang zu den von China kontrollierten Inseln im Südchinesischen Meer verwehren, auf denen Militäranlagen errichtet werden. Die Pekinger »Global Times« beschreibt die Aussage als regelrechte verbale Bombe, die der designierte Außenminister gegen China gezündet habe. Wenn die USA China tatsächlich den Zugang zu seinen Inseln im Südchinesischen Meer verwehren wollen, dann heiße das Krieg, so die einflussreiche chinesische Zeitung wörtlich. Tillerson werde seine Atomwaffen scharf machen müssen, wenn er eine Nuklearmacht wie China dazu zwingen wolle, sich von ihrem eigenen Territorium zurückzuziehen, so die »Global Times«, die als Sprachrohr nationalistischer Hardliner gilt. Über die ganze erste Seite erstreckt sich der Brandartikel gegen die USA und ihre neue Führung. In den sozialen Medien Chinas sind die harten Töne Tillersons ebenfalls ein großes Thema. »Der Mann ist noch schlimmer als Trump«, schreibt ein Blogger auf dem populären Internetmedium Weibo. »Wenn die USA gegen uns Krieg führen wollen, dann sollen sie das doch versuchen«, schreibt ein anderer Blogger, »wir haben keine Angst.«

Die USA haben sich bisher darauf beschränkt, auf freie Schifffahrt zu pochen. Dass die chinesische Marine blockiert werden könnte, wie das Tillerson ankündigt, war aus Washington sonst von niemandem zu hören. In seiner kurzen Amtszeit als US-Außenminister hat Tillerson diese Drohungen nicht wiederholt. Im Krisenfall wären sie aus den Schubladen der amerikanischen Außenpolitikstrategen zweifelsohne leicht wieder herauszuholen.

Weniger laut geworden sind die Proteste der anderen Anrainerstaaten. Die Philippinen sind schon zufrieden, dass die riesige Meeresregion noch kein »chinesischer Teich« geworden ist. Der philippinische Botschafter Chito Sta. Romana vergleicht die USA und China mit zwei Elefanten, die im Kampf über Gras trampeln. »Wir wollen nicht das Gras sein«, erklärt der Diplomat die Zurückhaltung seines traditionell proamerikanischen Landes unter Präsident Duterte.

Nach den Philippinen schert auch Malaysia aus der Front gegen China im Streit um das Südchinesische Meer aus. Unter dem früheren Premierminister Najib Razak akzeptierte Malaysia, so wie die Philippinen, bilaterale Verhandlungen, bei denen China aufgrund seiner Größe im Vorteil ist. Najib Razak steht international unter schwerwiegendem Korruptionsverdacht. Im Westen konnte sich der umstrittene Premier deshalb nicht blicken lassen. Umso größer ist der Bahnhof beim sechstägigen Staatsbesuch Najibs in Peking Anfang November 2016. Der Premierminister revanchiert sich: Malaysia wird chinesische und nicht amerikanische Schiffe für die Küstenwaffe kaufen. Najibs Nachfolger, der 93-jährige Mahathir bin Mohamad, ist ebenfalls ein Freund Chinas und ein scharfer Kritiker der USA.

Seit in Bangkok eine Militärjunta regiert, erwärmt sich auch Thailand für China. General Prayut Chan-o-cha, den ein Militärputsch 2014 zum starken Mann des Landes gemacht hat, lässt sich von autoritären Regierungsmethoden inspirieren. Menschenrechtsaktivisten klagen, dass chinesische Dissidenten im thailändischen Exil an die Behörden in Peking übergeben werden. Touristen aus dem Reich der Mitte sind die größte Gruppe im Fremdenverkehr. Die Geschäftsbeziehungen zu China sind angesichts der düsteren Wirtschaftslage wichtig. In Peking wird Thailand zu den Staaten gezählt, auf deren Verständnis China im Rahmen der Südostasiatischen Staatenvereinigung ASEAN rechnen kann.

Zu den Nachbarstaaten, die sich dem chinesischen Werben hartnäckig widersetzen, zählt Vietnam. Die Regierung in Hanoi sieht sich stolz als Erbe Ho Chi Minhs und des Militärstrategen Nguyen Giap, dem Sieger über Amerika im Vietnamkrieg. Aber ein Vierteljahrhundert später sind die USA zu einem Partner der kommunistischen Regierung in Hanoi gegen das kommunistische China geworden. Die diplomatischen Beziehungen sind normalisiert. Amerikanische Politiker sind gern gesehene Gäste in Hanoi. Im Jahr 2000 rollte die Regierung in Hanoi dem ehemaligen US-Präsidentschaftskandidaten John McCain den roten Teppich aus. McCain hatte als junger Soldat Bombenangriffe gegen Nordvietnam geflogen, wurde abgeschossen und verbrachte viele Jahre in Kriegsgefangenschaft in Hanoi. Sogar seine einstige Gefängniszelle als Kriegsgefangener konnte der republikanische Senator besuchen. Dafür verhalf der Republikaner dem ehemaligen Kriegsgegner zu amerikanischen Waffen. Die nordvietnamesische Regierung will US-Kampfflugzeuge kaufen. Die Annäherung an den einstigen Kriegsgegner ist als Gegengewicht zu China gedacht, mit dem Vietnam heftig um Meeresgebiete und Inseln im Südchinesischen Meer im Streit liegt. Immer wieder kommt es in Vietnam zu gewalttätigen antichinesischen Straßenprotesten.

Im Frühjahr 2018 stattet mehr als 40 Jahre nach dem Vietnamkrieg erstmals ein amerikanischer Flugzeugträger Vietnam einen Besuch ab. Die USS Carl Vinson ankert mit 5000 amerikanischen Soldaten und 40 Kampfflugzeugen vor Da Nang, einem früheren US-Militärstützpunkt. Die Visite des US-Flugzeugträgers beim ehemaligen Kriegsgegner ist als Signal gegen die massive Präsenz der chinesischen Marine gedacht. Die wachsende Rivalität zwischen den USA und der Volksrepublik China überschattet die Nachbarschaft des Reichs der Mitte.

12
Amerika, Europa und das neue China

Deng Xiaoping, der große Reformer, setzte sich bei seinem Amerikabesuch drei Jahre nach Maos Tod 1979 einen Cowboyhut auf. Das Signal war eindeutig: China hat keine Scheu vor den Symbolen des amerikanischen Traums. Die Vorsicht Dengs, der seinem Land empfahl, sich nach außen bewusst zurückzuhalten, damit Chinas Macht möglichst lange ungestört wachsen kann, hat Nach-Nachfolger Xi Jinping nicht mehr nötig. Die formale Position des Staatspräsidenten hatte Deng nie inne, aber er zeichnete die Entwicklung des Landes vor.

Wenn der chinesische Präsident zum Staatsbesuch nach Amerika reist, begleiten ihn die Chefs chinesischer Wirtschaftsgiganten, deren Firmen viele Milliarden Dollar wert sind. Der letzte offizielle Staatsbesuch des chinesischen Präsidenten in den USA fand während der Präsidentschaft Obamas statt. Die gesamte Hightechelite Amerikas machte Chinas oberstem Führer ihre Aufwartung. Dem Flugzeugbauer Boeing überreichte Xi Jinping einen Auftrag für 300 Passagierflugzeuge um 38 Milliarden Dollar. Das Reich der Mitte ist das wichtigste Expansionsgebiet der Weltwirtschaft. China und die USA sind gleichzeitig voneinander fasziniert und abgestoßen.

Wer in China Geld hat, schickt sein Kind an eine Universität in die USA. Amerikanische Wissenschaftler, Wirtschaftsgurus oder Filmstars sind ganz groß in China. Aber wenn etwas schiefläuft in der Welt, trägt für die chinesische Öffentlichkeit fast immer Amerika die Schuld. Egal ob beim eigenen Börsenkrach oder in der europäischen Flüchtlingskrise: Überall sehen chinesische Kommentatoren den verhängnisvollen Einfluss der

USA. Die USA sind das einzige Land, an dem das selbstbewusst gewordene China gemessen werden möchte.

Den 2015 in Seattle versammelten Technologiegurus macht Xi Jinping klar: Im Cyberspace, bislang eine amerikanische Domäne, haben in China strikt nationale Einschränkungen zu gelten. Mark Zuckerberg darf als bevorzugter Gesprächspartner des Präsidenten sein Chinesisch vorführen. Aber Facebook bleibt blockiert in China, genauso wie Google oder die »New York Times«, die sich den Zensurvorschriften Pekings nicht beugen. Dass andererseits China ein bevorzugtes Ziel der NSA ist, haben die Enthüllungen des amerikanischen Whistleblowers Edward Snowden klar dokumentiert.

Der in Harvard lehrende Politikwissenschaftler Graham Allison hat 2017 mit der Analyse Aufsehen erregt, dass die Rivalität zwischen ermüdeten, etablierten Weltmächten und dem Aufstieg dynamischer Herausforderer meist zum Krieg führt. In Anspielung auf den griechischen Historiker Thukydides, der den Peloponnesischen Krieg zwischen Sparta und Athen als unvermeidlich darstellte, weil Sparta sich durch den wachsenden Einfluss Athens gefährdet sah, spricht Allison von der »Thukydides-Falle«. 16 ähnliche Konstellationen in den letzten 500 Jahren, bei denen stürmische Newcomer mit angestammten Großmächten zusammenstießen, hat Allison in seinem Buch »Destined for War. Can America and China escape Thycydide's Trap?« untersucht. Zwölfmal kam es zum Krieg. Ob die Analogie zu den amerikanisch-chinesischen Spannungen passt, ist umstritten.

Steve Bannon, der führende Ideologe des rechtsnationalistischen Lagers in den USA, vergleicht China mit Deutschland in der Zwischenkriegszeit. Es folgten die Machtübernahme durch Hitler und der Krieg, erinnert der Rechtsaußen sein Publikum. Es ist ein ungeheuerlicher Vergleich, und Bannon will provozieren. Seine Unterstellung, dass im China von heute der Hitler von morgen heranwachse, bereitet gedanklich den Boden für jede Art von militärischer Gewalt. In Trumps Weißem Haus war Bannon bis zu seinem Abgang im Sommer 2017 Chefstratege. Bei der deutschen AfD, dem französischen Front National und anderen Ultrarechten in Europa ist er ein gern gesehener Gast.

Dass China für einen Großteil der Probleme Amerikas verantwortlich sei, war ein Standardthema im Wahlkampf von Donald Trump. Die chinesischen Exporterfolge beschrieb der Kandidat Trump in den grellsten Farben als Diebstahl amerikanischer Jobs und Vergewaltigung der amerikanischen Arbeiterschaft. China muss in die Schranken gewiesen werden, das war das Wahlversprechen des Republikaners. Dem Finanzministerium in Washington war der niedrige Kurs des chinesischen Yuan, der offiziell Renminbi heißt, lange ein Dorn im Auge. Der Vorwurf, dass China durch Währungsmanipulation und einen künstlich schwachen Renminbi seine Exporte hochtreibe, ließ sich nie beweisen und wird inzwischen nicht mehr erhoben. Trump sprach im Wahlkampf von einer Blockade chinesischer Exporte in die USA. Er versprach Einfuhrzölle für Waren aus dem Reich der Mitte von bis zu 45 Prozent. Ein Handelskrieg mit schweren Folgen für die Weltwirtschaft begann sich abzuzeichnen.

Dass China es einfach hinnehmen würde, wenn seine wirtschaftlichen Entwicklungsmöglichkeiten drastisch beschnitten werden, konnte niemand annehmen. Chinesische Gesprächspartner weisen gerne darauf hin, dass ein Drittel der amerikanischen Staatspapiere in chinesischer Hand sind. China verfügt selbst auch über Druckmittel im Fall eines Kräftemessens mit Amerika und droht mit Gegenmaßnahmen. Vor amerikanischen und europäischen Konzernchefs warnt Präsident Xi Jinping im Juni 2018: »Im Westen gibt es die Neigung, die rechte Wange hinzuhalten, wenn jemand auf die linke geschlagen wird. In unserer Kultur schlagen wir zurück.« Der Ton ist kämpferisch. In Wirklichkeit agiert die Führung in Peking aber vorsichtig. China hat von der Globalisierung massiv profitiert. Bei einer Eskalation zu einem echten Wirtschaftskrieg würde China einen hohen Preis zahlen.

Wenn die USA sich unter Donald Trump von der Globalisierung absetzen, liest man im Januar 2017 in der Pekinger Tageszeitung »Global Times«, dann werde China zwar nicht imstande sein, die USA von einem Schwenk zum Protektionismus abzuhalten. Aber China werde zur lebendigsten Kraft der Globalisierung werden.

Chefideologe Bannon sieht hinter dem Streit um Exporte und Jobs einen Kampf um die Weltherrschaft. »In hundert Jahren wird man uns danach beurteilen, was wir unternommen haben, um Chinas Aufstieg zur Weltherrschaft entgegenzutreten«, sagte Bannon bei seinem Abgang der »New York Times«. In einem Podcast im Frühjahr 2016 kündigt er für die nächsten fünf bis zehn Jahre einen chinesisch-amerikanischen Krieg um das Südchinesische Meer an. »Daran besteht kein Zweifel.« Der Rechtsaußen Bannon ist 2017 über Intrigen im Weißen Haus gestolpert. Was er ausspricht, denken jedoch viele in der Administration.

Eine spannungsgeladene Beziehung

An der ideologischen Bereitschaft der Trump-Administration zur Totalkonfrontation mit China hat sich nichts geändert. Aber zu Beginn seiner Amtszeit hat der Präsident im Umgang mit Peking einen für viele erstaunlichen Pragmatismus an den Tag gelegt.

Ausgangspunkt war paradoxerweise ein nationalistischer Reflex, mit dem der Präsident unter der Devise »America First« in den ersten Tagen seiner Amtszeit eines der wichtigsten Projekte der Obama-Administration begraben hat. Die USA kündigten das Transpazifische Freihandelsabkommen TPP auf, das zwölf ostasiatische und lateinamerikanische Partner sowie die USA und Australien verbinden sollte. China war nicht Teil der geplanten Gemeinschaft. Der Deal sollte den wirtschaftspolitischen Einfluss Pekings eindämmen. Dass Trump den fertig ausgehandelten Vertrag platzen ließ, war für die chinesische Führung ein unerwartetes Geschenk.

Im Außenministerium in Peking hieß es, China wolle Regeln im Welthandel, von denen alle profitieren. Das war eine Abgrenzung zum America-First-Prinzip des amerikanischen Präsidenten, mit der sich Peking als stabiler Faktor gegenüber dem unberechenbaren Herrn im Weißen Haus in Stellung brachte.

China drängt sich nicht vor, die Führungsrolle in der Welt zu spielen, zitiert die »South China Morning Post« einen hohen Funktionär des Außenministeriums, aber wenn die erste Reihe frei wird, dann rücken wir nach. China werde die Verantwortung einer Führungsmacht übernehmen, wenn das nötig ist, so Zhang Jun, Leiter der Internationalen Wirtschaftsabteilung im Außenministerium in Peking.

Dass der amerikanische Präsident durch spontane Sprüche auf Twitter Außenpolitik macht, war für die auf Symbole und Formalität achtenden Granden der chinesischen Außenpolitik ein Schock. Aber gleichzeitig stellte sich Peking sehr rasch auf die neuen Verhältnisse in Washington ein. Trump-Hotels gibt es in China im Unterschied zu anderen Staaten Asiens keine. Aber wie durch Zauberhand machen die chinesischen Behörden im Frühjahr 2017 Donald J. Trump zu einer geschützten Marke in 38 Branchen, darunter Restaurants, Bars und in der Werbung. Man darf davon ausgehen, dass Trump das plötzliche Happy End eines seit 2005 dauernden Rechtsstreits auf dem chinesischen Markt, auf dem Markenschutz sonst nicht sehr wichtig genommen wird, positiv registriert hat.

Als einer der ersten Staatsgäste besuchte Chinas Präsident Xi Jinping den neu gewählten amerikanischen Präsidenten Donald Trump gleich zu Beginn seiner Amtszeit informell auf dessen Golfplatz Mar a Lago in West Palm Beach in Florida – ein Geniestreich der chinesischen Diplomatie, um das Querfeuer von republikanischen Hardlinern zu neutralisieren.

Golfen gehört nicht zu den Hobbys der chinesischen Führung. Xi ist ein Fußballfan, was wiederum Trump wie den meisten Amerikanern fremd ist. Aber beim Dinner mit den First Ladys Melania Trump und Peng Liyuan und dem »schönsten Schokoladekuchen, den man sich vorstellen kann«, so Trump, entstand ein persönlicher Draht zwischen den beiden Präsidenten, der Trump sichtlich schmeichelt, und den es unter Obama nie gegeben hat.

Im November 2017 setzen Trump und Xi Jinping die Diplomatie der Präsidenten bei einem der aufwendigsten Staatsbesuche fort, die es in China je gegeben hat. Die Begrüßung des Amerikaners fand in der Verbotenen Stadt statt, wo einst der Kaiser residierte. Drei Tage lang wurde so viel Pomp und Zeremoniell geboten, dass Trump nicht einmal dazu kam, seine übliche Dosis Tweets abzusetzen. Als »Staatsbesuch plus« bezeichneten die Medien das Ereignis, das direkt im chinesischen Fernsehen übertragen wurde. Ungeachtet des steifen Protokolls überreichte Trump ein Video seiner Enkelin Arabella, die für »Onkel Xi« auf Chinesisch ein Gedicht aufsagt. Das Video eroberte das chinesische Internet im Sturm. Die chinesischen Medien sprachen von einem diplomatischen Triumph von Präsident Xi Jinping, sei Trump doch wie zu einer Pilgerfahrt nach Peking gekommen.

Im Rest der Welt hält sich die Begeisterung in Grenzen. Man kennt die extremen Stimmungsschwankungen Trumps. Die antichinesische Lobby in Washington ist unverändert aktiv. Von einer gedeihlichen Beziehung zwischen den Weltmächten USA und China hängt das 21. Jahrhundert ab. Die kluge persönliche Diplomatie der chinesischen Führung in Richtung des Präsidenten Donald Trump hat die im Anti-China-Bashing des Kandidaten Trump angelegten Spannungen abgeschwächt. Die Gegensätze können sich jedoch jederzeit wieder verschärfen.

Unvermutet aufpoppen kann ein Konflikt um Taiwan. Wenn erforderlich, wird China für eine Wiedervereinigung auch Waffengewalt einsetzen, ist die Staatsdoktrin in Peking. Die USA sind im Krisenfall zum militärischen Schutz Taiwans verpflichtet. Sollten sich die Beziehungen zwischen Peking und Washington ernsthaft verschlechtern, könnte Taiwan ein Brennpunkt werden.

Im Sommer 2018 haben sich die Gegensätze zwischen Amerika und China in der Handelspolitik verschärft. Washington beklagt das riesige Handelsbilanzdefizit, weil China 2017 Waren für 500 Milliarden US-Dollar in die USA verkauft hat, die US-Exporte nach China aber nur 130 Milliarden Dollar ausmachten. Auch der Streit über geistiges Eigentum, in dem Amerika China vorwirft, Patente aus dem Westen zu kopieren, eskaliert. Die USA bezichtigen China einer »räuberischen« Handelspolitik – »predatory« lautet der englische Fachausdruck. Die Liste von Vorwürfen ist lang und geht von versteckten Subventionen an Staatsunternehmen über Technologieklau bis zu erzwungenem Technologietransfer im Austausch für Marktzugang. Ausländische Firmen, die in China tätig sein wollen, sind häufig angehalten, Joint Ventures mit chinesischen Partnern einzugehen, über die Technologie nach China kommt. China sucht Kompromisse, bereitet aber gleichzeitig Gegenmaßnahmen vor.

Der Schlagabtausch beginnt im März 2018 mit amerikanischen Zöllen in der Höhe von 25 Prozent auf Stahl und 10 Prozent auf Aluminium. China reagiert mit Importzöllen auf 128 Arten ausgewählter US-Waren. Im April verbieten die USA der chinesischen Hightechfirma ZTE den Kauf amerikanischer Einzelteile, die für das Unternehmen lebenswichtig sind. China schlägt mit 179-prozentigen Strafzöllen für amerikanische Hirse zurück. Es beginnen Verhandlungen und mehrere dieser Maßnahmen werden wieder ausgesetzt. Im Juni nehmen die gegenseitigen Drohungen wieder zu. Die USA verfügen am 6. Juli 25-prozentige Sonderzölle auf Importe im Wert von 34 Milliarden Dollar. China repliziert mit Gegenmaßnahmen im gleichen Umfang auf amerikanische Autos und andere Waren. Worauf US-Präsident Trump droht Zölle von zehn Prozent auf chinesische Importwaren von 200 Milliarden Dollar auszuweiten. Washington bereitet Gesetze vor, um Unternehmen, die zu 25 Prozent chinesische Eigentümer haben, den Kauf von Schlüsseltechnologien zu erschweren. Schritt für Schritt eskalieren die USA die Auseinandersetzung. Präsident Xi Jinping sagt, »in unserer Kultur schlagen wir zurück.« Ein Ende des Schlagabtausches zeichnet sich nicht ab.

Das gesamte System des Welthandels steht auf der Kippe. Statt Interessengegensätze über die Welthandelsorganisation WTO zu lösen, versucht die Trump-Administration im Streit mit China das gesamte System internationaler Handelsverträge in die Luft zu sprengen. Die chinesischen Medien sehen in den Anschuldigungen aus Washington die Defensive eines Landes, das von den Herausforderungen der neuen Zeit überfordert ist.

Die Ängste der Europäer

Europa ist aus Pekinger Sicht ein schwer verständliches Gebilde. Die Erinnerung an das Wüten der alten Kolonialmächte ist verblasst, aber völlig verschwunden ist sie nicht. Den neuen Sommerpalast des Kaisers haben die Westmächte im 19. Jahrhundert gleich zwei Mal verwüstet, 1860 am Ende der Opiumkriege und 1900 bei der Niederschlagung des Boxeraufstandes. Die britische

Krone schickte im Zuge der Opiumkriege zweimal Soldaten, die den Kaiser letztlich in die Knie zwangen und im 19. Jahrhundert den Niedergang Chinas besiegelten. Präsident Xi Jinping ließ sich 2016 trotzdem in der Kutsche zum Empfang durch Königin Elisabeth in den Buckingham Palace fahren. Europäische Politiker sind in Peking gern gesehene Gäste.

Für Alexander Van der Bellen, den österreichischen Bundespräsidenten des kleinen Österreich, lassen die Gastgeber des 1,4-Milliarden-Volkes 2018 in der Großen Halle des Volkes ein mehrere Hundertschaften umfassendes Gardebataillon auffahren. Die häufigen Besuche der deutschen Bundeskanzlerin Angela Merkel bieten Reportern die sonst seltene Gelegenheit, bei der gemeinsamen Pressekonferenz der Regierungschefs Ministerpräsident Li Keqiang auch kritische Fragen zu stellen. Dass die deutsche Kanzlerin in der Residenz des Botschafters regelmäßig auch chinesische Intellektuelle und Dissidenten empfängt, nehmen die Behörden hin. Die Europäer kritisieren bei diesen Anlässen die Situation der Menschenrechte in China. Die Gastgeber verweisen dann reflexartig auf die Verbesserung der Lebensverhältnisse der Bürger, gehört doch ein Dach über dem Kopf aus chinesischer Sicht zu den allerwichtigsten Menschenrechten. Es ist ein ritualisierter Austausch von Einschätzungen, mit sehr beschränkten Auswirkungen.

Als die Europäer 2002 den Euro einführten, hoffte man in China auf ein Ende der Vorherrschaft des amerikanischen Dollars als einziger internationaler Währung. In den Medien diskutierten die Experten, ob die Regierung nicht verstärkt Euro-Staatsanleihen ankaufen sollte. Umso größer war das Erstaunen, wie schwer sich die Europäer taten, ein aus chinesischer Sicht überschaubares Problem wie die finanziellen Schwierigkeiten Griechenlands zu meistern. Mit knapp elf Millionen Einwohnern leben in ganz Griechenland halb so viele Menschen wie in der Hauptstadt Peking mit 23 Millionen. Die langwierigen Entscheidungsprozesse in der Europäischen Union sind kein Vorbild für andere Regionen, sagt man uns im Institut für Internationale Studien in Peking. Der Europa-Experte Cui Hongjian argumentiert, seit der Finanzkrise sei Europa zum Teil des Problems und nicht der Lösung geworden. Dass Griechenland schließlich doch nicht aus dem Euroraum gedrängt wurde, hat Peking beruhigt. In den entscheidenden Tagen der Krisenjahre hatten chinesische Investoren der deutschen Kanzlerin klargemacht, dass sie nicht mehr in Euro-Anleihen investieren würden, wenn es nicht gelänge, die Euro-Länder beieinanderzuhalten.

Die aus chinesischer Sicht unverständliche Entscheidung für den Brexit in Großbritannien hat den Europa-Pessimismus in China weiter anwachsen lassen. Während Deutschland die wirtschaftliche Führungsmacht Europas ist, blickt man in weltpolitischen Fragen auf Paris und London. Dass die Europäische Union einen so wichtigen Staat wie das Vereinigte Königreich vom Weg des Retro-Nationalismus nicht abhalten konnte, schwächt alle Europäer.

Interessiert vernimmt man es in Peking, wenn in Europa ausnahmsweise einmal geopolitisch gedacht wird. Als deutscher Außenminister hatte der SPD-Mann Sigmar Gabriel Anfang 2017 eine Öffnung Europas in Richtung China vorgeschlagen, sollte Donald Trump die atlantische Achse zerstören. Die Volksrepublik sei wegen des kommunistischen Einparteiensystems und der Bevorzugung der eigenen Wirtschaft ein schwieriger Partner. Aber wenn sich Amerika abkapsle, brauche Europa einen geopolitischen Plan B.

Ökonomisch würde eine europäisch-chinesische Achse Sinn machen. Wenn uns Trump den Handelskrieg erklärt, dann decken wir uns eben bei Airbus ein, heißt es in Peking. Umgekehrt ist das chinesische Know-how im Eisenbahnbereich so groß, dass sich sogar eine ÖBB-Delegation in China nach Lokomotiven umsah. Mit dabei 2016 in Peking: der damalige Konzernchef und spätere Bundeskanzler Christian Kern. Eine neue Zugverbindung Belgrad–Budapest made in China ist im Entstehen. Chinesische Touristen werden demnächst in Paris und Wien, Kitzbühel und Lech so normal sein wie Besucher aus Russland oder aus dem Arabischen Golf. Die chinesische Mittelklasse ist größer als die gesamte Bevölkerung der USA.

Europa hat auf die Avancen Chinas bisher widersprüchlich reagiert. Ungarn, Tschechien und andere osteuropäische Staaten begrüßen chinesische Investitionen mit offenen Armen. Auf

EU-Ebene blockieren die China-Freunde kritische Äußerungen zu den Menschenrechten. Dagegen erschallt in Deutschland und Frankreich immer lauter der Ruf nach Barrieren, wenn chinesische Unternehmen sich in Schlüsselindustrien einkaufen. Der Chef der deutschen Gewerkschaft IG Metall, Wolfgang Lemb, verlangt, dass es eine Vetomöglichkeit geben muss, wenn ein außereuropäischer Investor zehn Prozent eines Unternehmens übernimmt. Bisher liegt diese Hürde in Deutschland bei 25 Prozent. Wenn die nationale Sicherheit auf dem Spiel stehe, so lautet das Argument, könne Europa chinesischen Akquisitionen nicht Tür und Tor öffnen.

Auslöser war die Übernahme des führenden deutschen Roboterherstellers Kuka durch eine chinesische Firma. Die Chinesen legten mehrere Milliarden Euro auf den Tisch, um den Technologiekonzern in die Hand zu bekommen. Zu den Kuka-Kunden zählen die deutsche Bundeswehr, Airbus und Boeing. Es gab einen Aufschrei in der Öffentlichkeit, aber die staatlichen Aufsichtsbehörden fanden keinen rechtlichen Grund, gegen die Transaktion einzuschreiten. Auch aus Frankreich und Italien kommt die Forderung, dass die Europäer ihre Schlüsselindustrien besser schützen müssen. Die dazu erforderlichen EU-weiten Kontrollen für außereuropäische Investitionen sind bisher ausgeblieben.

Für die Europäer ist es ungewohnt, dass chinesische Unternehmen genauso wie Amerikaner oder Kanadier mitbieten, wenn Aktienpakete zum Verkauf stehen oder sonstige Beteiligungen möglich sind. Der chinesische Autoriese Geely hat 9,7 Prozent der Daimler-Aktien erworben. An der Deutschen Bank ist der Tourismuskonzern HNA mit 7,9 Prozent beteiligt. Die Sorgen, kapitalkräftige chinesische Unternehmen würden demnächst Europas Wirtschaft übernehmen, sind trotzdem unbegründet. Das seit 2005 wachsende chinesische Investitionsvolumen in Europa verdeckt, dass die Zunahme auch deshalb so spürbar ist, weil es zuvor so gut wie keine chinesischen Unternehmen in Europa gab. Die aktuellen Zahlen der EU-Statistikbehörde Eurostat belegen, dass die USA, Kanada und sogar die Schweiz bei Direktinvestitionen in die EU weit vor China liegen. Vor allem amerikanisches Kapital spielt in Europa eine ungleich wichtigere Rolle als chinesische Unternehmen.

Mit Recht verweisen die Europäer darauf, dass in China Ausländer von ganzen Wirtschaftszweigen ausgeschlossen sind. Bei Banken und Versicherungen, in der Telekommunikation und bei anderen Dienstleistungen haben Ausländer wenig Chancen auf dem chinesischen Markt. In Peking erklärt man, dass die Marktöffnung eben langsam vonstattengehen müsse, weil China als Entwicklungsland seine Industrie vor der Übermacht ausländischer Konkurrenz noch schützen müsse. Deutsche Gesprächspartner weist man gerne darauf hin, dass der Autoriese Volkswagen jedes zweite Auto in China verkauft. Die Gewinne aus dem Chinageschäft sind enorm. Der VW-Abgasskandal ist am chinesischen Publikum weitgehend vorbeigegangen, weil im Reich der Mitte keine Dieselautos gefahren werden. So schlimm könne es mit der Abschottung des chinesischen Marktes also nicht sein, argumentiert man in Peking.

Zwei, drei, viele Supermächte?

Der autoritäre Kurs Xi Jinpings hat die Vorbehalte gegenüber der neuen Weltmacht erhöht. Kein Bild hat dem Image Chinas in Europa und den USA in jüngster Zeit so geschadet wie die Abstimmung im Volkskongress über die unbegrenzte Amtszeit des Präsidenten im März 2018. 2958 Delegierte stimmten für die folgenschwere Verfassungsänderung. Es gab zwei Gegenstimmen und drei Enthaltungen. Eine Farce, die weltweit das Misstrauen gegenüber den dahinter stehenden Absichten erhöhte. Per Knopfdruck und ohne jede öffentliche Debatte vollzog das bevölkerungsreichste Land der Welt den Sprung vom Einparteiensystem zu einem Staat, in dem die Macht bei einer einzigen Person konzentriert ist. Die Gefahren des Abgleitens in eine Einpersonendiktatur wurden nicht diskutiert.

Hinter chinesischen Firmen, die internationale Geschäfte betreiben, steht in der Regel eine im Staat verankerte Wirtschaftslobby. Die Kommunistische Partei wird sich lange zurückhalten, hat aber stets das letzte Wort. Journalisten warnen vor einer neuen »Roten Bedrohung«, wie das deutsche Nachrichtenmagazin »Der Spiegel« schreibt. Außenpolitikexperten kritisieren ein chinesisches Hegemoniebestreben mit Formulierungen, die an den Kalten Krieg erinnern. China wird vorgeworfen, eine Alternative zur liberalen Weltordnung ohne Menschenrechte und Freiheitsrechte zu errichten.

Die Kredite, die China für seine Infrastruktur-Investitionen in der halben Welt verteilt, seien eine Art neuer Kolonialismus, prangert der indische Außenpolitikexperte Brahma Chellaney die Seidenstraßen-Initiative an. Weil der Inselstaat Sri Lanka seine Schulden nicht zurückzahlen konnte, musste die Regierung in Colombo China eine ganze Hafenanlage überlassen. Dahinter stecke System, behauptet der indische Experte: Durch die Schuldenfalle sollen kleinere Staaten von China abhängig gemacht werden. In der Nationalen Sicherheitsstrategie der Trump-Administration vom Dezember 2017 ist von wachsenden Gegensätzen zwischen den Großmächten die Rede, China gilt als »strategischer Rivale«. Für Ex-Sicherheitsberater H.R. McMaster ist China eine »revisionistische Macht, die durch wirtschaftliche Aggression die Stellung Amerikas in der Welt unterminieren will«. Noch schärfere Töne kommen aus Australien. Der Geheimdienst Australian Security Intelligence Organisation (ASIO) bezeichnet China als extreme Gefahr für die nationale Sicherheit. China wird vorgeworfen, durch großzügige Geldgeschenke an Politiker und Universitäten die Meinungsbildung im Land zu manipulieren. In Peking kommentiert man solche Alarmrufe spöttisch als logische Folge der schwindenden Hegemonie des Westens in der Welt.

Der Aufstieg einer neuen Weltmacht bringt tief greifende Verschiebungen im internationalen System. Es ist ein historischer Prozess, sowohl für die Volksrepublik China als auch für die Nachbarn und die Bürger Europas und Amerikas. 1,4 Milliarden Menschen, die bisher nichts gezählt haben in der Welt, sind nicht mehr zu überhören. Konfliktfrei kann es nicht ablaufen, wenn Peking mitredet in der globalisierten Welt. Wiener Kaffeehäuser müssen sich an chinesische Touristen gewöhnen, denen mitteleuropäische Gepflogenheiten so fremd sind wie Österreichern die chinesische Provinz. Bei den Treffen der G20, wenn die führenden Industriestaaten zusammenkommen, übertrifft die Bedeutung der chinesischen Vertreter längst jene der zahlreichen Europäer, deren Ansehen mehr auf vergangener Glorie beruht.

Für den Aufbau von Mauern gegen China, wie das von protektionistischen Lobbyisten in Europa und Amerika gefordert wird, besteht kein Grund. Je mehr Kontakte es zwischen dem Westen und dem Osten gibt, desto besser für beide Seiten. Chinesisch-Unterricht in Kindergärten und Schulen, der jetzt schon in immer mehr privaten Einrichtungen in den USA üblich ist, ist eine Vorbereitung für die neue Welt. Wenn Schülerinnen und Schüler in China Englisch lernen, um den Anschluss an den Rest der Welt zu schaffen, darf umgekehrt die chinesische Sprache für Amerikaner oder Europäer keine unüberwindliche Hürde bleiben.

Die Volksrepublik China ist eine autoritäre Erziehungsdiktatur. Auf die wirtschaftlichen Erfolge ist man so stolz, dass der 19. Parteitag der KP Chinas im Herbst 2017 auch anderen Staaten empfahl, sich dieses Modell anzusehen. Eine Konkurrenz der Ideologien, wie es sie zwischen der liberalen Demokratie und dem poststalinistischen Kommunismus während des Kalten Krieges gegeben hat, ist das noch nicht. Der Aufstieg der nationalistischen Demagogen im Westen hat mit dem chinesischen Beispiel nichts zu tun. Gefahren für die liberale Demokratie kommen von den selbstzerstörerischen Kräften und dem Nationalismus im Inneren, nicht von außen. Von der Idee global geltender Menschenrechte und Freiheitsrechte als nicht verhandelbarer Werte sollte auch bei den besten Geschäftsbeziehungen nicht abgerückt werden. Tatsächlich protestiert das offizielle China gerne gegen Zölle und andere Handelsbeschränkungen. In das Funktionieren der westlichen Demokratien mischt es sich jedoch nicht ein. Anders als Vorvorgänger Mao Zedong bekundet Chinas Präsident Xi Jinping kein ideologisches Missionsbedürfnis. Aber an geopolitischem Gestaltungswillen mangelt es dem starken Mann des bevölkerungsreichsten Staates der Erde nicht. Im Juni 2018 spricht Xi Jinping auf der richtungsweisenden zentralen Konferenz zur Außenpolitik in Peking von einer »Großmacht-Diplomatie mit chinesischen Eigenschaften« als wichtigster Leitlinie. China befinde sich in »der besten Phase seit Beginn der Moderne«, so

Präsident Xi Jinping, während die Welt gerade die »tiefsten und nie da gewesenen Veränderungen in einem Jahrhundert« erlebe. Die »historische Weichenstellung« in der Weltpolitik bringe für China viele Vorteile, so die Schlussfolgerung der in Peking versammelten Außenpolitik-Strategen. Aus diesen Formulierungen spricht die Zuversicht der Führung, für die bevorstehenden turbulenten Zeiten gut gewappnet zu sein.

Ob China nach der Weltherrschaft strebe, wenn die USA sich zurückziehen, lautet eine häufig gestellte Frage im Westen. Alle chinesischen Gesprächspartner, wie kritisch sie auch sein mögen, geben eine negative Antwort. Das Reich der Mitte pocht auf die Anerkennung als Weltmacht. Chinesische Interessen, ob in der Wirtschaft oder bei Kernfragen der nationalen Sicherheit, sollen von den Partnern respektiert werden. Die in Wien lehrende Sinologin Susanne Weigelin-Schwiedrzik erinnert in einem Kommentar in der »Presse« zum besseren Verständnis der chinesischen Weltsicht an das historische Tributsystem der Kaiser. China verstand sich als das Zentrum der Welt. Die außerhalb der direkt kontrollierten Provinzen liegenden Staaten hatten durch Tributzahlungen an den Kaiser die Hegemonie des Reichs der Mitte anerkannt, waren aber frei, ihre wirtschaftlichen oder politischen Interessen wahrzunehmen. Die tributpflichtigen Staaten wurden vom Kaiser unterstützt. Ökonomische Ausbeutung wie durch den westlichen Kolonialismus fand nicht statt. Zwischen 1600 und 1800 brachte dieses Tributsystem Ostasien Friede und Wohlstand, erinnert die Sinologin.

Eine einzige Führungsmacht, wie die USA nach dem Ende des sowjetischen Imperiums, wird es in absehbarer Zeit nicht geben. Auch die manchmal gehegte Vorstellung von einem amerikanisch-chinesischen Duopol, bei dem zwei Supermächte gemeinsam die Welt regieren, ist wenig realistisch. Der amerikanische Außenpolitikexperte Richard Haass spricht in einem Beitrag in »Foreign Affairs« vom Juni 2008 von einem bevorstehenden Zeitalter der »Nonpolarität«, in dem es keine klare Führungsmacht in der Welt gibt.

Stabilität darf von einer solchen Konstellation nicht erwartet werden. Nationalistische Reflexe können leicht die Oberhand gewinnen. Aber die Schicksale von 1,4 Milliarden Chinesen und demnächst vielleicht genauso vielen Indern werden Gewicht bekommen. Die Welt muss sich darauf einstellen, dass nicht alles so bleiben kann, wie es ist.

Kerstins Tagebuch

Die Packer von Asian Tiger waren da und haben rasant in 2,5 Stunden unseren Pekinger Haushalt in 35 Kisten verstaut. Inzwischen habe ich beim Auf- und Abbau von Haushalten schon Routine. Trotzdem ist es immer wieder erstaunlich, wie viele Kisten so ein kleiner Zweithaushalt ohne eigene Möbel umfasst. Wie immer bei Übersiedlungen war das Aufwendigste die Vorbereitung: Was kommt mit? Was darf nicht verschickt werden, sondern muss in die Koffer (Kosmetika, Medikamente, Messer, Tee, Kugelschreiber)? Was brauchen wir in den nächsten drei bis vier Wochen? Was muss zusammen in eine Kiste, damit das Auspacken systematisch geschehen kann?

Unseren Abschied haben wir in unserem Pekinger Nachbarschaftslokal gefeiert, mit KollegInnen, FreundInnen, offiziellen chinesischen KooperationspartnerInnen und BetreuerInnen. Zum Abschied sind wir beschenkt worden mit Tee, Büchern und kleinen Tischdeckerln. Raimund hat seinen Nachfolger Josef Dollinger eingeführt, eine Rede gehalten und das war's dann. Der Abschluss von fast drei Jahren, die sehr intensiv und bereichernd waren, unser letztes Auslandsabenteuer. Also auch Wehmut. Mit den Freundinnen Niny und Anna habe ich noch zwei Best-of-Peking-Tage erlebt. Wir waren auf dem Antikmarkt Panjiayuan, nicht mehr für die kleinen Snuffbottles, die Schnupftabakfläschchen, die wir gesammelt haben, denn unsere Kollektion ist abgeschlossen. Ich habe ein paar chinesische Riesenvasen gekauft (das waren allein zwei Kisten!). Und wir sind um die Seen im Stadtzentrum gewandert, das sind auch Lieblingsorte von mir, die Ruhe und Natur mitten im Zentrum, bei den traditionellen Wohnhäusern, den Hutongs. Dabei sind wir auf das ehemalige Wohnhaus von Qi Baishi gestoßen, das ist der Picasso Chinas, wie mir Niny begeistert erklärt hat. Er ist berühmt geworden, weil er in die traditionellen Landschaftsbilder Krabben und Heuschrecken eingefügt hat. Diese Bilder können wir uns natürlich nicht leisten, aber Raimund hat noch beim Abschieds-Last-Minute-Shopping zwei Drucke von einem »emerging artist«, also einem vielleicht vielversprechenden Künstler, erworben. Ich die Vasen, er die Bilder, auch das gehört zur Abschiedsstimmung, dass man noch etwas Handfestes wie ein Objekt mitnehmen möchte, neben all den Erinnerungen.

Danksagung

Wir bedanken uns bei den zahlreichen genannten und ungenannten GesprächspartnerInnen, die uns bei diesem Bericht geholfen haben. Ohne die engagierten MitarbeiterInnen des ORF Peking You Weiran und Alessandro Detoni hätten wir uns in China nie zurechtgefunden. Das Manuskript haben teilweise oder sogar ganz gelesen: Daniel Fuchs, Helmut Opletal und Peter Weiss. Hinweise und Anregungen für Korrekturen bekamen wir von FreundInnen und KollegInnen in Wien und Peking. Barbara Köszegi war eine umsichtige Lektorin. Wir bedanken uns und haben die Zusammenarbeit als in hohem Ausmaß bereichernd empfunden. Fehler jeder Art verantworten wir natürlich selbst. Nach einem beruflichen und familiären Leben in Wien, Moskau, Washington und Brüssel hat uns unser Leben in Peking den Horizont in einer Weise erweitert, die wir mit diesem Buch hoffentlich weitergeben konnten.

Literatur und Quellen

Onlinedienste, Zeitungen, Zeitschriften

BBC, Caixin Media, China Daily, China Digital Times, China Labour Bulletin, China Quarterly, The Economist, Falter, Financial Times, Global Times, The Guardian, Harbour Times, Hongkong Free Press, Marxist Studies in China, Mercator Institute for China Studies (MERICS), New York Times, New Yorker, ORF-Mittagsjournal, ORF-Weltjournal, ORF-ZiB, Renmin Ribao, Der Standard, settimananews.it (Blog von Francesco Sisci), Sinocism China Newsletter von Bill Bishop (Axios China), South China Morning Post, Die Welt, Xinhua

Bücher

Allison, Graham: Destine for War: Can America and China Escape Thucydides's Trap?, Boston 2017

Bakshi, GD: China's Military Power, New Delhi 2015

Baron, Stefan / Yin-Baron, Guangyan: Die Chinesen. Psychogramm einer Weltmacht, Berlin 2018

Bell, Daniel A.: The China Modell, Political Meritocracy and the Limits of Democracy, Princeton 2015

Chang, Jung / Halliday, Jon: Mao. Das Leben eines Mannes. Das Schicksal eines Volkes, München 2007

Chang, Leslie T.: Factory Girls, New York 2008

Commission of Inquiry on Human Rights in the Democratic People's Republic of Korea, United Nations, Human Rights Council, Geneva 2014

Cumings, Bruce, gem. mit Halliday, Jon: Korea: The Unknown War, London, 1988

Economy, Elizabeth: The Third Revolution: Xi Jinping and the New Chinese State, Oxford 2018
Egger, Georg / Fuchs, Daniel / Immervoll, Thomas / Steinmassl, Lydia (Hg.): Arbeitskämpfe in China. Berichte von der Werkbank der Welt, Wien 2013
Erling, Johnny: Lesereise Peking. Vorfahrt für die Rote Fahne, Wien 2017
Fish, Eric: China's Millennials: The Want Generation, Lanham / Maryland 2015
Frank, Rüdiger: Unterwegs in Nordkorea, München 2018
Hessler, Peter: Orakelknochen, München 2014
Kissinger, Henry: On China, New York 2011
Kneissl, Karin: Wachablöse. Auf dem Weg in eine chinesische Weltordnung, Wien 2017
Lee, Felix: Macht und Moderne: Chinas großer Reformer Deng Xiaoping. Die Biographie, Berlin 2014
Lim, Luisa: The People's Republic of Amnesia, Oxford 2014
Mao Tse-tung: Ausgewählte Werke I–V, Peking 1968
Mao Tse-tung: Worte des Vorsitzenden Mao Tse-tung, Peking 1968
Meisner, Maurice: Mao's China and after. History of the People's Republic, New York 1999
Minzner, Carl: End of an Era: How China's Authoritarian Revival is Undermining its Rise, Oxford 2018
Ngai Pun / Huilin Lu / Yuhua Guo / Yuan Shen: iSlaves. Ausbeutung und Widerstand in Chinas Foxconn-Fabriken, Wien 2013
Ning Zhu: China's Guaranteed Bubble: How implicit government support has propelled China's economy while creating systemic risk, New York 2016
Osnos, Evan: Age of Ambition: Chasing Fortune, Truth and Faith in the New China, New York 2014
Shambaugh, David: China goes global, Oxford 2013
Short, Phillip: Mao. The Man Who made China, London–New York 2017
Snow, Edgar: Red Star over China, New York 1938
Terrill, Ross: Mao: A Biography, Stanford 2000
Wemheuer, Felix: Mao Zedong, Reinbek bei Hamburg 2010
Xi Jinping: China regieren, Peking 2014

Xinran (Xue Xinran): Buy me the sky. The Remarkable Truth of China's One-Child Generation, London 2015
Yang, Xifan: Als die Karpfen fliegen lernten, München 2015
Zhihua Shen and Yafeng Xia: Mao and the Sino-Soviet Partnership 1945–1959, A new History, 2015